다시 짓는 학교

GREEN SMART SCHOOL

다시 짓는 학교

학교공간혁신부터
그린스마트스쿨까지
교육공간의 참여디자인

김태은 지음

에듀니티

추천사

제때 나온 학교공간혁신사업의 실질적 가이드

(전) 부총리 겸 교육부장관 유은혜

공간이 바뀌면 사람이 바뀌고, 그 아이의 세상이 완전히 달라질 수 있다. 우리 아이들이 더 주체적이고, 더 행복해질 수 있다. 이 이유 하나만으로도 우리는 이 일에 무한정 집중할 수 있다. 교육부장관으로 일하면서 나는 2019년에 학교공간혁신 사업을 중앙정부 정책으로 추진하였고, 2021년 2월에는 5년간 18조 5천억 원을 투입하는 '그린스마트미래학교' 뉴딜 사업으로 확장할 수 있었다. 이 모든 일은 "공간이 바뀌면 사람이 바뀐다"는 말의 기본을 따르고자 했기 때문에 가능했다.

2017년 내가 국회 교육위원이었을 때 광주의 한 교육축제에 초대받아서 참석했는데, 이 자리에서 학생들이 나에게 "학교공간은 '우리'가 바꿀 테니 대한민국 전체의 학생들도 우리처럼 이렇게 할 수 있게 해달라, 방법을 찾아달라"는 요구를 한 적이 있었다. 교육부의 변화된 정책이 그 요구에 답이 될 수 있길 바라는 마음이다.

지역에서 먼저 태동한 학교공간혁신의 사례와 경험을 찾아가는 도중에, 이 책의 저자인 김태은 선생을 알게 되었다. 교육에 대한 열의와 학교공간을 통한 교육의 변화를 확신하는 교사의 노력은 여러 활동으로 지속해서 이어졌고, 이 책은 김태은 선생의 오랜 경험과 지식의 총합체이다. 없던 길을 만들며 여기까지 경험을 현장과 나누고 싶어 하는 진심도 가득 느껴진다.

이 책은 건축을 전공하지 않은 교사가 왜 학교공간이라는 주제에 집중할 수밖에 없었는지, 교사가 건축 관련 학교 일을 어떻게 하겠어라는 보통의 의구심과 호기심에 대한 답을 한다. 그린스마트미래학교가 성공하려면 학교현장의 관심과 애정이 전제되어야 하고, 그 시작에 교사가 가장 먼저 서 있게 된다. 이 책이 그린스마트미래학교 일을 직접 담당하게 될 현장 교사에게 자신감을 심어주길 기대한다.

또한 이 책은 코로나19를 겪으면서 학생과 교사가 디지털의 힘을 빌려 소통하는 상황 속에서도, 우리가 놓치지 말아야 하는 원칙을 말하고 있다. 저자는 이를 '사용자참여설계' 로 설명하는데, 이를 통해 학생이 시민으로 성장해가고, 학교와 교사가 이를 학습의 설계로 만드는 과정을 강조한다. 나는 바로 이 지점에서 학교공간혁신의 본질이 교육의 변화가 되고, 그린스마트미래학교 사업이 단순한 건물 증개축이 아닌 차이가 설명되기 시작한다고 본다.

2019년의 학교공간혁신사업이 2021년 그린스마트미래학교 사업으로 확대되었고, 현재도 계속 추진되고 있다. 중요한 시기에 꼭 필요한 책이 나왔고, 이 책이 '최초의 교실'을 짓고 있는 교육 현장의 많은 분에게 실질적인 도움이 되길 진심으로 바란다. 또한 대한민국의 교육과 학교 건축에 애정을 가진 여러 분에게도 도움이 될 것이라 확신하며, 이 책의 일독을 권한다.

모두에게 도움을 주는 현장 경험의 결과물

한국교원대학교 교육정책전문대학원 교수 이재림

이 책의 저자는 국어과 교사이다. 지금까지 건축가가 주도하여 학교 공간을 이야기 했다면 이 책은 직접 학교에서 학생들과 함께하며 겪었던 산 경험을 공간이라는 전문 지식을 더해 학생들과 함께 생활했던 당사자가 직접 피부로 느끼며 저술한 글이다.

겉보기 좋은 디자인이 목표가 아니라 공간에 삶을 이야기하는 아이들과 호흡하며 느꼈던 의미 있는 내용을 담고 있다.

저자는 학교 공간이 왜 아이들에게 삶의 일부분이라 했을까? 또 선생님들은 학교 공간을 어떻게 바라보고 있을까? 하는 문제에 저자는 혼신의 노력을 담고 있다.

그러나 아무리 좋은 생각도 전문지식이 없었으면 그저 한 사람의 바람에 불과하다. 저자는 우리 교육이 가야할 길에 대해 일찍이 북유럽의 학교들을 벤치마킹했다. 이를 바탕으로 우리나라 학교 교육의 길을 먼저 고민하면서 공간을 바라보고 있다. 교육과 공간은 결코 따로 가는 비 연결성으로 교육적 철학을 담을 수 없기 때문이다.

저자는 스톡홀롬의 학교를 방문하면서 우리의 획일적 공간에 대해 회의를 갖고 남들이 지나친 공간의 역할을 새롭게 보고 있다. 도서관이 책만 보는 곳이 아니라 아이들의 놀이터, 휴식공간으로, 또 학습 경험의 중심 공간으로 다양한 삶의 중추적 기능이 있음을 새로운 시각으로 바라보고 있다. 또 그 공간이 결코 어른들만의 상상으로 나온 형태가 아니라 몸으로 겪은 학생 스스로 아이디어를 내며 의미 있는 상상의 공간으로 전환

된다는 점에 착안했다. 그 학생들이 참여하는 자체가 학생 스스로에게는 사회 경험의 확장을 주는 좋은 프로젝트 학습이라는 것도 인식할 수 있는 계기가 되었다.

이처럼 유럽의 다양한 학교 인사이트 투어를 통해 학교가 지역사회 구성으로서 중추적 공간이라는 사실을 지역사회 특성을 고려해서 그 의미를 자세히 소개하고 있다. 지역사회 주민과 교류하는 통로로 학교시설복합화를 통해 학교의 의미를 한 차원 높이고 있으며 이를 통해 주민의 삶도 한층 업그레이드 할 필요성을 제시하고 있다. 이런 과정의 시각은 마을교육협력체 구성과 학교시설이 연계될 필요성이 있음을 독자들에게 인식하게 만든다.

또한 학교 교육 혁신과 공간혁신을 연계하여 접근한 발상이 매우 독특하다고 볼 수 있다. 아마 이런 시도가 공간에 대한 생각을 좀 더 혁신적으로 보는 계기가 되지 않았을까? 학교 수업의 변화와 4차 산업혁명 관련 미래 교육을 위해서는 학교 교실의 교구 배치와 에듀테크의 도입 등 학습활동을 촉진할 수 있는 매개체까지 연계하여 공간혁신을 바라보고 있다. 특히 수업의 새로운 과정을 상세히 소개하면서 공간 환경과 연결 고리를 찾아 나가고 있으며 프로젝트 수업 등에서 학생 작품의 전시 활동까지도 포함하여 다양한 교육 활동의 역할과 공간의 구성에 대해서도 다루고 있다. 선생님들의 요구를 반영한 결과이기도 하다.

이러한 교육과정의 변화(교육 혁신)에 대해 이제 공간은 답을 해야 한다. 즉 교육활동을 담을 수 있는 그릇으로서 환경이 변해야 한다. 바로 저자는 이를 적시하여 그린스마트미래학교 사업이 추구해야 할 방향성도 제시하고 있다. 공간 혁신의 과정에서 무엇에 중점을 두고 누가 참여해야

하는지 그리고 교육적 효과는 무엇인지도 자세히 다루고 있다.

또 각 교육기획분야와 건축기획분야 별로 학교 공간혁신을 위해 고민해야 할 분야에 대해 다수의 학교 사례를 통해 다른 영역의 관점에서 자세히 역할을 제시하고 있다. 이를 통해 학교가 무엇을 준비하고 어떻게 접근할 것인지 등에 대해 제시함으로써 학교 관리자는 건축기획가와, 건축기획가는 교육기획가와 협력을 모색할 수 있는 토대를 만들어 주고 있다.

특히 일선 학교 관리자와 공간기획가가 경험하지 못했던 공간 문제의 핵심 내용을 제시하여 학교가 스스로 문제를 던지고 답을 찾아 갈 수 있는 방향성을 통해 일반적인 공간 비전문가가 공간 혁신의 틀에 접근할 수 있는 기반이 될 것이다.

특히 교실과 복도라는 표준설계 개념의 획일적 공간에서 학생들의 소통과 휴식이 있는 삶의 공간을 추구하고 있다. 이는 휴식시간대에 자연스럽게 모이는 중심공간을 통해 학생들은 학급으로 구분된 영역을 벗어나 친구들과 교류가 일어나도록 추구하고 있다.

또한 소통은 상호 정보를 교류하는 영역으로서 새로운 생각을 전달해 주는 창의성 요소이기도 하다. 이처럼 공간과 창의성을 연계하는 기술을 통해 공간이 단순 물리적 환경으로 한정된 영역이 아니라 미래 사회 적응할 교육의 중요한 요소로 전달되는 통로로서 가치를 부여함으로써 이 책의 가치를 높이고 있다.

이 책은 최근 많은 노후 학교들이 참여하고 있는 그린스마트미래학교 사업을 실제 기획하고 집행하는 학교관리자 및 공간기획가, 교육청 시설직, 장학사 등 동 사업과 관련된 사람들이 미래학교로서 공통된 가치를 가지고 공간 기획을 추진 할 수 있어 적극 추천한다. 또한 이 책은 공간뿐만 아니라 학생 중심의 학교 경영에도 좋은 참고자료가 될 수 있어 일선 학교 경영자 분들께도 추천하는 바이다.

공간이 바뀌면 교육이 바뀐다

한국형 에프터스콜레 꿈틀리인생학교장 김혜일

미래교육의 핵심 주제를 공간혁신에서 찾는 김태은 선생의 통찰력과 집중력에 박수를 보낸다. 그는 오래전부터 수완중학교, 선운중학교와 청소년센터 야호 등, 네모난 공간을 상상력 넘치는 말랑말랑한 예술 공간으로 바꿔내는 작업을 통해 '공간이 바뀌면 교육이 바뀐다' 라는 확신을 갖게 된 것 같다.

확신을 실천하기 위해 그동안 그는 건축가, 예술가, 행정가 그리고 가장 중요한 교사와 학생 사이를 경계없이 오가며 학교공간 혁신을 위해 예술적인 조율과 협업을 이루어냈다. 이 책에는 그 과정이 만든 노하우가 모두 담겨 있다. 그가 말하는 '삶을 위한 학교' 만들기는 단지 공간을 새롭게 디자인하는 것을 넘어 학교 안에 새로운 '문화'를 만들어 내는 작업이다. 학교 변화의 중심을 학생에게 두고 끊임없이 학생들과 공간을 함께 기획하고 세울 수 있는 권리를 주고 그 결과물이 사용자참여설계로 이어지게 함으로서 새로운 학습경험의 필요와 요구를 만들어 내는 것, 그렇게 변화할 학교 문화를 꿈꾸며 그는 이 책을 썼을 것이다.

아이들에게 새로운 학습 경험을

송곡여고 사서교사 이덕주

보통의 교사는 주어진 환경에서 수업한다. 굳이 공간을 만들고 바꾸려고 하지는 않는다. 공간을 바꾸는 것은 낙후된 도서관을 바꾸어야만 하는 사서교사같이 이들의 일인 줄 알았다. 그런데 감히 학교의 공간을 바꾸어 아이들에게 놀이를, 자치를 나아가 새로운 학습을 경험케 하는 교사가 있었다. 그런 노력의 나비효과로 국가적 단위의 공간혁신 사업이 전개되었는지도 모른다. 아직도 현재 진행형인 공간혁식의 분투기이다. 덕분에 공간혁신된 송곡여고 도서관엔 많은 분들이 찾아온다. 그리고 열심히 사진을 찍는다. 심지어 교육부 매뉴얼에도 공간 사진 위주로 안내가 된다. 그럴 수밖에 없긴 하지만 왜 이런 공간을 생각했는지? 어떤 학생들의 필요가 있었고 교사들이 어떤 수업을 했고 추구했기에 이렇게 만들었는지를 잘 정리해주어서 고마운 책이다.

학교공간은 구성원의 삶을 담는 그릇

한국교육개발원 조진일

학교공간에 관한 정책의 이해에서부터 국내, 외 사례까지 학교 이해관계자들의 관심사에 따라 골라 읽어볼 수 있도록 구성된 점은 매우 유익하다. 특히, 학교공간은 구성원의 삶을 담는 그릇이라는데 동감하며, 다양한 사례를 이야기하듯 상세하게 전달하는 방식이 학교공간을 이해하기 어려운 사람들에게 큰 도움을 줄 것으로 기대된다.

책머리에

"사람이 공간을 만들고, 공간은 사람을 규정한다"는 말이 이제는 낯설지 않다. '사람을 만드는 공간'을 말하면 듣는 이는 가장 먼저 학교 교실을 생각할 것이다. 교실 하면 나이 든 중장년은 교실 가운데 난로에 도시락을 올려 두었을 때 나는 갈탄 연탄 냄새를 기억할 것이고, 젊은 MZ세대는 다양한 시청각 시설이나 대형 모니터가 설치된 교실을 떠올린다. 그 차이에는 우리 근대화 역사가 담겨 있고, 학교 예산의 구조와 규모 변화도 포함되어 있다. 2021년 시작되어 15.3조원의 예산이 수반된 그린스마트스쿨 사업을 통해 학교는 어떻게 변해갈까. 학교 교실의 개선에는 '학교공간혁신', '사용자 참여설계', '디지털 전환', '그린스마트미래학교' 등의 새로운 개념 변화가 있었다. 단순하게 하드웨어를 확대하는 '시설 개선' 대신에 이러한 신조어들이 만들어지는 과정이 주는 의미는 무엇일까?

2021년, 나는 『대한민국 교육트렌드 2022』(에듀니티, 2021)의 집필팀에 참여하게 되어 '학교공간혁신' 부분을 맡았다. '공간이 교육을 묻다'라는 제목으로 그간의 학교공간혁신 흐름을 정리해보는 기회가 되었다. 이후 출판사로부터 학교에서 본격 추진되기 시작한 그린스마트미래학교 사업 추진을 위한 '학교 재설계'를 실질적으로 지원하는 책을 집필해달라는 요청을 받았다. 그린스마트미래학교가 교실 공간을 대상으로 하는 '학교공간혁신'과는 그 규모와 성격이 다른 학교 건물 단위 개축과 전면 리모델링에 있어서 현장에서 쓸 수 있는 내용이 필요하다는 것이다.

교육부 · 교육청의 공문, 실행학교 담당자들을 위한 워크숍, 교육부의 그린스마트미래학교 지원기관과 국책기관들, 외부 전문가의 강의와 컨설팅 등 학교 현장에 다양한 지원이 이루어지고 있지만 학교마다 답답하고 부족한 부분이 있기 마련이다.

새로운 개념의 학교 재설계는 시행착오가 불가피하다. 즉 이 일에는 시행착오의 누적이 필요하다. 나는 이 책을 통해 내가 교사로, 지원자로, 기획가로, 컨설턴트로 학교공간과 교육과정을 고민하던 많은 이들을 만나면서 생겼던 시행착오를 나누면서 독자와 함께 생각을 정리하고 새로운 질문을 만들어가고자 하는 마음에 이 책을 썼다. 이 책을 읽은 독자가 언젠가, 어디선가 학교공간혁신을 시도할 때, 무엇을 알고, 이해하고, 행해야 되는지를 생각하는데 도움이 되었으면 한다.

이 책의 1장에는 학교공간과 학교교육 재설계에 대해 나의 눈을 틔워준 탐방 이야기를 담았다. 북유럽의 교육문화공간을 탐방하면서 얻은 인사이트가 중심이다.

2장 학교공간혁신 프로젝트에서는 수업이 주를 이룬다. 공간혁신 초기 실행 수업이었던 학교도서관 꾸미기 시간에 오갔던 학생들의 언어들을 살려 썼다. 이후 진행된 '청소년 친화공간 만들기' 프로젝트는 학사운영 전반에 영향을 끼치게 되는 학교차원의 사업과 그 안에 담긴 개인적 교육 사유를 기록했다. 이어서 학교가 아닌 지자체에서 학교를 지원하는 조력자의 역할로서 학교를 지원하는 조직에 대한 경험을 덧붙였다.

3장은 대한민국 공간혁신 트렌드의 내용을 개괄적으로 담되 2019년

~2020년 교육부에서 추진한 학교공간혁신 사업의 트랙별 핵심내용과 사업의 성과로서 나타난 학교사례를 소개했다. 『대한민국 교육트렌드 2022』의 내용에서 지면의 부족으로 생략된 내용을 복원하고 그린스마트 미래학교사업과 연관되는 요소를 더 강화했다.

4 · 5장은 교육부의 그린스마트미래학교로 불리는 학교교육 재설계에 대한 내용이다. 특히 5장은 미래학교 전환과정에서 학교차원에서의 집중해야 될 요소와 사전기획을 중심으로 교육청과 학교가 인지해야 되는 내용을 선별했다.

이 책은 흐름을 가지고 있는 것은 아니라서 독자가 각자 필요한 부분을 골라 읽어도 무방하다. 학교교육 재설계에 따른 그린스마트미래학교에 대한 내용 및 실행전략을 알고 싶다면 4, 5장부터 읽기 바란다. 교육부의 시설 관련 정책 이후의 새롭게 구축된 학교 공간구축 사례를 알고 싶다면 3장부터 시작하면 좋다. 어쩌다 국어 교사가 학교시설까지 고민하게 되었는지가 궁금하다면 1장부터, 행정 인력으로 학교 공간혁신을 위해 어떤 프로그램을 기획하고 참여자들에게 어떤 경험을 제공했는지를 보고 싶다면 2장을 펼치면 좋겠다.

이 책은 여러 사람의 요청과 도움으로 세상에 나올 수 있었다. 먼저 에듀니티에 감사를 전하고 싶다. 그린스마트미래학교를 추진하는 교육청과 학교의 혼선, 힘겨움의 속살들이 여러 경로를 통해 전해져왔다. 교육부의 정책 입안자와 교육청의 행정 지원가들, 전문직들이 존재하고, 사업에 참여하는 건축 전문가들이 많음에도 이렇게 글을 쓰게 된 것은 많은 이들의 요구를 듣고 전해준 에듀니티 덕분이다. 책을 쓰는 내내 기억 속에서 호출된 것은 학교공간 '사업'이 아니라 그 안에서 함께 역사를 만들어온 학생들을 비롯한 여러 '사람들'이었다. 그때의 언어를 기억해내고,

그때의 시간을 불러내고, 그때의 마음을 다시 느꼈다. 그러니 이 책은 혼자 쓴 책이 아니다. 함께 최상의 교육적 경험을 만들어가는 교사들의 기록이며, '교복입은 시민'들을 위해 고군분투했던 건축가들도 공저자다. 사회혁신, 디지털 혁신에 대한 많은 아이디어를 주었던 학교 밖 혁신가들도 있다. 건축과 행정 용어를 가르쳐 주는 일부터 행정적 궂은일을 도맡아 했던 기관의 공무원들, 끊임없이 사유와 기록이라는 과제를 수행할 수 있도록 전국 각지에서 광주까지 찾아와 격려해준 인생 선배들도 모두 이 책의 주인공이며 저자다. 마지막으로 학교 밖에서 학교를 들여다볼 수 있게 기회를 만들어준 두 분의 어른께 큰 감사를 드린다. 이렇게 길고 깊은 '호흡'을 함께하며 이 책의 탄생에 숨결을 보태준 모든 분들께 지면을 빌려 감사를 전한다.

김태은

본서는 공간혁신이라는 소재를 중심으로 2009년부터의 기억을 떠올리며 작성했다. 과거의 여행기록이나 수업사례를 감성적으로 나열하는 것을 지양하기 위해 지금의 시점에서 사용되는 용어에 맞춰 기술한 것이 있다. 최대한 공간이라는 관점의 흐름을 끊지 않기 위해 교육적 개념의 근거나 구체적인 인용 문서들은 대부분 각주 처리를 했다.

차례

3장 · 학교공간혁신의 흐름

4장 · 학교교육 재설계

5장 · 학교의 준비와 실행

1장

학교공간
인사이트 탐방기

학교공간혁신 시대, 교도소와 같은 학교라는 오명을 벗었을까?

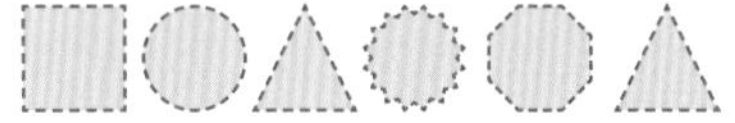

사람이 공간을 만들고, 공간은 사람을 규정한다. 교도소와 아파트단지와 리조트시설을 구분 짓는 것은 그것을 만드는 데 들어간 재료가 아니다. 어떤 행위가 가능하고, 어떤 행위가 제한되는지에 따라 공간의 이름이 달라진다. 행위는 삶이고, 공간은 삶을 담아내는 그릇이다.

긴 복도가 있고, 칸막이로 구획된 사각형의 여백 공간이 있다. 학교다. 학교 공간과 가장 근친성이 높은 시설은 교도소다. 여백 공간을 '훈육'해야 할 사람들로 채운다는 점에서 학교와 교도소의 공간기획은 본질적으로 같다. 통제를 위한 시설이다. 통제의 윤리적 문제는 논외로 치자. 통제라는 공통점을 일단 인정하고 이야기를 해보자.

통제 공간이라는 성격은 비슷하지만, 학교의 목적과 교도소의 목적은 엄연히 다르다. 교도소는 특정인을 삶에서 격리시키기 위해 만들었다. 학교는 나이 어린 학생들을 삶과 더 튼튼하고 세련되게 연결시킬 목적으로 지었다.

문제는 학교가 교도소를 닮아간다는 데 있다. 학교가 삶을 위해 복무하지 않고, 삶이 학교에서 스스로를 희생시키고 있다. 학교가 삶에서 격리되어 있는 것이다. 말하자면 학생들에게 학교는 '삶'이 아니다. 가장 좋게 말했을 때 학교는 그냥 학교고, 최대한 나쁘게 말했을 때 학생들에게 학교는 교도소다.

공간만이 삶에서 격리된 학교 문제의 유일한 원인은 아니다. 하지만 중요할 뿐만 아니라 특별한 원인으로서 공간의 기능을 부인할 수는 없다. 공간이 다르면 삶도 배움도 세계를 인식해 가는 과정도 달라진다. 맹모삼천지교는 대학 진학의 좋은 조건만을 이야기하는 게 아니다. 공간에 관한 담론이기도 하다.

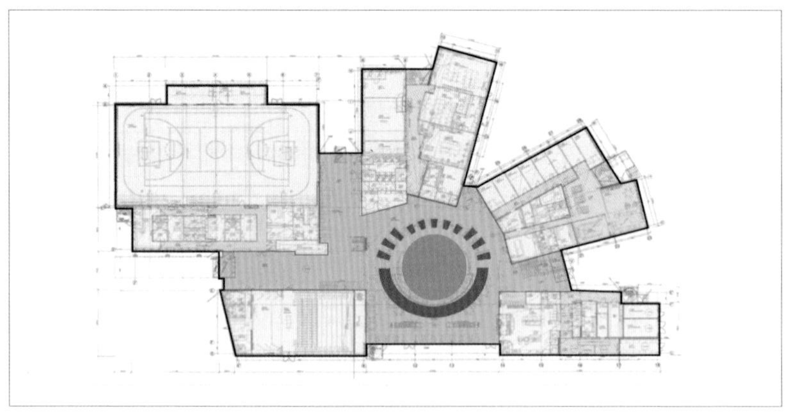

야르벤빠

핀란드 야르벤빠 고등학교(Jarvenpaa Lukio)는 판옵티콘(Panoptcion)의 원형 구조이다. 판옵티콘은 감옥 건축 양식이다. 소수의 감시자가 모든 수용자를 감시할 수 있는 형태의 감옥을 제안하면서 창안된 말이다. 핀란드 교육 탐방이 절정에 이뤘던 2010년 이후 야르벤빠는 교육과정 외에도 학교 건축물로 우리나라 교사들의 주요 벤치마킹 대상이었다. 누군가는 판옵티콘의 아이디어를 감옥으로만 상상할 때 누군가는 학교를 생각해냈으며, 이것이 핀란드인 특유의 상상력이라고도 했다. 중앙에는 도서관이나 식당 같은 공동의 공간이 마련되어 있다. 중앙에서 방사형으로 뻗어나간 자락에는 교과군 조닝과 배치에 따른 필요한 시설과 교실들이 있다. 중앙이 공동체라면 각각의 시설과 교실들은 개별이다. 중앙이 보편과 집합이라면 개별은 특수와 선택이다. 양쪽은 흩어지고 섞이기를 하루 종일, 무작위적으로 반복한다.

유사한 구조의 또 다른 교육 지원 시설이 있다. 덴마크의 티에트겐 기숙사(Tietgen kollegiet)다. 건축 칼럼니스트 구본준은 티에트겐 기숙사를 사람들이 모였을 때의 모양과 같다고 했다. "잔디밭에 친구들끼리 모일 때 세모꼴로 모여 도란도란 이야기하는 사람들은 없겠죠? 네모꼴로 모일 일도 없습니다. 각잡고 모이는 것은, 군대와 매스게임뿐이죠. 누구나 자연스럽게 모이면 동그랗게 둘러앉습니다. 가운데 공간엔 음식이라도 놔두고 이야기합니다. 맞습니다. 사람은 둥글게 모입니다. 기숙사는 어떨까요? 기숙사 방들이 동그랗게 모인다면 말입니다. 사람이 아니라 방도 동그랗게 모여 이야기를 나눌 것 같은 그런 기숙사가 있습니다. 바로 이 기숙사입니다".[1] 티에트겐 기숙사는 학생들 사이에서 커뮤니티를 위한 최적의 환경을 만들고 동시에 개인이 스스로에 몰두하고 발전할 수 있는 공간을 건축의 비전으로 삼았다.[2] 건축의 의도다. 의도가 구현된 건물에서 학생들을 연결하고 그 연결성은 모두에게 역동성을 준다.

---

1 구본준, 〈세계에서 가장 유쾌한 기숙사를 보셨어요?〉 한겨레, 2009.01.13. https://www.hani.co.kr/arti/culture/culture_general/332979.html

2 ttp://tietgenkollegiet.dk/en/the-building/the-architecture/

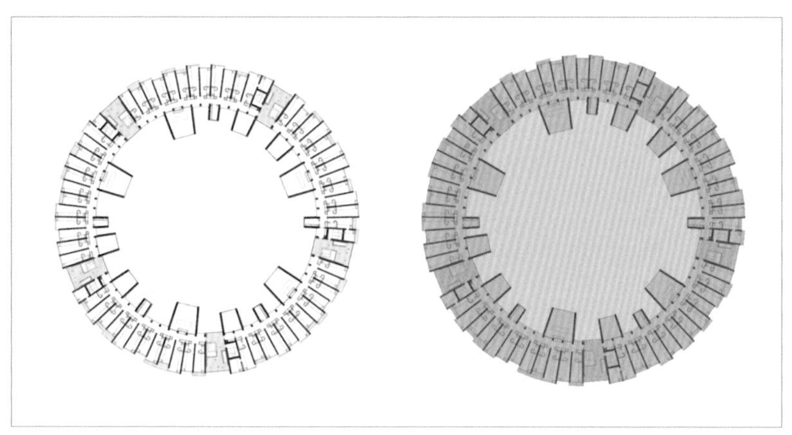

티에트겐 기숙사

지금까지 우리나라 학생들은 컨베이어벨트를 닮은 복도의 직선을 따라, 섞이기 어려운 좁은 폭의 범위에서, 열 지어 이동하는데 익숙하다. 순서, 경쟁, 서열, 눈치 보기 같은 말들이 저절로 생겨난다. 이를 건축의 의도라고 하면 만든 이는 억울하다. 발주처의 건전성과 전문성, 관련 제도의 자화상이 공공건물이라고 본다면, 학교는 건축의 기량과 상관없이 만들어진 곳이기 때문이다. 건축의 의도와 상관없이 한국의 학생들과 야르벤빠, 티에트겐 학생들이 동일한 기분으로 학교생활을 한다고 보기는 어렵다.

학교공간이 화두가 된 시대, 감옥과 같은 학교라는 오명을 벗었을까? 학교 안에서의 교류와 학교 안팎의 교류를 위한 교육의 내용과 방법 그리고 이를 지원하는 학교 공간을 기준으로 보자.

최근 우리나라에도 단절을 연결로 바꾸는, 교육의 체질 변화를 위한 많은 노력들이 진행되고 있다. 혁신학교, 마을교육공동체, 혁신교육지구 등 '교육생태계 조성'이라고 부르는 운동 및 사업이 그 예이다. 학교의 내적 변화 필요에 따라 시작된 자발적 운동은 개별 교사 차원의 수업 변화와 학교 차원의 교육과정 개선의 형태로 적용되었다. 이어 행 · 재정적 지원을 수반한 사업 형태의 움직임은 지방자치단체의 예산과 의지가 결합된 협력으로 꾸준히 성공사례를 나누면서 확장과 연결을 반복해왔다.

학교 공간혁신도 같은 패턴을 보인다. 학교공간혁신은 교사의 수업에서 시작하여, 학교의 사업으로, 지자체의 교육지원사업으로 확장되었다.

전국 12,000여 개의 학교 그 어느 곳이든 '삶을 위한 교육'을 지향하지 않는 곳은 없다. 그러나 여전히 교육의 내용은 삶에서 격리되어 있고, 학교의 구조가 교도소와 비슷하다면 '교도소와 같은 학교'라는 오명을 벗기 힘들다. 공간혁신의 과정과 결과가 교육의 내용과 방법, 그리고 건물의 구조까지도 삶의 연결성을 강화하고 있다면, 그 변화의 과정 속에 놓여있다면 우리는 오명에서 벗어나는 중이다.

공간혁신 벤치마킹

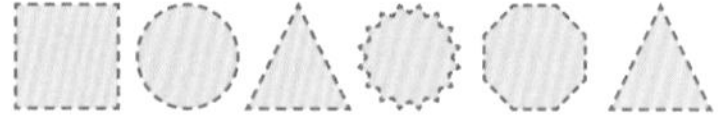

벤치마킹(Bench Marking)은 기업에서 경쟁력을 높이는 방법 중 하나다. 경쟁기업이나 선도 기업의 제품을 그대로 가져와 단편적으로 적용하는 수준이 아니라 벤치마킹 대상의 장·단점을 분석해 자사 제품이나 경영 방식의 경쟁력을 높이는 학습과 개선 중심의 변화기법이다. 이런 차원에서 벤치마킹은 교육 분야에서도 폭넓게 활용되고 있다. 다만 교육 벤치마킹은 정책 입안자의 수준에서는 상호성, 유사성, 측정성, 타당성의 원리에 의해 기획 운영되겠으나, 일반적인 교육현장에서는 혁신적인 교육이 일어나는 국내외 학교들을 대상으로 학습, 탐방하는 과정 모두를 벤치마킹이라고 부르기도 한다.

혁신적인 교육이 일어나는 학교의 모습은 학생들이 보다 적극적으로 학습에 임하고, 협동적이고 창의적이며, 자기주도적이고, 비판적인 사고력을 갖추도록 성장시키기 위해 교육공동체 전체가 하나의 팀으로 움직이는 조직이다. 협동적인 학습이 일어나도록 조장하는 결속력이 강한 교육공동체, 학생들에게 유의미하고 학생들의 적극적인 참여를 조장하는 유연한 통합적 교육과정, 지역사회가 적극적으로 교육에 참여하는 교육공동체로의 교실의 확장은 학생들에게 영감을 불어넣는다. 또한 적극적인 참여를 조장하는 개별화된 맞춤형 교육, 그리고 최신의 테크놀로지가 학습의 향상을 위해 적극적으로 활용되는 교육환경을 제공하는 학교를 해외 혁신교육의 우수사례로 꼽는다.[3]

2009년에 시작된 필자의 해외 혁신교육 탐방은 벤치마킹의 원리를 인지하지 못한 채 시작되었다. 혁신교육의 정의를 스스로 내리지 못했고, 대상국 또는 대상교의 교육목표가 무엇이고, 이 목표는 어떤 성과 지표로 측정하고 수정 · 보완하고 있는지에 대한 객관적 자료를 탐색하지 못한 채 다시말하면 성공 측정 방법과 신뢰할만한 연구자료가 아닌 관찰에 의한 영감이 주를 이뤘다. 때문에 교육지원제도를 살피고, 교육체계 수립이나 교육개발 프로세스를 염두에 두지 않았다. 어떤 교육을 하는지, 어떤 교육방법론을 적용했는지도 중요하지 않았다. 각 나라, 학교의 교육에 대한 신념, 가치관을 실행하는 다양한 교수법과 이 모든 것의 증거인 학생의 성취를 학습하기보다 그들이 다루는 콘텐츠를 수집하기에 여념이 없었다. 그리고 눈앞에 펼쳐진 학교 내외부 환경은 국내 학교와 절대 비교되면서 강렬한 인상을 남겼다. 이러한 과정은 뒤에 언급하겠지만 학교 현장에서 학교 공간혁신, 그린스마트미래학교 추진과정에서 일어나는 인사이트 투어, 벤치마킹에서도 종종 나타난다. 물론 문제해결을 위한 적용이 내 실제 삶의 어느 지점에서 연결되고 강화되는가는 사람마다 다르다. 그럼에도 불구하고 인사이트 투어로 불리는 학교공간혁신 탐방이 공간

3 한국교육개발원, 〈교육혁신 사례 분석을 통한 미래교육 실천과제〉, 2019. pp.136-7.

혁신의 출발점이 된 것은 분명하다. 필자의 '출발점'의 기억을 모으되, 지금의 관점을 덧붙여 정리하면 다음과 같다.[4]

- 사용자참여설계
  스웨덴 푸트룸 종합학교
  스웨덴 쿨트후셋 복합문화관
  덴마크 한스공립 초중등학교

- 특별한 교육적 요구를 가진 교실
  스웨덴 우트빌드닝 실베르달 고등학교

- 복합화의 출발점
  덴마크 코펜하겐 이드렛스 에프터스콜레

- 비전 – 콘셉트 – 공간
  핀란드 슈퍼셀 오피스
  핀란드 헬싱키중앙도서관 오디

인사이트 1 - 사용자 참여설계

스웨덴 푸트룸 종합학교(Futurum Framtidens Skola)

스웨덴은 1990년대부터 학교선택제와 자율학교를 통해 공교육의 변화를 유도해왔고 그 결과 다양한 학교 모델을 창출했다. 푸트룸은 교사들

4 공간 인사이트를 중심으로 간추린 것으로 이어지는 기관과 학교의 기반 문화나 정책과 철학, 중심교육 과정의 인터뷰 내용이나 용어해설 등의 종합적인 관점과 내용이 많이 생략되었다.

스스로 스웨덴 교육의 장점인 통합교육과 시대적 요구인 개별화 학습을 연결해 혁신을 이뤄낸 미래형 공립학교다. 푸트룸은 '모든 학생들의 개별적 성장을 촉진하는 학교'를 목표로 1999년 8월 15일 새로운 학교로 '다시' 출발한다.

푸트룸 종합학교 홈페이지

1976년에 지은 낡은 학교를 개축하게 된 하보코뮌(HABO KOMMUN) 발스타시(Balsta)의 시장은 700만 유로를 들여 단순히 노후 시설을 개선하는 개축과는 다른 방법을 고민했다.[5] 그는 이 학교에 근무하던 한스 알레니우스(Hans Ahlenius) 교사에게 '미래를 위한 학교'를 요청했다.

개선과 혁신의 사이에서 학교는 혁신을 택하고 '스콜라(skola) 2000' 프로젝트를 시작한다. 그들은 '지금, 미래를 짓기'로 결정하고, 크바른바크라는 원래 이름을 푸트룸(미래)로 바꿔 학교의 정체성을 담았다. 교사 88명은 13개의 팀으로 나눠 학교 기획을 위해 움직였다. 그들에게는 세상의 변화를 뒤쫓아 가는 교육이 아닌 다음 세대를 살아갈 아이들의 미래를 위해 필요한 것이 무엇인지 찾아내는 것이 중요했다. 그 중요성은 6가지 새로움(New)으로 계획되었다. 새로운 교수학습pedagogy, 새로운 조직, 새로운 학습환경, 새로운 교사역할, 새로운 리더십, 새로운 기업가 정신이다.

새로운 교수학습을 위해 몬테소리, 프레네 등의 교수 학습법에 대한 연구와 조사가 시작되었고, 다른 여러 우수 학교들을 찾아다녔다. 학습환경

5 스웨덴은 1991년부터 교육개혁을 시도, 규칙중심 행정에서 목표 중심 행정으로 전환하여 국립교육청은 목표와 방향만을 설정, 결과에 대한 평가를 담당하고, 지방자체단체가 실질적인 교육 행정권한을 갖고 지역 실정에 맞는 교육정책을 집행했다.

측면에 있어서는 다양한 교수학습방법이 적용될 수 있는 환경을 조성하는 프로젝트의 학습 환경 관련 목표였다. 세부적으로 현대적 열린 환경, 무선랜과 랩탑 컴퓨터, 교사의 작업실 조성, 유연하고 안락한 가구와 식물로 둘러싸인 내부환경 등을 구체적 실행 방안으로 설정했다.

학교 내부는 3개의 유닛으로 구성되며 각각 노랑 · 분홍 · 초록의 세 가지 색깔로 구분된다. 각 유닛마다 커뮤니티 공간을 중심에 두고 작은 실들이 이를 둘러싼 형태로 작은 방들이 둘러싼 배치다. 이는 푸트룸이 지향하는 새로운 조직을 구체화한 것으로, '큰 학교 속 작은 학교'를 목표하였다. 큰 학교 속 작은 학교의 구현이며, 실제 유닛을 작은 학교로 지칭한다면 한 학교 안 자율성이 큰 3개의 학교가 운영되는 형태다. 이 경우 작은 학교가 갖는 긴밀한 상호작용, 맞춤형 학습관리, 친밀한 공동체 등의 장점을 유지하면서 대규모 학교의 전문화된 실험실습실, 효율적 조직 운

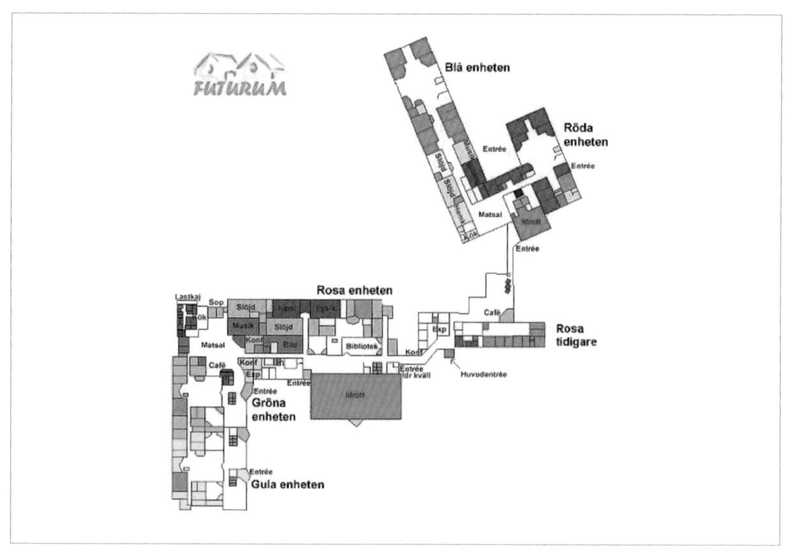

스웨덴 푸트룸학교 설계도

영 등의 장점을 모두 갖게 된다.

학습 공간들은 교수학습을 담당하는 교사들에 의해 크고 작은 제안들이 있었고 실제 학습 방법에 교사의 요구와 필요에 따라서 만들어졌다. 그만큼 학습 공간 자체가 교수학습 방법을 이미 말하고 있었다. 학교를 세우고 난 후 운영을 고민하는 일반적인 방법을 버렸다. 교육 공동체가 지혜를 모으고, 학습을 통해 지향하는 학교의 비전, 미션과 이를 실현하기 위한 조직의 형태를 설정 후 구체적 학교재구조화 계획을 수립한다. 새로운 비전을 가진 새로운 학교는 새로운 조직으로 운영되어야 하며, 물리적 시설환경은 이러한 기본 계획에 근거하여 모두가 참여하는 디자인을 통해 다시 지어졌다.

"이건 학교 홍보 포스터죠. 실제 올해 들어 온 학생입니다. 양손을 번쩍 들어 올리며 웃고 있죠? 뭐라고 했을까요? "와! 나도 이제 이곳에 다닐 수 있게 되었어!" 우리 목표는 이 아이들이 학교를 졸업하는 날에도 이처럼 행복한 미소를 지을 수 있게 하는 것이죠. 무엇보다 스콜라 2000 프로젝트는 이 학교에 다녔던 사람, 다니고 있는 사람, 다닐 사람들이 모두 모여 만들었죠."

그의 설명은 감동적이었지만 푸트룸을 방문할 당시 나에게는 교실 안 작은 무대와 조명, 높은 층고와 천창을 가진 가정실, 충분한 자원을 갖춘 목공실, 교실과 복도 곳곳의 다과 공간과 소형가전들, 카페 같은 식당, 학생 운영 카페테리아, 공유공간에 위치한 당구대, 통합 강당, 학교 캠퍼스 전체에 흐르는 무선 와이파이, 학생들이 교재처럼 사용하는 노트북 등만 아른거렸다. 그리고 우리 학교에도 나만의 멋진 전용 국어실이 있으면 얼마나 좋을까라는 생각에 빠졌다.

그러다 문득 푸트룸과 같이 학교 전체를 변화시키는 수준이 아니더라도 나 스스로 실행할 수 있는 국어실을 어떻게 "꾸미지?"에서 생각이 멈췄다. 만일 내가 "국어실을 어떻게 만들까요?"라고 한스선생님에게 물었다면 그는 분명 나에게 교육의 페다고지, 조직, 교사로서의 역할과 이를 지원하는 학습환경의 상(像)을 물었을 것이다. 그리고 그에 맞는 국어실에 대한 답은 당신에게 있다고 했을 것이다. 국어실을 만들고 사용하는 권한은 그 사용법을 만들어내는 것에 있었다.

푸트룸에 대한 자료를 검색하면 2009년부터 코로나19 직전까지 탐방자들의 방문 기록을 쉽게 찾아 볼 수 있다. 학교 방문 기록 속에 등장하는 한스 알레니우스 교사는 수학, 역사, ICT 교사로, 홍보 및 대외협력 업무 담당자로, 다시 ICT 교사에서 최근에는 교감으로 기록 연도가 지나면서 다른 역할로 소개 되고 있다. 그는 학교 개축이 시작된 1999년부터 구성원 모두가 참여하는 방식으로 비전을 설정하고 앞에서 언급한 5가지 새로운 미션을 실현하는 과정을 20년 동안 주도하였다. 돌이켜 볼 때 그는 총괄 교육기획자로의 역할을 담당한 것으로 보인다. 교육기획가 한스 알레니우스는 학교 사용자를 중심으로 학교를 다시 지었다. 나는 지금, 사용자로서의 권한과 책임을 모두 보여준 교육자인 그를 회상한다.

스웨덴 쿨트후셋 복합문화관

(kulturhuset stadsteatern)

쿨트후셋 홈페이지

스웨덴 스톡홀름의 상업, 정치 중심지에 모든 사람을 위한 공공공간이 존재한다. 도서관, 전시장, 공연장, 극장 등을 품은 복합 문화관 쿨트후셋(Kulturhuset_문화의 집)이다. 건축가 페테르 셀싱(Peter Celsing)에 의해 설계되었고 1968년에서 1974년 사이에 단계적으로 지었다. 페테르 셀싱은 "모든 예술 형식을 수용할 수 있는 공간", "도래할 새로운 인간을 위한 공간"으로 건축 비전을 밝혔다.[6] '도래할 새로운 인간'이 비단 나이 어린 사람들만을 지칭하는 것은 아니었겠으나 어린이와 청소년을 위한 그리고 그들의 생각을 최대한 반영해 만든 공공의 공간이 그 안에 있다.

스웨덴 쿨트후셋

앞에서 언급한 바와 같이 쿨트후셋은 종합 문화예술공간이다. 그 중에 교사로서 도서관을 눈여겨 보았다. 유아부터 성인까지 모든 사람을 위한 6개의 도서관 중 청소년을 위한 2개의 도서관 공간을 중심으로 기억을 호출해본다. 두 공간은 14~19세 청소년을 위한 라바 도서관(Lava)과, 10세부터 13세를 위한 티오트레톤(TioTretton)이다.

라바는 화산에서 분출하는 용암을 말한다. 방문 당시(2010년) 라바 도서관은 공사 중이었다. 안내자는 청소년을 위한 여섯 번째 도서관을 개관할

6 The vision of the architect Peter Celsing was to create a space that could accommodate all art forms. "I am building for a new human being that has to come" was both a pleading and a pledge of the renowned architect who won the architectural competition for a new cultural centre in 1966. (https://kulturhusetstadsteatern.se/english/about-kulturhuset-stadsteatern)

예정이며, 청소년의 의견과 아이디어를 반영해 도서 대여 공간, 콘서트홀, 휴식 공간, 패션쇼장, 공예실 등 청소년이 원하는 도서관을 만들고 있다고 했다. 2021년 현재 라바에서는 다양한 소재로 뭔가를 만들거나, 창의적인 프로젝트에 도움을 받거나, 예술작품을 전시하거나, 무대에서 다채로운 공연을 할 수 있다.[7] 본시 극장은 연극, 영화라는 전문적 종합 예술이 펼쳐지는 곳이다. 여기에 청소년의 생각이 요구(needs)가 되어 분출했을 테고, 그 생각을 다듬기 위해 시대의 지혜가 더해져 공간이 구체화되었을 것이다. 사용자들의 생각은 운영자와 설계자를 만나 인문사유, 예술경험, 생활기술의 장소로 '분출'되었다고 볼 수 있다. 사용자가 참여하여 만들어지는 공간은 지금도 사용자들에 의해 재건축되고 있다.

쿨트후셋에서 가장 비밀스런 공간은 티오트레톤이다. 주 사용자들인 13세 이하 청소년의 요구가 의회에 전달되었고, 그들에 대한 존중과 사용자의 참여가 티오트레톤을 낳았다. "아이들(영유아)은 아이들이라고 보호받아요. 그리고 형들은 어른들과 같이 써도 혼나지 않아요. 그런데 우리들은 아이들 공간에는 못 들어가고, 어른들이 있는 공간에서는 쫓겨나죠. 우리들의 공간이 필요해요." 10세부터 13세만 입장이 가능한 이곳을

라바

7 https://kulturhusetstadsteatern.se/bibliotek/lava

만든 이들의 진솔한 말들이 공간의 이름도 낳았다. 티오는 10이고 트레톤은 13이다. 어른들의 눈길과 관심에서 벗어나 마음껏 문화를 만들고 누린다. 티오트레톤은 스웨덴 건축가이자 시나리오 작가인 리카르도 오르티즈(Ricardo Ortiz)가 쿨트후셋 운영 관리자였던 카티 호플린(Katti Hoflin)과 협력하여 만들었다. 건축가와 기획자는 1013 청소년들 생각을 힘으로, 상상력을 법칙으로 삼았다. 서가, 주방, 스튜디오, 작업장과 서가 전면에 놓인 비정형적인 크고 긴 소파는 모든 감각을 위해 존재한다. 이렇게 특별한 방식으로 만들어진 티오트레톤은 세계 최초 1013 도서관으로 자의식이 자라면서 간섭받기 싫어하는 아이들의 특성을 이해하고 독립심을 배려한 특별한 공간으로 세계 최초 1013 도서관이 되었다. 사용자참여는 사용자에 대한 존중에서 시작되고 전문성을 통해 꽃으로 피어난다. 꽃은 물리적 환경 뿐만 아니라 운영 프로그램과 만남으로써 참여를 만들어내고 그 자체가 다시 꽃이 된다. 그 '꽃'을 꼭 홈페이지를 통해 확인해보길 권한다.

티오트레톤

덴마크 한스 공립초중등학교

1998년 덴마크 겐토프테시 시의회는 1998-2000년 겐토프테 시 교육기본계획'을 승인한다. 이 계획에는 교육 제도, 공간 그리고 학교의 물리적 형태에 관한 사항을 상세히 기술 하고 있다. 이에 따라 2000년 봄, 학교건립 준비가 시작된다. 학교와 지자체, 그리고 지역의 교육전문 단체들이 함께 학교 건축 사업계획을 수립한다. 계획은 단순히 공간과 조직의 목록을 나열하는데 멈추지 않았다. 학교 건축의 근본이 되는 기본, 달리 표현하면 교육 비전에 집중했고, 21세기형 학교가 담아야 할 학부모의 기대와 학생들의 요구를 내다보았다. 학교 건축 사업계획서 서문은 다음과 같이 시작한다. "변화무쌍하고 예측할 수 없는 우리의 세계는 전에 없던 새로운 학교를 요구하고 있다." 서문에 언급된 '새로운 학교'는 아마도 덴마크 학교 건축 중 우수사례로 불리는, 교실없는 학교 '헬레럽(Hellerup skole)'으로 대표될 것이다. 헬레럽이 성취하고자 했던 것은 단지 덴마크의 전통적인 학교 건축 패러다임의 변화일 뿐만 아니라 교육적, 구조적 함의의 변화였다. 덴마크의 신설 학교는 헬레럽이 자리 잡은 이후 개방형으로 설계하는 것이 보편화되고 있으며, 기존 학교 역시 공간 재배치를 통해 교육적, 구조적 변화를 모색하고 있다. 헬레럽이 덴마크 학교 공간혁신의 모델교가 된 셈이다. 필자가 2010년 탐방한 곳은 헬레럽이 아닌 한스공립학교다. 두 학교 사이의 연관성 대해 아는 바는 없다. 다만 헬레럽처럼 사용자참여설계에 전문가 참여가 더해져 전방위적 관심과 지원, 연대와 연구 속에 새로운 학교가 생겨나는 축복도 있겠지만, 한스공립학교와 같이 부분적으로 공간을 바꾸고 고쳐 가는 경우도 있다. 비율로 보면 후자의 경우가 더 많다. 대한민국에서도 신축이나 전체 캠퍼스 개선보다는 부분 개선 또는 동단위 리모델링이 더 많다. 부분적인 개선의 인사이트는 결국 새로운 학교 건축이라는 꿈을 꾸게 한다. 덴마크 헬레럽도 그러한 여러 곳의 노력으로 탄생했을 것이라는 전제하에 한스 공립교 탐방기 앞에 설명을 덧붙였다.

"학교에 두 시간 더 머무르게 한다."라는 덴마크 교육 시행령은 "학교에 두 시간 더 머무르게 하려면 어떤 공간이 있어야 더 행복할까?"라는 학교 안 질문이 되었다. 질문을 만들고 풀어가는 곳은 덴마크 오덴시에 있는 한스 공립초중등학교(이하 한스)다.

사용자참여설계의 과정을 교직원 회의로, 교수학습 소재로 녹였다. 한스의 사명은 어린이와 청소년이 더 많이 배우고 싶게 만들고, 그들에게 기술과 역량을 부여하며, 개개인의 다재다능한 발달을 촉진하여 미래 사회를 탐색할 수 있도록 하는 것이다. 학교의 핵심교육은 '혁신, 스포츠 · 건강, 국제화'의 3가지 차원으로 뚜렷하게 정의되어 있다. 핵심교육은 교과로 연결되고 학생들은 3가지 교과를 자신의 필요에 따라 선택할 수 있다. 흥미로운 것은 학생들이 참여하는 '혁신' 교과(교육과정)에서 지역과, 학교를 대상으로 프로젝트를 개설하는데 이 과정에서 학교공간을 수업의 재료로 사용하였다는 점이다. 실제 구축할 학교 공간일지라도 혁신의 차원답게 틀에서 벗어나 생각하고, 기존의 흐름을 따르지 않고 자신의 아이디어에 따라 작업하게 한다. 다른 사람의 아이디어를 경청하고 더 발전시키는 용기와 기회를 준다. 무엇보다도 머리와 손을 동시에 사용하길 권했다. 프로젝트의 마무리는 다양한 형식의 발표회(리그)로 이루어지는데, 그 중 하나가 레고 리그다. 진행에 따른 효과를 정리해보면, 한스는 학생이 더 행복한 학교공간이라는 과제를 해결해가는 과정을 실제적 맥락에서 추출하여 학습 동기화를 강화시켰다. 공동의 구성원인 동료 그리고 프로젝트를 진행하고 있는 교사들과 동등한 입장에서 상호 아이디어를 나누면서 학교 공간에 대한 촘촘한 뼈대가 설정된다. 학사운영과 분리되지 않고, 학교의 비전과 실행이 일치된 가운데 수행되는 프로젝트는 교사와 학생들에게 과중한 행사 또는 과제가 아닌 흥미로운 작업이었을 것이다. 이러한 생각이 꼬리를 물고 있을 때, 한스의 프리젠테이션을 진행한 교사는 우리를 레고로 만든 조형물이 전시된 곳으로 안내했다. 레고로 만들어진 학교공간들은 구성 및 디자인의 의도가 붙은 메모와 함께 전시되어 있었다. 조립된 조형물 앞에 학생들이 대화를 나누고 있었다. 어떤 것이 마음에 드는지, 어떤 한계가 있는지, 자신의 아이디어와 어떤 것을 연결하면 좋을지, 실행 가능성 여부 등 결과물로 보는 한스인들의 생각들은 레고라는 '작은 벽돌'에 갇혔지만, 조각들이 선택되고 연결되는 시간은 미래를 열고 있었다.

한스 공립학교 학교공간 레고

인사이트 2 - 특별한 교육적 요구를 가진 교실

우트빌드닝 실베르달 스콜란(Utbildning Silverdalsskolan)

스웨덴 솔렌투나 시(Sollentuna kommun)[8] 는 높은 수준의 학습, 안전한 학생 및 헌신적인 교육자가 있는 우수한 학교 지방 자치 단체로 유명하다. 실베르달 지역은 2001년 '모두를 위한 지속가능한 미래(Sustainable Future for all)'(스톡홀롬 환경연구원, SEI, Stockholm Environemnt Institute)라는 비전 아래 혁신적이고 지속가능한 환경친화적 기술 적용을 목적으로 계획된 도시이다. 도시가 조성되고 주거 시설이 확충된 후 안정적 학령인구가 유지되면서 학교가 발전하기 시작했다.

우트빌드닝 실베르달(Utbildning silverdal)은 유치원부터 9학년까지 550여 명의 정원을 가진 시립학교다. 유치원, 초등학교, 고등학교, 아스퍼거 증후군학교까지 총4개 학교로 구성되며 4명의 교장이 있다. 큰 학교안에 4개의 작은 학교가 함께 생활한다. 대체로 실내 중정이 있는 건물들은 바깥에서부터 교실-편복도-중정을 두어 순서로 실내 중정을 감싸는 구조다. 핀란드 야르벤빠 고등학교처럼 학생들은 각 층의 구부러진 편복도를 이동할 때 뚫린 중정덕에서 1층의 커뮤니티홀을 내려다볼 수 있다. 반면 실베르달의 구조는 이와는 반대로 바깥부터 편복도-교실-중정순서로 육각형의 형태로 구부러져 있다. 교실에 앉아서 중정이 보이고 복도를 이동시 학교 외부로 시야가 열린 특이한 구조다. 이런 특이한 형태에 대해 질문을 하자 안내교사는 원래 학교가 건축 사무소였는데 학교로 전환했고, 아마도 일반 오피스에서는 각 층마다 사무실에서 일하는 것을 상호감시

8 스웨덴 스톡홀름주의 지방 자치체로 행정 중심지는 투레베리이며 면적은 57.98㎢, 인구는 70,748명(2016년 6월 30일 기준), 인구 밀도는 1,200명/㎢이다.(위키백과)

우트빌드닝 실베르달

하는 구조가 아니었을까하며 웃었다. 덧붙여 학교에서는 학생들의 활동 모습을 서로가 볼 수 있는 것도 장점이 될 수 있다고 한다.

맨꼭대기 층인 4층은 중앙으로 열린 교실창마다 커튼으로 가려져 있었다. 그곳이 아스퍼거 증후군 그룹의 공간이다. 2008년 가을, 실베르달은 아스퍼거 증후군(자폐 스펙트럼) 진단을 받은 학생들을 위한 학교를 그룹화하기 시작한다. 실베르달의 특별교육 그룹은 초등학교 4-6학년 그룹과 7-9학년 그룹에 총 7개 학급으로 운영되며 구성되며 각 학급그룹 당 학생수는 5-8명이다. '학교 환경이 자폐증 학생의 집중력에 미치는 영향'에 대한 박사 학위를 소지한 카트린 터프손(Catrin Tufvesson)과 협력을 시작하여 학생들에게 최상의 조건을 제공하고자 했다.

아스퍼거 증후군의 학생들은 보통 사람과 비슷하거나 또는 더 우수한 지능을 보이기 때문에, 이 학생들을 위한 별도 교육과정이 존재하지는 않는다. 도리어 이들의 성적이 더 우수한 경우가 많다. 이 증후군의 특성은 학습 능력에 있어서의 차이점보다는 지능의 사용에 있어 비특이적으로 치우침이 나타나거나 사람들과의 관계 맺음에서 어려움이 나타난다. 한 번 입력된 규칙과 원칙을 매우 중요하게 여기기 때문에 자신만의 원칙을 고수해 사회성 부족 진단을 받기도 한다. 관계를 맺는 중요한 시기에 일반인과는 다른 방식의 생각과 행동으로 친구들과 마찰이 일어나기도하고 과도한 반응을 보인다. 관계 형성의 어려움은 학업에도 지장을 준다. 보통 이상의 학업 능력을 가진 아이들이 인간관계에 대한 심각한 문제로 능력이 사장되지 않게 교육하는 것이 중요했다. 스웨덴의 교육과정은 초등 4학년 이후부터 토의학습, 협동 수업, 체험 학습이 많아진다. 때문에 아스퍼거 증후군 학생들은 초등학교 4학년부터 일반 학교에서 분리된다.

이 그룹의 교실 안 책상들은 모두 교실 벽면을 향하고 있다. 빛을 싫어하는 특성을 고려해 중정으로 난 전면창은 모두 커튼으로 가렸다. 잔잔한 음악을 틀어 민감해하는 소리에 대한 영향을 줄여 주고, 소음이 큰 학교 식당을 사용하지 않는다. 식사는 각자 좋아하는 공간에서 먹을 수 있게 시간을 조정하고 원하는 공간을 선택하게 한다. 또 같은 음식을 반복해서 먹고, 맛이 일정한 것을 선호하기 때문에 4층 조리 공간에서 지도교사와 음식을 해 먹기도 한다. 이 학생들이 겪는 갈등의 요소는 주로 관계 형성이므로 지속적이고 반복적인 훈련, 빈번한 대화에서 오는 관계에서의 갈

우트빌드닝 실베르달 내부

등을 없애주는 것이다. 학업적으로나 사회적으로 학습에서 앞으로 나아갈 수 있게 지원하는 것이 핵심이다. 또 학생이 전보다 나은 상황이 되고 스스로 원할 때는 언제든지 일반 수업에 합류한다.

실베르달에서 이 학생들을 위한 한 가지 목표는 모든 학생들이 가능한 수준의 지식 개발에 도달하고 고등학교에 진학할 수 있도록 하는 것이다. 이들은 특별한 교육적 요구자로 자신에 맞는 학습을 한다. "평등은 같은 조건의 아이들에게도 적용되지만, 특수한 경우는 평등한 조건을 조성하는 것부터" 시작된다.

인사이트 3 - 복합화의 출발점

덴마크 코펜하겐 이드렛스 에프터스콜레 (KØBENHAVNS IDRÆTSEFTERSKOLE, KIES)

덴마크 학생의 약 27%가 에프터스콜레를 선택한다. 에프터스콜레란 14~18세의 학생들이 1년간 정규 학제에서 벗어나 유예기간을 가지며 자신의 삶을 성찰하고 다양한 경험을 통해 자신의 인생을 설계할 수 있도록 돕는 독립교육 과정이다. 학생들은 일반 학교에서 가르치는 과목과 더불어 각 학교에 특화된 선택 과목(스포츠, 음악, 연기, 외국어, 미술, 종교, 여행, 국제 교류 등)을 배운다.

2010년 방문한 학교는 코펜하겐 이드렛스(체육) 에프터스콜레다. 코펜하겐에서 가장 큰 공원인 발비(Valby) 체육 공원이 300m 거리에 있다. 발비 공원은 1913년부터 덴마크의 스포츠 복합단지로 조성되어 오랫동안 사용되어 온 역사적인 곳으로, 1930년대 덴마크의 올림픽 유치 시 스포츠 종합단지 조성계획에 포함되어 18개의 축구장이 건립되고 현재까지 이용되고 있다. 1964년 이후 매년 총 126개 스포츠 클럽이 발비공원을 사용하고 있는데 이 중 45개가 축구 클럽이다. 이러한 지역적 여건 속에 위치한 이드렛스 에프터스콜레는 학교 주변 환경으로 쉽게 짐작할 수 있듯이 체육활동, 그 중에서도 축구를 전문으로 하는 학교이다.

코펜하겐 이드렛스 에프터스콜레 학생들은 지역사회에서 운영중인 여러 클럽에 적극적으로 참여하며, 공원 내 다양하고 전문적인 체육시설을 사용한다. 실제 학생들은 오전 수업시간을 학교가 아닌 다양한 지역 체육 시설에서 보내기도 한다. 학교 반경 2~3킬로미터 체육공원 전체가 학교인 셈이다. 학교 소개 자료에는 발비 이드렛스 공원의 4개의 실내 체육관,

코펜하겐 이드렛스 에프터스콜레 전경 및 주변

4개의 축구 경기장, 37개의 잔디 축구장을 학습공간으로 표기하고 있다.

학교 맞은편에는 스포츠 애호가를 위한 모든 여건을 완비한 하프니아 할렌(Hafnia Hallen)이 있다. 실내 플라스틱 코트, 미니 코트, 실내 비치 발리볼 및 대형 피트니스 센터 등의 시설이 이용가능하다. 하프니아 할렌에는 지역의 다양한 클럽이 활동중이며, 클럽에서 활동하는 지역민 또는 학생들은 하프니아 할렌의 단순한 시설 사용자가 아니라 시설의 주체가 된다. 이러한 점은 학교와의 좋은 교류를 만들어내고 있다. 학생들은 스스로의 선택에 따라 자신이 원하는 클럽에 가입하고 활동함으로써 이들에게 수업은 수동적 참여의 대상, 그 이상의 의미를 가진다.

이쯤되면 에프터스콜레를 진로 탐색을 위한 안식기 대안학교 정도로 이해하고 있다가 축구선수를 기르는 곳인가 싶어진다. 실제 학생들에게 원래 축구 선수가 꿈이었는지, 이 학교 다니면서 축구선수가 되고 싶어졌는지 묻기도 했다. 그럴 때마다 학생들은 웃는다. "그런 친구도 있겠죠. 그런데 대부분은 아니예요."라고 하면서. 실제 스포츠 과정은 전체 교육과정 비중에서 30퍼센트다. "우리 학교 학생들은 모두 스포츠를 좋아합니다. 하지만 모두 수업이나 공부와 같은 학교 방식을 좋아하는 것은 아니죠. 자신들이 좋아하는 스포츠 코치와 일반 수업을 한다면 스포츠 생활의 즐거움을 교실 생활로 자연스럽게 옮기는 것이 가능합니다. 교사와 학생이 스포츠를 통해 쌓은 신뢰, 단결, 친밀, 소속감, 연대 의식 등으로 강화된 유대감은 학생들이 교실에 적응하고, 앞으로 이어질 후기 학교 교육에서 다양한 삶을 적응할 수 있도록 이끄는 역할을 합니다. 그래서 모든 교사는 스포츠와 일반 교과를 함께 맡을 수 있는 자격을 갖고 있습니다."[9]

철학 수업시간 세미나형 강의실에서 학생들은 모두 노트북을 사용해 기록, 탐색, 공유, 질문 등을 활발하게 이어가면서 토론 수업을 만들어갔다. 핸드볼과 철학을 함께 다루는 교사와 그와 대화하는 학생들의 모습은 티칭, 코칭, 멘토링이 필요에 따라 뒤섞인 경기장과 같았다.

학교를 방문한 후 기숙사, 식당, 일반교실만을 둘러보았을 때 일반적인 창고형 공장 같기도 했던 이 학교의 공간적 비밀이 풀렸다. 학교가 위치한 전체 지역 체육 시설이 학교 캠퍼스였던 것이다. 2001년 핸드볼 팀 코치였던 얀 바슬레우 교장은 축구 감독, 핸드볼 감독이었던 동료들과 모여 발비 지역에 협동조합 방식으로 학교를 만들자고 제안한다. 스포츠를 좋아하는 학생들을 위한 학교가 생기면 지역사회에 활기를 불어넣을 수 있을 것이라 생각했다. 지역 클럽 회원과 주민들을 주축으로 협동조합을 설립하고 2004년 코펜하게 이드렛스 에프터스콜레가 만들어진 후, 실제로 따로따로 흩어져 있던 스포츠 클럽이 서로 협력하면서 함께 축제를 열고, 클럽 대항 리그 경기를 유치하고 운영하는 등 활발한 활동이 시작되었다. 클럽 이용자가 많아지면서 낙후된 시설을 개선하고 실내 수영장과 축구

9 2010년 당시 코펜하겐 이드렛스 에프터스콜레 얀 바슬레우 교장 선생님 인터뷰 내용.

장을 새로 건립하기 위한 예산을 지원받게 된다. 학생들은 8~10세 아이들을 위한 스포츠 이벤트를 주최하는 등 지역사회의 일원으로 역할을 담당하는 선순환이 일어난다. 지역의 주민들, 졸업생이 협동조합의 일원으로 네트워크를 형성하고 서로의 공간을, 시간을, 생각을 공유하면서 학생과 주민 그리고 학교와 마을의 경계는 사라진다. 외형과 내형의 가치가 맞물려 돌아가는 생태계다.

코펜하겐 이드렛스 에프터스콜레는 지금의 우리 시각에서 보면, 마을교육공동체, 학교시설복합화, 생활SOC를 합해놓은 이미지이다. 2001년 서울 성동구 금호초등학교를 시작으로 확대되기 시작한 학교시설 복합화는 20년이 훌쩍 넘은 현재 전국 126개교에서 운영되고 있지만, 이는 전국 초 · 중 · 고등학교의 약 1%에 해당하는 미미한 수준이다. 시설 관리, 안전과 책임의 문제로 여전히 복합화는 큰 진전을 보이지 못하고 있다. 여기서 흥미로운 것은 대부분의 학교들의 SWOT분석 결과 약점(W)으로 빠지지 않고 등장하는 것이 지역 사회 안 청소년을 위한 생활문화예술 인프라의 부족이다. 도심지와 농산어촌학교 모두 그렇다. 실정이 이렇다면 학교 주변에 인프라가 없다기보다 대한민국에는 체육, 예술, 문화 등 특정 활동을 원활하게 하기 위한 기반 시설이 상당히 약하다는 결론에 이른다.

일과 삶의 균형을 중시하고 고령화 현상에 따라 건강, 문화, 예술 등의 평생학습 요구는 증가하고 있다. 하지만 이런 요구를 수행하기 위한 생활SOC 시설을 볼 때 도심지는 인프라를 구축할 부지가 부족하고 농산어촌은 인구의 격감으로 적정 사용자수요를 확보하지 못하여 쉽게 확대되지 못하고 있다. 때문에 도심, 농산어촌에 모두 존재하되, 개보수를 통해 쉽게 활용 가능한 학교를 생활SOC와 결합하는 것은 어쩌면 당연한 필요로 보인다.

코로나로 인해 '레이어드 홈'[10]의 개념이 강화되었다 하더라도 거주 공간 면적을 한없이 늘릴 수는 없다. 최근 회자되는 각종 '0세권'들은 거주 공간인 집과 주변 사회적 인프라를 모두 합쳐 '좋은 집의 조건'을 가진다. 집 주변의 인프라가 생활 반경에 모두 인접해있어야 한다. 역세권(교통), 슬세권(생활편의시설), 숲세권(경관), 팍세권(공원), 학세권(교육) 등이다. 토지, 인구변화, 생활 등의 지금의 여건에서 학교시설복합화를 토지 조건부터 다른 코펜하겐 이드렛스 에프터스콜레와 절대 비교할 수는 없다. 비교의 층위 자체도 다르다. 다만 과거 방문자였던 필자는 당시 지역과 학교의 공생의 출발점을 보았다. 출발은 "좋은 집의 조건이 무엇인가?"처럼 "어떤 학교가 좋은 학교인가?"이다. 학교와 지역사회가 동반성장을 하려면 교육의 목표가 그러하듯 장기적 안목에서 실행전략이 지역사회의 시설을 '평생' 사용하게 될 학생들의 경험을 지금부터 길러주는 차원에서 수행되어야 한다. 결국은 학교시설복합화는 지역, 마을교육공동체의 일환으로 인식하고 추진되어야 그 실용의 연장성이 철학과 만나게 된다. 정리하면, 코펜하겐 이드렛스 에프터스콜레는 물리적으로 지역 안에 학교가 있지만, 정서적으로 학교 안에 지역이 있다. 스포츠를 좋아하는 학생, 스포츠를 통한 교사와 동료간의 유대감, 지금과 다음을 위한 인생 설계 그 안에 지역과 지역의 인프라가 있다.

10 레이어드 홈(layered home): 여러 가지 기능을 한층 한층 쌓아 올려서 다양한 활동을 할 수 있는 집을 의미

인사이트 4 - 비전, 콘셉트, 공간

핀란드 슈퍼셀(SUPERCELL)

슈퍼셀 내부공간 핀터레스트

변화의 속도를 따라가는 적응 가능한 환경이 어딜까? 2019년 핀란드 슈퍼셀 오피스를 찾았다. 게임 디자인 산업의 공간 요구 사항은 빠른 속도로 변화한다. 여기에 구글, 애플 등이 글로벌 디지털 업계에 불어넣은, 혁신적 공간을 경쟁적으로 만들어가는 분위기가 있었고, 무엇보다 디자인 강점의 나라인 핀란드에서 기업의 정체성을 강화하면서 초고속으로 성장하는 슈퍼셀의 오피스는 과연 어떤지 매우 궁금했다.

1,800제곱미터의 슈퍼셀 오피스는 개인 공간과 공유 공간, 개인과 공유가 뒤섞인 공간들이 모세혈관과 심장의 연결처럼 오피스 전체를 펌프질하고 있었다. 각각의 공간적 '셀'들이 모여 의미적 '슈퍼'가 되는 구조로 읽혔다. 실제로 슈퍼셀은 수평 구조를 중시하기 때문에 작은 규모의 팀을 선호한다. 모두가 창의력을 발휘하고 의견을 제시하기 위해서는 작은 팀으로 움직여야 하고 동시에 성과 창출을 위한 팀 내의 소수의 인력은 최고의 사람들이다. 그들은 "우리는 최고의 품질은 모든 구성원이 자신이 하는 일에 열정을 가지고 있는 소규모 팀에서 나온다는 것을 안다. 종종 팀이 커지면 프로세스, 관료주의 심지어 정치가 등장하고 더 이상 작업은 재미가 없어진다. 그래서 우리는 아주 작은 팀, 즉 우리가 '셀'이라고 부르는 조직 모델을 만들고 싶었다. 우리의 조직 모델은 통제가 아닌 속도와 열정에 최적화되어 있다."[11]라고 말한다. 작은 '셀'의 진가가

11 https://supercell.com/en/our-story/

'슈퍼'가 되는 운영이 공간에도 그대로 드러난다.

슈퍼셀 내부

입구 앞에는 세계 지도 스크린이 있다. 전 세계 슈퍼셀 게임을 하는 사람들의 로그인 현황을 보여주는 대화형 화면이다. 지도에는 수많은 불빛이 쉴 새 없이 깜빡거린다. 24시간 꺼지지 않는다. 슈퍼셀 안으로 들어가려면 신발을 벗어야 한다. 핀란드에서는 한국과 비슷하게 집안에서 신발을 신지 않는다. 핀란드도 한국처럼 사무실에서는 신발을 신는 경우가 많지만, 집에서처럼 자유롭고 편하게 일하자는 뜻에서 회사 안에서도 신발을 신지 않는다고 한다. 입구를 지나면 대형 입간판 'SUPERCELL'이 세워져 있다. 입간판 가운데를 중심으로 왼쪽이 '슈퍼'쪽이고 오른쪽이 '셀'쪽이다. 슈퍼쪽은 공유형 공간이 많고 셀쪽은 개인 공간이 많다. 슈퍼쪽으로부터 '셀'쪽을 한 줄로 늘여서 떠올려 보면 공유공간-(공유공간+개인공간)-개인공간의 구조로 펼칠 수 있을 듯하다. 교류를 중심으로하는 공유공간은 취식, 휴식, 만남을 가능하게 하는 전체 조직 내 허브 같은 카페 공간으로 두 개의 큰 규모로 구성되어 있다. 한 곳은 대형 카페에 가깝고 나머지 한 곳은 공연이 가능한 홀에 가깝다. 직원 전체 파티나 워크숍이 가능한 규모다. 이 안에도 아이디어를 생성하고

슈퍼셀 내부

슈퍼셀 내부

전 세계 사용자와 개발자 간 피드백을 위한 스크린과 기록이 가능한 칠판(보드)이 있다. 좀 작은 규모의 공유 공간은 작은 도서, 전시, 회의가 가능한 기능이 갖춰져 있다. 공유공간에는 4인 정도가 사용하는 작은 공간들이 골목 안 주택처럼 모여있다. 개인 공간은 대형 개방 공간에 전체 개인 모션데스크 책상이 놓인 곳과 큰 회사 내 작은 회사와 같이 소수팀이 사용하는 개별 공간 형태가 모두 존재한다. 내부를 구성하는 풍부한 색상은 절로 창의성을 돕는다.[12]

슈퍼셀의 비전은 "최고의 팀이 최고의 게임을 만든다"이다. 그들이 생각하는 최고의 게임은 "가능한 한 많은 사람들이 플레이하고, 오랫동안 즐기고, 영원히 기억될 게임"이다. 휴일, 개인의 시간과 슈퍼셀의 공간을 내어준 슈퍼셀의 한국인 직원은 말한다. "우리는 전 세계 최고의 사람을 모셔와요. 최고의 사람들에게 최고의 공간을 주는 것은 당연한 거예요. 그런 최고의 팀이 최고의 공간에서 좋은 게임을 만듭니다. 그게 슈퍼셀이예요." 직원의 일상 언어 안에 담긴 비전은 살아 있었다. 홈페이지에 간판으로 걸린 비전이 아니라면 그 비전은 기관의 실행 목표를 낳고, 목표는 성취가 가능한 공간을 낳는다. 우리의 비전은 무엇인가?

12 필자가 방문한 날은 휴일로 대부분 소등한 상태로 부분 점등한 상황에서 찍은 사진들이다. 슈퍼셀의 풍부한 색은 https://fi.pinterest.com/designkoko3/supercell/ 통해 살펴보길 권한다.

핀란드 헬싱키중앙도서관 오디 (Helsingin Keskustakirjasto Oodi)

오디도서관 홈페이지

천국을 가보았느냐고 묻는다면 그렇다고 대답하겠다. 핀란드 헬싱키중앙도관 '오디'(Helsingin Keskustakirjasto Oodi)는 살아서 간 천국이라 할 만하다. 이 천국의 공모 설계지침은 무엇이었을까?[13] 그 안에 담긴 비전과 프로그램에 따른 콘셉트는 무엇이고 또 어떻게 현실화되었을까? 2022년의 '오디'는 스스로를 다음과 같이 설명한다. "Oodi는 사용자에게 지식, 새로운 기술 및 스토리를 제공하며 학습, 스토리 몰입, 작업 및 휴식을 위해 쉽게 사용할 수 있는 장소입니다. 새로운 시대의 도서관, 누구에게나 열려 있는 생활적이고 기능적인 만남의 장소입니다."[14]

이 새로운 "만남의 장소"가 만들어진 과정 속 설계지침[15](2012)을 좀 추

13 공모전의 설계지침은 구체적으로 도서관을 설계하기 전 주어지는 청사진과 같다. 지역에서 어떻게 도서관에 접근하는 것이 좋은지, 도서관 스페이스 프로그램은 무엇인지, 지역은 어떤 도서관은 원하는지 등 설계지침에 따라 건축가가 계획하는 구체적인 내용이 달라진다.

14 오디 도서관 홈페이지(https://www.oodihelsinki.fi/en/)에 소개된 내용이다.

15 박찬일, 〈좋은도서관 그리고 좋은 건축〉, 2017년도 공공도서관 건립 운영 담당자교육 워크숍 자료에서 재인용

공모전 설계지침 구성	
0장	중앙도서관의 새로운 역할에 대한 비전
1장	도서관의 운영 목적, 도서관의 프로그램, 도서관이 위치한 자리와 도서관의 관계, 도시 경관 속 도서관의 모습, 건축의 지속가능성, 핀란드 기후와의 관계, 재료 기술 등
2장	설계에 필요한 도면 자료 제공(기본지도, 위성사진과 현상사진, 주변 건축의 도면, 주변 도시 설계 도면, 배치도, 교통계획도, 주변 인도도면, 향후 확장될 도시 터널 도면, 3D로 작업된 주변 모델)
3장	도서관의 자료 컬렉션과 지금의 중앙도서관 이용 사진 제공
4장	에너지 등급기준, 내부의 환경, 재료의 효율성에 대한 핀란드 기준 제시

적해보았다. 핀란드 독립 100주년(2018)에 맞춰 개관한 오디는 개관 20년 전부터 준비한 '국가와 국민이 받은 백 살 생일 선물'이다. 맞춤형 선물 제작을 위한 시민참여의 과정은 모범사례로 주목받았다.[16] 80쪽에 달하는 공모 요강은 건축 전문가그룹, 도서관 전문가그룹 그리고 시민 전체의 성과물로 불린다. 공모과제 세미나에서 새로운 도서관의 비전은 사람들의 만남을 유도하는 지도로서 행동가(doer)인 도서관 이용자를 위한 창의적 환경으로 표현되어 있다.

설계지침 1장에서는 도서관의 역할, 기능, 목표, 프로그램, 협력적 파트너를 구체적으로 나열한다. 헬싱키 중앙도서관은 공공도서관이자, 지구촌 도서관 네트워크 일부다. 공공 도서관 운영의 출발점은 사용자들의 자유와 평등함에 대한 요구, 시민들의 자기 개발 과정에서 자발성을 돕는 역할을 한다. 도서관의 궁극적인 목표는 능동적인 시민 정신과 필요한 역량을 지원하는 것, 그리고 여가활동을 비롯한 신뢰성 있는 정보에 접근할 수 있는 기회를 제공하는 것이다. 이를 위한 도서관의 기능은 독서문화의 전통을 다음 세대로 전수, 새로운 정보와 문화 창조 지원, 정신적인 자극의 기회를 제공, 독립적인 배움 지원, 정보 조직, 사용자들에게 의미 있는 정보와 연구 지원이다. 이에 따른 프로그램 영역을 소개하면 다음과 같다. 만남과 이벤트(Encounters and events), 부가 서비스(Auxiliary services), 소장자료(Collection), 어린이와 가족을 위한 프로그램(Children and families), 청년

16 2013년 6월 14일 도서관 설계자가 발표된다. 출품된 544개의 모든 디자인 공모작을 공공장소에서 공개하고 시민투표를 실시했다. 최종승자는 'ALA Archittects'가 되었다. 건축 담당자들은 도서관 전문가와 워크숍, 네트워킹 행사를 진행했다. 도서관 서비스에 대해 더 구체적으로 회의하고 디자인 세부사항을 협의했다. 보조 서비스로 제안되었던 사우나가 공청회를 통해 철회되기도 했다. 도서관 준비팀은 사이트를 만들고 직원, 시민들의 아이디어와 바람을 담은 '희망나무(Tree of Dream)'을 만들었다. 희망 나무에는 2,300개의 도서관에 대한 꿈이 열렸다. 꿈은 도서관의 공간이 되었고, 제안자들의 이름은 나선형 계단벽에 새겼다. 도서관의 이름도 시민공모를 통해 결정되었다. 2018년 12월 5일 '오디'가 탄생했다. 시민의 제안으로 명명된 오디는 우리말로는 특정한 사람 · 사물 · 사건에 부치는 시 즉, '헌시' 또는 '송시'를 뜻한다.

을 위한 프로그램(Young people), 배움과 활동(Learning and doing)이다. 프로그램 상 어린이, 가족, 청년을 구분하고 있는 듯하지만 이는 물리적 구분이 아니라 어른과 아이들, 청년들이 상호 연결될 수 있도록 계획하라고 명시되어 있다. 각 영역에는 '만남과 이벤트'에 극장, 다목적홀, 오픈 퍼블릭 스페이스, 스테이지 등과 같이 구체적인 프로그램의 사례가 담겨 있다.

이처럼 도서관 설립에 필요한 소프트웨어적인 내용과 하드웨어적인 소요 공간의 종류가 정리되면 공간 면적을 산정하게 되는데, 이를 스페이스 프로그램이라고 한다. 연면적 10,000제곱미터 안에 극장, 오픈 퍼블릭스페이스, 스테이지, 다목적홀, 카페, 인-하우스 서점, 사우나 등 '만남과 이벤트','부가 서비스' 프로그램에 해당하는 면적의 합은 3,560제곱미터다. 전통적인 도서관의 프로그램으로 보이는 소장자료와 연결된 공간들은 2,780제곱미터이며, 다소 시끄러움이 권장된 '학습과 배움'을 위한 학습, 워크숍 등의 프로그램이 구현될 공간은 2,040 제곱미터다. 도서관을 사람들의 만남을 유도하는 지도로서, 행동가(doer)인 도서관 사용자들을 위한 창의적 환경과 그 다양성에 주목했던 비전과 스페이스 프로그램이 일치한다.

설계 공모 지침 0장에서 새로운 도서관의 비전을 제시하면서 도서관 설계에 있어 중요한 점을 언급하는데 그중 하나가 '하나의 스타일이나 디자인이 아닌 다양한 스타일과 디자인'이다. 스페이스 프로그램에서 산정된 면적에서 짐작할 수 있듯 크게 3개의 공간의 콘셉트가 있다.

필자는 건축이나 디자인 전문가는 아니지만 오디의 짧은 기간 사용자로서 각 층의 디자인 콘셉트를 정리해 보았다.

1층은 '확장'으로 평면적이며 안정적이다. 누구나 활용 가능한 팝업 영역, 디지털 아트 전시 공간, 카페와 레스토랑 등 만남의 장소다. 또 도서관이 마주하고 있는 광장까지 건물의 외부를 확장하게 하는 느낌이며 3개의 출입구는 모두 대도시의 랜드마크들을 향해 뻗어갈 수 있는 위치다. 1층 로비에서는 시야에 들어오지 않지만 영화관 키오레지나(Kino Regina), 다목적홀 마이잔살리(Maijansali)에서 일어나는 이벤트까지 고려한다면 1층은 경험, 만남 자체가 확장으로 이어지는 공간으로 다가왔다.

2층은 '역동'으로 사람들의 움직임이 유쾌했다. 실제로 2층 내부에 합판으로 덮인 교량 구조의 트러스 사이마다 공간이 형성되어서 개방공간을 선호하는 입장에서는 시각적으로 좀 답답해보기도 했지만 전체적으로 공간을 가로지르는 곡선으로 답답함을 상쇄시킨다. CNC기계, 대형 프린터 출력, 착석 계단에서 대화 소리 등이 섞였다. 필요에 따라 가구나 공간을 마음대로 배치할 수 있고, 학교 과제를 위해 떠들썩하게 모일 수 있는 유연한 공간도 많다. 게임룸, 음악과 사진 스튜디오, 독서실, 그룹룸, 부엌, 작업실 그리고 재봉틀, 3D 프린터, 게임기 등을 갖춘 안전한 공간은 문화창조를 제대로 지원하고 있었다.

3층을 그들은 '책의 천국'이라 했다. 설명을 듣기 전에 이미 천국이 있다면 바로 이곳과 같은 곳일 거라고 생각했다. 미네랄울이 늘어선 흰색 음향 패널이 거대 천장의 물결을 이룬다. 덕분에 광대한 바닥 면적에도 불구하고 매우 기이하고 고요한 시간을 만들어 준다. 여기에 360도의 파노라마 전망이 펼쳐진다. 그리고 이토록 마음을 끌어당기는 영감적 공간에서야 마침내 책을 만난다. 마지막으로 배의 뱃머리를 연상시키는 경사는 바닥의 끝이 천장과 만난다. 그 접점에서 이 '천국'이 도시 전체에 어떤 경관으로 놓여있는지를 안에서도 짐작케 한다.

교육과 문화, 평등, 미래를 상징하는 헬싱키의 심장 오디는 도심 한가운데, 국회의사당 바로 맞은편에 자리 잡았다. 국회의사당이 바라다보이는

오디도서관 외부

오디의 3층 테라스는 수십 개 계단을 올라야 이르는 국회의사당 출입문과 일부러 높이를 똑같이 맞췄다. 오디 건립을 결정한, 핀란드의 미래를 만든 국민들이 길 건너에서 두 눈 부릅뜨고 정치인들을 지켜보고 있다.

2009년부터 19년 사이 북유럽 탐방을 중심으로 지금의 시점에서 학교공간에 대한 인사이트를 추려 남겨보았다. 사용자참여설계, 특별한 교육적 요구를 가진 교실, 비전-콘셉트-공간. 이 세 가지 인식의 공통점은 '사용자를 위한 공간'이다. 학교가 '사용자에 의한 설계'의 공간을 넘어 사용자를 위한 공간이 되기 위해서 참고해야 할 것은 북유럽 도서관과 학교시설이 아니라 그 공간들을 구성하고 있는 원리다.

과거의 기억이 지금의 학교에 벤치마킹으로 작동하기 위해서는, 현재 학교 환경의 장/단점을 분석하여 더 나은 교육지원을 위한 공간 개선 목표를 뚜렷히 하여야 한다. 시스템 전반이 다른 유럽의 학교와 기관의 실행을 그대로 옮겨올 수는 없다. 저곳에서 성공했다 하여 이곳에서도 성공하는 것은 아니다. 공간은 번쩍이는 아이템을 옮기는 것이 아니다. 시설

분야에 거대 예산을 투입한다고 해서 도시의, 학교의 역량이 상승하지도 않는다. 공간변화는 삶에 대한 끊임없는 재해석이며, 그 해석에 따른 재구성이다. 그래서 사용자를 위한 공간은 경험, 참여, 교류, 열림, 창조, 지속 같은 가치와 더불어 명확한 목표, 수행, 확인, 성찰을 중시한다.

다음 장에서는 다시 2013년으로 돌아가 학교라는 공간과 그 공간에 거주하는 사람의 이야기를 호출한다. 공간이 교육을 묻는 과정에서 학생과 함께 만들어낸 삶의 해석이, 이를 돕는 연대의 네트워크가 공간혁신이라는 이름을 세상에 내놓게 된 이유를 밝힐 차례다.

2장

학교공간혁신 프로젝트

미리 온 학교

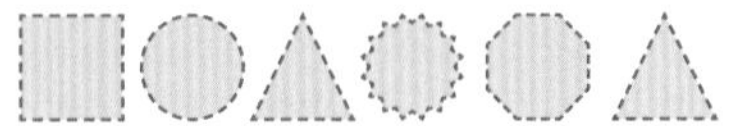

필자가 직접 진행한 학교공간혁신 사업은 2013년이다. 그 이전부터 지역의 풀뿌리 자치조직들은 학교 안팎에 이미 미래학교, '미리 온 학교'를 만들고 있었다. 지금은 마을교육공동체로 부르는 일련의 활동과 거점 공간들을 뜻한다. 마을 창고를 마을예술쉼터로 바꾸고, 상업시설인 카페의 한 부분을 주민 자치활동 공간으로 사용하는 등, 마을 및 지자체 활동들이 활발하게 일어나고 있었다. 당시 이러한 움직임은 광산구 마을공동체, 광주 마을교육공동체 조성에 관한 조례의 바탕이 되었다.[17]

이러한 마을 속 활동이 학교 안 공간혁신의 토대가 되었다. 학교의 공간혁신은 사업으로 불렸지만 학교라는 특성으로 교육 활동으로 진행된다. '교수학습 즉 수업으로서의 학교 도서실 꾸미기' 프로젝트가 공간혁

17 광주광역시 어린이 · 청소년 친화적 마을교육공동체 조성에 관한 조례 [시행 2015. 5. 15.] [광주광역시조례 제4523호, 2015. 5. 15., 제정], 광주광역시 광산구 마을공동체 만들기 지원 등에 관한 조례 [시행 2014. 5. 7.] [광주광역시광산구조례 제1131호, 2014. 5. 7.]

신 사업명이자 수업명이 된 셈이다. 2013년 당시 수업시간 학생들과 함께 토의한 공간 아이디어는 실제 구축까지 이어지지 못했다. 그럼에도 불구하고 공간을 조성하려는 토의, 견학 등의 수업 과정은 전국 학교공간혁신을 일으킨 흐름의 본류가 되었다. 2장은 그 과정을 담았다.

광주광역시 광산구 선운로 20번길 37번지에 있는 선운중학교는 혁신학교[18]다. 전에 없는 새로운 교육적 시도를 장려하고 허용하는 게 혁신학교다. 그 새로움이 일회성에 그치지 않고 지속가능하기 위해서는 공간혁신의 계획 역시 선운중학교가 처한 구체적인 형편과 접목되어야 한다.

2014년에 선운중학교는 개교 2년 차의 신설학교였다. 빈 땅이 곳곳에 있고 건축 공사가 한창인 선운지구 중심에 자리 잡은 학교 안팎에 학생들이 쉬고 즐길 수 있는 공간이 턱없이 부족했다. 지역사회도 형성되어 있지 않아 이렇다 할 '교육문화'가 없다. 과장해서 말하자면 공간과 문화 양면에서 황무지였다. 이런 조건은 기회의 다른 말이다. 황무지는 무엇이든 가능한 백지상태라는 말에 다름 아니다. 학생들이 쉬고 즐길 공간은 부족했지만 활용할 수 있는 빈 교실은 여럿 있었다. 지역사회가 형성되지 않았다는 점은 학생, 교사, 학부모들이 기득권이나 관습 같은 장벽 없이 소

---

18 혁신학교는 일부 교사들의 자발적인 노력으로부터 시작한 학교변화 운동이 시 · 도 교육청의 정책으로 수용되고 확산되는 과정을 거쳐 왔다. 특히 2017년 5월에 출범한 문재인정부가 혁신학교 정책을 국정과제로 선정하면서 2019년에는 17개 모든 시 · 도 교육청에서 혁신학교를 지정 · 운영하기에 이른다. 필자가 소속된 광주광역시 교육청은 "공교육 내실화의 성공 모델을 창출하여 이를 확산 보급하기 위한 목적으로 광주광역시 교육감이 지정 및 운영하는 학교"로 정의되어 있다. 2019년 교육부는 혁신학교를 "교육공동체의 참여와 협력으로 교육과정 혁신과 학교 운영 혁신을 통해 창의적인 민주시민을 기르는 학교혁신의 모델학교"로 규정한다. 개인 연구에 의해 정의된 혁신학교를 소개하면, "과거의 교육개혁이나 학교혁신이 학교와 그 구성원을 대상화함으로써 근본적이고 지속가능한 혁신을 이루어내지 못했다는 판단하에 학교 구성원들의 자발적이고 협력적인 문화 속에서 민주적 학교문화 형성, 교육과정 재구성, 교수 학습 방법의 개선 등과 같은 혁신 과제들을 추진함으로써 근본적이고 지속가능한 학교 혁신을 달성하고자 하는 운동"(백병부, 2015)이다.

통할 수 있는 기회가 되었다.

삶을 위한 학교를 만들기 위해서는 학교의 문화, 교육과정, 교수학습, 평가 전반을 살펴야 하고 이를 지원하는 학습환경의 변화가 따라야 했다. 우선 학교 안에 새롭게 조성할 첫 번째 공간은 학생들을 통제하는 공간이 아니라 편안하고 친밀한, 주 사용자인 '학생들의' 공간이어야 했다. 이렇게 만들어진 공간이 학교 안 오아시스가 되길 바랐다. 새롭게 조성할 공간과 쓰임에서 뿜어져 나오는 활력이 학교 전반에 영향을 미치길 기대했다. 그런데 사용률을 고려한다면 첫 번째 조성 공간은 교실이어야 했다. 교실을 변화시킨다는 것은 현재의 교실 공간에서는 불가능한 교수학습을 위한 조치다. 다시 말하면, 교실을 '어떻게' 바꿀 것인가가 교실 공간의 단순 인테리어공사 수준이라면 이를 '혁신'이라고 부르기엔 부족하다. 교실 변화는 수업, 교육의 변화를 동반할 때라야 의미 있다. 학교 형편 등 다양한 이유가 있겠지만 한마디로 역량 부족으로 당시 선택한 공간은 교실이 아닌 도서실이었다. 학생의 주 생활공간 대신 많은 학생들이 이용하는 공용공간을 새롭게 조성할 공간으로 선정했다. 도서실 공간조성에 대한 교사로서의 나의 경험은 2013년이 시작이다. 그 당시 학생들과의 수업을 먼저 설명하고 다시 선운중의 2014년 공간혁신의 스토리를 이어가도록 하겠다.

수업과정 : 교육을 묻는 공간

2013년, 나는 일반실인 '교실'에서 학생들과 함께 공용실인 '도서실'을 디자인하기 시작했다. 당시 근무교는 한 학급당 학생수가 36명에 육박하는 과밀학급에 학년 당 학급수 또한 13개를 넘어선 과대 학교였다.

일반적으로 학교는 실 배치에 있어 동학년을 한 층에 놓는 이른바 수평조닝(zoning 구역 구분)을 포기하지 않는다. 과밀학급의 해소 또는 추가적인 학생 배치계획이 이루어지기 위해서는 '학급'이 아닌 홈베이스나 도서실 같은 공용공간을 학년존과는 관계없는 공간으로 옮기고 그 자리에 '학급'을 증설하게 된다. 물론 이 또한 어딘가 옮겨갈 수 있는 형편 좋은 여건에 해당되는 이야기다. 공간의 중요도나 접근성, 이용률에 대한 고려없이 밀려난 공용공간은 복잡한 이동동선의 불편함으로 서서히 그 기능을 잃어가고 학교내에서 소외되는 공간이 되기도 한다. 면적이 좁은 상황에서 학급증설을 해야할 때 학급 수평조닝(한 층에 학년실을 모두 배치하는 방법)을 유지한다면 보통 다음과 같은 단계적 조치가 다목적실을 교실로 바꾼다. 홈베이스를 막아 교실로 만든다. 학생, 교사 지원 시설을 없앤다.

제대로된 학급 조닝은 학급교실만 나열하는 것이 아니라 학생지원공간, 교사지원공간, 공유공간, 행정지원공간을 조닝계획에 포함하여야 한다. 앞에서 '좋은 집의 조건'을 이야기하며 '0세권'의 요건과 같은 맥락임을 더 자세히 설명할 필요는 없을 것이다. 많은 학교들이 '소통'과 '교류'를 중시한다. 그러나 위와 같은 조치는 오히려 학생 간 교류의 범위를 축소시킨다. 또 교사지원시설은 교무실로 흡수시킬 수 있지만 학생-교사간 소통, 교사간 교류, 교과연구 및 수업준비, 학생지도 효능은 떨어질 수밖에 없다. 자동으로 교수학습의 발전 가능성도 같이 줄어든다. 학생간 소통과 교류, 균형과 형평성을 위해 학년중심 조닝을 고집하였지만, 결국 남는 것은 교실과 교무실이며, 교무실은 학생지원의 기능보다 관리의 기능이 강화되어 물리적으로 모든 교실을 잘 살필 수 있는 곳에 놓인다. 형편이 이러니 공간과 권력, 배움 방식의 변화 등은 현실 의제에서 사라질 수밖에 없다.

2013년에 내가 근무하던 학교의 상황이기도 했다. 홈베이스를 줄이고 1.5배실의 도서실과 합쳐 2개의 교실을 만든다. 학급 교실층에 있던 도서실은 4층 후관동으로 옮긴다. 쉬는 시간 10분 이내로 이동이 가능한 거리이지만 더 이상 도서관에서 우연한 만남이 일어나거나 교류를 위한 방문이 일어날 가능성은 현저히 줄어들 수밖에 없다. 이 문제에 대해 교직원회의에서는 건축적 대안 즉 배치에 대한 해결책은 나오지 않았다. 대신 이왕 도서관을 4층으로 이관해야 한다면 이번 기회에 도서실을 학생들이 원하는 공간으로 만들어 교실과 멀어져도 더 가고 싶게 만들자 했다. 그리고 학생들의 의견을 단순 설문조사가 아니라 수업으로 진행하는 것이 좋겠다고 결정되었다. 모두 동의했다. 하지만 한 번도 해보지 않은 수업을 선뜻 하겠다고 나서는 교사가 없었다. 이를 위해 혁신연구부에서는 수업혁신, 도서관 활용 수업, 프로젝트 수업 등이 포함된 교원역량강화 연수를 만들었다. 사흘간의 연수가 끝나고 학교도서실 디자인 수업을 할 교사를 신청받았다.

국어와 미술 교과 협력수업을 하기로 했다. '도서실은 국어', '디자인은 미술'이라는 아주 단순한 생각에서 출발했다. 공간조성에 대한 전문성보다는 교사의 열정과 자율성에 기댔다. 그러다보니 초점은 학교공간 조성에 대한 체계적인 프로세스에 따른 계획보다 도서실의 이용률을 높이는 방안에 대한 문제해결과정이 수업의 초점이 되었다. 수업을 설계하는 과정을 안내하면 아래와 같다.

교사 수준에서 도서실 꾸미기는 교육과정과 교수학습 평가를 어떻게 연결할 것이냐가 가장 중요한 화두다. 2015 교육과정에서 국어와 미술에 해당하는 내용 및 성취기준을 살핀다. 교과서는 성취기준과 소단원이 1:1로 연결되어 있기 때문에 이에 해당하는 성취기준이 반영된 교과서 내용을 도서실 꾸미기 내용으로 바꾸면 전체 수업량이 늘지 않는다. 대신 하나의 프로젝트 안에 성취내용을 통합하여 활동의 깊이를 만들어낼 수 있다. 그렇게 되면 수업시간 수는 문제 되지 않는다. 프로젝트가 곧 단원이 되기 때문이다. 이른바 교육과정 재구성이며, 성취기반 프로젝트다. 다음 성취기준에 따른 기준표를 만들고 평가계획을 수립한다. 학습목표, 평가계획이 정리되면 학습 경험 선정의 순서로 수업을 설계한다. 2009년과 2012년 사이 탐방한 국내외 도서관 사진과 운영자와의 인터뷰 자료, 도서관의 의미를 파악할 수 있는 영화, 다큐[19] 등을 수집하고 유형화했다. 주 교수법은 프로젝트형을 기반으로 하되, 의사소통형태에 따라 전체 학생 대상으로 강의형과 토론형을, 일부 학생들에게는 실험형(견학)을 포함하여 적용했다.

프로젝트 수업은 학습자의 자기 주도성을 바탕으로 삶의 맥락과 통합하는 실제적인 내용을 장기간의 학습 수행을 통해 최종 산출물로 구현하는 수업[20]이다. 지역 도서관, 학교 도서관이 삶의 공간에 포함되지 않은 학생들에게 처음부터 곧바로 도서실을 디자인하는 수업은 불가능하다.

---

19 도서관 : 2009–2013년 탐방 대상이자 수업 자료로 사용했던 자료
국내 : 전남 순천 :기적의 도서관, 풍덕글마루도서관, 연향시립도서관, 조례호수도서관
서울 경기 : 서울도서관, 서울대중앙도서관, 서대문구립이진아도서관, 성균관대학교자연과학 캠퍼스 삼성학술정보관, 성남 네이버그린팩토리 라이브러리, 파주지혜의숲
해외 : 핀란드 : 셀로도서관, 파실라도서관, 라이브러리10, 어반오피스
스웨덴 : 쿨트후셋, 솔렌투나 도서관
덴마크 : 뇌레브로 도서관, 블랙다이아몬드 도서관
노르웨이 : 카이크만스케 도서관, 국립도서관
영화 : 로렌조오일(1992), 쇼생크탈출(1994), 위험한 아이들(1995), 투모로우(2004), 프리덤라이터스(2007), 건축학개론(2012)
다큐 : 미래를 여는 도서관(2005), 우리 동네에는 도서관이 있다(2007)

20 오영범, 프로젝트 수업 사례를 통한 프로젝트 수업의 의미 탐색, 한국교육개발원, 2017.

따라서 '도서관(실)'을 서로 다르게 이해하는 교사와 학생, 학생과 학생 간의 간격을 메워 공유된 이해에서 출발하기 위한 수업이 필요했다. 나의 해외 도서관 탐방 경험을 스토리텔링으로 강의했고, 제공된 학습 자료 중 학생들은 영상과 책을 선택해서 학습했다. 학생들은 학교뿐만 아니라 자신이 거주하는 지역사회 도서관에도 관심을 보이기 시작했다. 이 과정에서 일부 학생들은 기존에 진행했던 국어수행평가인 자율탐구 보고서의 주제를 '도서관 탐방'으로 바꾸고 교사가 제공한 지역 및 국내 도서관 사진 중에서 몇 곳을 골라 다녀왔다. 이 학생들의 탐방 과정과 보고서는 도서실 꾸미기 수업을 진행하는 동안 다른 학생들의 학습 자료가 되었다.

수업에서 의도한 것은 아니었으나 몇 학생들은 수업 과정에서 정리한 자신들의 생각을 학교 홈페이지 게시판에 건의문을 남겼다. 처음 글은 현재 도서실 가구를 안락한 것으로 교체해줄 것과 친구들의 고민과 진로에 도움이 되는 책을 늘려달라는 것이 주 내용이었고, 장서수를 늘리기 위해 책을 모으자는 해결방안도 담겨있었다. 교사들의 따뜻한 댓글 반응은 다른 학생들의 동기를 촉발하고 더 높은 참여를 가져왔다. 시간이 지날수록 학생들의 요구는 다양해졌고 도서관 구조변경이나 확장 등을 요청하는 게시글이 쌓이자 교장 선생님은 종합된 학생들의 의견을 듣길 청했다. 한 명의 교수자가 진행하는 수업이 학교 구성원들의 교수와 학습이 반복적으로 교체되면서 진행되는 수업으로 발전되고 있었다. 학생들은 국내외 도서관 운영을 봤고, 사용자 중심으로 도서실 개념, 기능, 환경 등 자신들이 생각을 스스로가 선택한 매체(글, 그림, 사진 꼴라주 등)로 정리하고 발표했다.

• **학생들이 생각하는 비디자인적 요소**

친절한 사서 선생님과 숙제를 도와주는 선생님이 있는 곳

책과 관련된 여러 활동을 할 수 있는 곳

– 신간 도서를 자주 사고, 신청자 우선으로 빌려주는 곳
(신간 도서 도착 문자 알림서비스 포함)

– 시끄럽게 독서토론을 해도 되는 곳

– 작품에 나온 요리를 할 수 있는 곳

– 책과 관련된 영화를 볼 수 있는 곳

– 동물(개)을 키우는 곳[21]

– 작가를 초청해서 함께 노는 곳

– 복사기가 있는 곳

– 한 달에 한 번 밤을 새워 책을 읽을 수 있는 곳

매점이 있는 곳

댄스연습, 공연을 할 수 있는 곳

파티(생일, 커플 기념일)를 위해 공간을 빌려주는 곳

와이파이와 노트북, 헤드셋을 빌려주는 곳

러닝머신 등 실내 체육이 가능한 곳

헤드셋이 연결되는 디지털피아노 연주가 가능한 곳

음악을 들을 수 있는 곳(CD, 유튜브 등)

시험 기간 24시간 운영되는 곳

만화로만 채워진 서가가 있는 곳

수업시간 혼자 있고 싶을 때 가도 되는 곳

우리들만 들어갈 수 있는 곳(교사 출입금지 공간)

아무것도 안해도 되는 곳

---

21 수업 자료 중 북미도서관에서 읽기학습을 위해 도서관에서 강아지에게 책 읽어주는 프로그램을 인상깊게 봤던 학생들이 포함된 모둠의 의견으로 다수의 호응이 있어 종합의견에 포함됨.

• 학생들이 생각하는 디자인적 요소

천장, 한 면 전체 통창

원형으로 뚫린 벽 중앙 출입구

전신, 전면 거울

소그룹실

충전이 가능한 책상, 1인용 책상, 이동 가능한 가구, 바테이블

그네의자, 빈백, 해먹, 수면시설

4층(도서실)과 학년층을 바로 잇는 미끄럼틀

4층 전체를 도서관으로

결과적으로 학생들은 '도서실' 안에 '학교'를 지었다. 4층으로 이관되면 멀어질 도서실의 이용률을 높이기 위한 방안을 마련하라고 했는데 학교 전체 공간에 적용해 모든 곳의 이용률을 높이는 방안을 가져왔다. 도서실을 디자인하라고 했는데 학교를 디자인하고 있었고, 이는 학교란 어떤 곳이어야 하는지에 대한 근본적인 교육의 질문에 답하고 있었다. 이 과정을 통해 통찰 하나를 얻었다. 학교 공간이 교육을 묻고 있었다.

수업 시간 학생들이 그린 그림을 보면 도서관의 본래적 기능과 학습공간의 기능을 글로 설명하는 학생들과는 다른 양상이 보였다. 국내외 우수도서관 사례가 학습 자료였고, 교사들의 인터뷰가 반영된 텍스트 중심의 제안서는 학습 서비스를 요구하는 도서관이 담겨 있다. 반면에 도서실을 직접 그린 결과물에는 아동기와 청소년기 발달단계에 해당하는 요소가 디자인적으로 표현되었다. 이를테면 벽 중앙에 뚫어놓은 원형 출입구, 복층 다락, 미끄럼틀, 그네의자, 체육시설들이 반복적으로 보였다. 학교

는 운동능력의 현저한 변화를 이루는 시기의 아동부터 초기 청소년에 맞는 신체기능 발달이라는 과업을 지원해야 한다. 즉 몸의 활발한 움직임이 보장되는 운동 기구 및 체육시설과의 접근성을 높여야 한다. 댄스 공연을 위한 무대나 생일파티, 독서토론을 위한 소그룹실은 성취감 및 자신감과 더불어 또래 집단 교류와 소속감을 체득할 수 있는 공간적 요소다. 누구나 한 번 이상의 리더가 될 수 있는 기회를 제공하는 소규모 그룹활동이 가능하도록 공간과 이동성이 높은 가구가 지원되어야 한다. 이 모든 것이 학생들이 제시한 디자인에 반영되어 있었다. 또한 고학년의 경우 후기 청소년기의 특성이 드러났다. 독립과 자주 생활 의지가 강해지는 시기인 만큼 도서실의 24시간 운영과 1박 2일이 가능한 수면 시설, 누울 수 있는 편안한 공간과 가구를 그려 넣었다. 생각이 발달단계에 따라 의식적, 무의식적으로 녹아 있었다. 발달과업 이론[22] 관점에서 보더라도 학생들이 제시한 아이디어는 그들이 성장할 수 있는 교육적 기회와 공간이 무엇인지를 보여주었다.

층을 관통하는 미끄럼틀과 같은 실행하기 어려운 제안들을 제거하면 그곳이 최근 회자되는 미래교실이 된다. 물(불), 책, 음악, 디지털을 포함한 풍부한 자원이 갖춰진 교실에는 적절한 교육적 개입을 하는 교사가 존재하며, 학생들은 학습 방법과 학습 공간을 선택한다. 다양한 레벨의 바닥이 있고, 자율적으로 이동이 가능한 가구에 독립적인 공간이 있다. 채광이 보장되는 교실 창과 변형 가능한 뚫린 벽이 있으며 모든 층이 하나

---

22 교육학자 하비거스트의 발달과업(developmental task)이론에 따르면 발달이 개인의 전 생애에 걸쳐 연속적이며 단계적으로 발생한다. 발달과업이란 개인의 일생 중 어떤 특정한 시기에 나타나는 과업으로서 그 과업을 성공적으로 성취하면 행복을 누릴 수 있고, 자부심과 만족감을 느낀다. 또한 자신이 속한 집단에서 승인을 얻는다. 그러나 실패하면 개인적으로 불행을 초래할 뿐만 아니라 사회적 인정이나 다음 단계의 과업 달성에 지장을 초래하게 된다.

의 교실이 되는 열린 공간의 요소까지 언급되어 있다. 그러니 공간을 물으면 물을수록 문제를 풀어야 되는 사람은 학생이 아니라 문제를 낸 어른들이 되었다. 공간이 교육을 묻기 시작했다. 여기까지가 2013년의 이야기다. 그리고 2013년의 프로젝트 경험과 학교 문화 및 재정여건이 맞아떨어짐으로써 실제 '도서관'을 바꿀 수 있는 기회를 맞게 되었다. 그해 나는 바꾸고자 하는 학교공간을 고민할 때 '실' 자체에 집중하는 것이 아니라 '학교' 전체를 염두에 두고 생각해야한다는 경험을 얻었다. 학생들과 함께 해 얻은 값진 경험을 품고 2014년 선운중으로 전출했다.

학교운영 : 삶을 위한 학교

다시 2014년 학교의 조건을 떠올려 보자. 공간과 문화의 황무지. 무엇보다 중요한 조건은 공간 조성에 대한 경험이 없는 새로운 학생들이다. 주어진 조건에서 찾는 길은 목표를 향해, 모두 처음부터 시작하는 것이었다. 그래서 다시 교육과정, 교수학습, 평가 전반을 살피고 이를 지원하는 학습 환경을 사용자들과 함께 만드는 계획을 세워야 했다. 2013년과 출발지점은 같지만 규모가 달랐다. '도서실'을 만들고자 했을 때의 고민이 '학교'를 만들려는 고민으로 확대되었는데, 또 같은 일이 벌어졌다. 이번엔 '학교'를 고민하자 '지역'이 학교와 어떻게 교류되어야하는지가 더해졌다. 공간은 벽에 갇힌 '실'이 아닌 환경 그 자체였기 때문인지도 모르겠다. 그렇다면 학교안팎의 전반적인 조건 파악이 필요하다.

우선 최종 결재권자의 학교 운영에 대한 생각을 듣고 싶었다. 개교와 동시에 '혁신학교', '자유학기제 연구학교', '스마트교실 구축사업'을 지정받은 학교라면 운영자의 계획이 구체적이고 실행 의지가 강할 것으로 예상했다. 이런 경우 상호 비전이 일치할 때 예측하지 못한 시너지가 발휘된다. 그런데 반대의 경우라면 교사의 내부 동력은 떨어지고 만기를 채우지 못한 채 전출이 이어지면서 혁신의 지속성은 요원해진다. 2년 차 혁신학교를 맞는 교장선생님은 문해력에 대한 교수학습의 관점을 강조했고, 학교 주변 교육 · 문화 인프라가 전혀 없는 상황을 언급하시며 학교 전체가 하나의 큰 도서관이길 바랐다. 1, 2학년 8학급(160여 명) 미완성학교에 3개 이상의 시범학교를 운영하고 있어서 교사들의 피로도가 높았지만 개교 2년차에 교원수가 늘어났으니 형편이 좀 나아질 것으로 기대하고 계셨다.

작은 신설교의 학교 교원은 1인 4개의 역할을 수행한다. 교수학습에 학년부, 행정지원부 업무를 기본으로 맡는다. 여기에 역점 사업의 주무가 되면 제 아무리 뛰어난 능력이 있다해도 어느 한 곳이 소홀해지기 마련이다. 사업이 많고 역량이 높은 교원이 많을 수록 출장도 잦아진다. 심한 경우 수업 공백도 일어난다. 수업 공백은 곧바로 학습 공백으로 이어진다.

학부모의 참여와 의지는 높은 편이다. 지구 개발계획 및 도시계획과 연계하여 통학로, 교통 여건을 고려한 학교설립에 대한 종합적 검토 하에 학생 배치가 이루어진다. 다만 예측하지 못한 상황에 따라 불가피하게 기반 조건이 미흡해도 개교가 진행될 수 밖에 없는 상황이 있다. 이때 학생 배치 계획이 조정되며 이로 인한 민원 최소화를 위해 교육청과 학부모 간 협의가 이뤄지기도 한다. 당시 학부모가 요구한 사항은 교통, 안전, 혁신이었다. 교통이 완비되지 않은 지역에 학교 개교가 우선 이뤄지다보니 일년간 통학버스를 제공해줄 것, 적정규모와 배치 기준에 충족되지 않더라도 안전망 강화를 위해 전문상담사가 상주하는 위클래스를 우선 설치해줄 것, 학생들의 배움을 위한 혁신적인 학교일 것. 이 3가지 사항을 교육청과의 협의를 통해 이뤄냈다는 점을 전해 들었다. 개교 이후 유휴공간에 학부모방을 직접 꾸미고 활용하고 있었다. 이와 같은 학부모의 참여적 경험은 학교의 강점으로 살릴 수 있는 요소다.

학생에 대한 정보는 관찰에 의한 인상 평가에만 의존하면 교수학습설계는 수업이 진행되는 과정에 연속 수정하게 된다. 측정 가능한 지표로 잘 설계된 평가자료가 있다면 학생이해와 수업 설계에 많은 도움이 된다. 학생수는 적었지만 전체 학생에 대한 학교생활기록부를 열람하고 이를 통해 개개 학생들의 특성을 파악하는 것은 쉽지 않다. 기초학력미달자 뿐만 아니라 보통학력(기본학력) 비율에 대한 정보와 전년도 학생들에 대한 정서발달, 학습발달, 학습 내용에 대한 자료가 필요했다. 신입생에 대한 정보도 이에 상응한다. 그러나 많은 학교들이 학교생활기록부 외에 학생 성취와 관련된 종합적인 기록을 갖고 있는 경우가 흔치 않다. 협력적 교사 문화를 구축한 학교라면 교사 학습공동체 등의 모임에서 학생 이해와 성장을 목적으로 민감정보를 제외하고 상호 정보를 나누기도 한다. 당시 시점에서 필요 정보를 구하기 어려웠기 때문에 개학 이후 학생들을 만나면서 파악하는 수밖에 없었다.

교육과정은 국가 수준의 지침에 따라 운영되고 있었는데, 자유학기제 시범학교로 자유학기제는 1학년을 대상으로 적용되고 있었다. 당해년도의 계획된 학사일정을 살핀다. 굵직한 일정으로 입학식, 수학여행, 체육대회, 축제, 졸업식과 사이사이 크고 작은 창의적 체험 활동(이하 창체)의 행사와 부서별 행사들이 있다. 전체 학생이 모이는 상황은 연 3회이고 학년별 집합교육은 창체 일정에 따라 추진하되 계획상으로 연 2회 이내로 예측된다. 체육관, 운동장, 시청각실이 사용되는 것으로 보였다. 특화된 교육과정이나 이를 지원하는 공간은 없어 보였다.

이제 공간을 보자. E자형 구조를 낳은 남향을 고집하는 교실들은 편복도와 함께 4개 층에 적층으로 균질하게 놓였고, 사이사이에 있는 외부공간은 교수학습 상 사용되지 않았다. 층마다 놓인 넓은 홈베이스는 텅 비었다. 24학급 규모로 신설되었지만 배정 학생이 적었고, 완성학교가 아닌 탓에 후관동 교실은 모두 비워져 있었다. 동 간의 연결 지점은 출입금지 입간판이 학생들의 이동을 막았다. 공용실인 도서실, 스마트실은 일반교실 중심으로 수업하는 학생들이 이동하기엔 동선 상 무리가 있는 곳에 배치되어 있다. 물론 완성학급을 생각한 배치였을 테지만, 1년간 학생들의 교수학습과 생활 모습이 공간에서 고스란히 느껴졌다. 스마트교실은 천장에 달린 와이파이 공유기, 전자칠판, 패드 충전함 외에는 일반교실과 다르지 않았다. 장점도 있었다. 신설 학교라 깨끗하다. 무엇보다 학교 담장을 넘어서면, 교문으로부터 도보 5분 거리에 공원이 있다.

정리하면 학교 구성원들의 업무 밀도가 높다. 공간 조성이 추가적 업무가 되지 않아야 한다. 학생들은 발달단계에 따라 학습자 특성의 기본적 요소로 인식하되 개학 이후 면밀한 진단이 필요하다. 현재 시점에서 학교 안 녹지조성 보다는 인근 공원을 활용한 수업의 다양성을 기할 필요가 있다. 특화 교육과정을 만들어가야 하는 과제와 신설교 스페이스 프로그램과 일반 배치로만 이뤄진 학교 공간은 청소년 친화공간 조성 요소를 더해야 할 충분한 이유가 된다. 학부모의 참여 경험은 사용자참여설계에 좋은 조건이다. 다만 학부모는 자녀의 학업성취 및 발달에 매우 민감한 존재다. 따라서 공간혁신 프로젝트의 장기적 학습을 통해 자녀들이 얼마나 어떻게 무엇으로 성장하고 있는지를 다각도의 관찰과 측정으로 증명해야 한다.

교수학습, 학교문화, 지역사회(학부모) 전반을 고려한 공간혁신을 생각만해도 버거웠다. 우선 기존 교육과정, 행사, 교원연수, 혁신학교프로그램, 수학여행, 프로젝트 수업, 학년 교육과정에 공간혁신을 위한 콘텐츠를 입혔다. 여기에 '청소년 친화공간' 조성을 위한 추진단 운영을 추가했다. 2014년 운영과정을 정리하면 다음과 같다.

	3월	4월	5월-6월	7월-8월	9월-10월	11월-12월
학생 전체	전환기교육 – 입학식 – 책놀이 – 학교공간 미션 (국어) 수행평가안내 – 선택보고서	(창체) 수학여행 :인사이트 투어 (행사) – 책의 날	체육대회 :지역시설 활용 2학년 대상 인문학수업	방학 :신청자 순천 도서관 인사이트 투어	상상테이블 프로젝트→	공간 조성
동아리		책모임 작가만남 지역문화 예술공간 탐방	사제동행 체험학습1 : 지역공간 기획자 운영자만남	사제동행 체험학습2전 국문화예술 놀이공간 탐방	광주 이그나이트 대회참가	
학부모	학교설명회 상담주간				학생프로젝트 결과물 평가자로 참여	학부모 인문학 계획
교원	전체(공간이 바뀌면 아이가 바뀐다)일독–		특강 학교공간 기획가		특강 이일훈 건축가	공간혁신 학교안팎 추진단 구성

2014년 운영 과정

청소년친화공간 만들기 (전)

2014년 공간혁신의 프로젝트 이름은 '상상 테이블'이다. 2013년의 과정이 문제해결력을 목표로 성취기준에 따라 교육과정을 재구성하고, 과정중심형 평가를 강화하여 백워드설계에 집중한 교과중심이었다면, 2014년에는 공간의 실제 구축이라는 가시적인 목표가 추가되었다. 때문에 교수학습계획이나 운영 전반에 있어서 실행 주체와 참여 범위, 예산투입 등을 고려해야하는 사업 프로세스가 개입되기 시작했다. 2학기 공간 구축 시기를 역산해 수업의 계획을 잡는다. 그 흐름을 순차적으로 소개하면 다음과 같다.

3월 입학식은 모두에게 학교의 첫인상이다. 혁신학교 운영의 철학과 중점교육이 무엇인지를 체육관(강당)이라는 큰 교실에서부터 보여주어 학생, 학부모, 교사, 지역민이 학교에 대한 긍정적인 기대감을 갖게 했다. 입학식은 '책 읽는 입학식'으로 운영하고, 〈평화란 무엇인가〉라는 그림책으로 인권과 평화를 함께 읽는다. 교장 선생님의 인사말은 우정을 강조한 책의 한 대목을 낭독하는 것으로 이어졌다. 청소년 북스타트로 신입생, 재학생 모두에게 책을 선물했다.[23] 체육관이 환대의 시공간이 되었다. 학교는 환대의 공간을 새로 구축하는 것과 더불어 환대의 시간을 만드는 것 역시 새롭게 공간을 채우는 방법이다.

수학여행을 공간 조성을 위한 인사이트 투어로 계획한다면 3월 전환기 교육내용에 이를 반영하여 수학여행지가 교실의 확장이 되게 해야 한

23 조현아, 〈책읽는 입학식, 참 신선합니다〉, 오마이뉴스, 2014.3.6. 김광식, 〈삶이 있는 학교, 선운중 책 읽는 입학식 연다〉, IBN일등방송, 2015.3.2.

보리출판사 개똥이네 놀이터

파주 한길사 내부

다. 4월 수학여행[24]은 독서와 공간탐방을 주제로 파주출판도시에서 출판 기획 운영 등의 전문가와 만났고, 잘 꾸며진 북카페에서 학교로 가져오고 싶은 공간을 사진 찍고 그 이유를 공유하는 프로그램을 진행했다. 보리출판사의 개똥이네 놀이터에서 학생들은 내부벽면을 감싸는 원형 서가에서 골랐다. 책놀이터 중앙에 있는 대형 화단을 책상 삼아, 침대 삼아, 의자 삼아 자유롭게 고른 책을 읽고 놀았다. 학생들은 그곳을 '실내정원교실'이라고 표현했다. 서점과 갤러리가 결합된 공간인 한길사는 여학생들에게 곳곳이 포토존이었다. 사진들을 서로 공유하면서 나눈 대화가 꽤 흥미로웠다. 층고가 높은 홀이나 거실, 아트리움을 일상적으로 사용한 경험이 없는 이들에게 한길사는 새로운 공간 인사이트를 준 모양이다. 2층 정도의 길이에 해당하는 캐릭터 전시물은 2층 천장에서부터 뚫린 중앙아래쪽을 향해 길게 달려있었다. "와! 우리도 이렇게 뻥 뚫린 곳이 있으면 안 입는 옷 다 모아 가지고 엄청 긴 작품 만들어서 걸어둘 수 있겠어요. 여기처럼요."라면서 여러 각도로 찍은 사진을 보여주었다. 생각보다 많은 것

24 수학여행 일정 : 1일–(출판도시) 출판체험/작가만남/인쇄소 견학/북카페 10곳 중 3곳 선택 미션 수행 후 자유시간, 2일–(성남,서울) 만화박물관/서울 책읽는사회문화재단방문/작가만남/뮤지컬 관람/ 3일–(서울) 국가인권회도서관/서울도서관.

들은 형식이 내용을 규정한다. 학생들의 상상력에 제한을 없애는 학교 공간은 어떤 모습일지 생각하게 하는 대목이기도 했다. 마치 흰 종이가 펄럭이듯 그러나 매우 견고해 보이는 건축물인 미메시스는 외관과 채광으로 감동을 느껴봤으면 하는 의도에서 학생 활동지에 "안으로 들어가 볼 것"을 미션에 포함시켰다. "부잣집 같아서 못 들어갔어요.", "안쪽은 유료라서 포기했어요." 저녁 시간 식당에서 수줍게 말했던 학생들과 인터넷으로 내부를 함께 들여다봤다. 그리고 학교 공간 조건이 하나 추가 되었다. 건축설계에 휴먼스케일이 있다면 학교 안 청소년 친화 공간에는 '(정서적) 만만스케일'이 있다. 학생들이 만든 용어다. 들어가기 어려운 곳이 아니고, 누군가에게 독점되는 곳이 아닌 모두가 접근 가능한 만만하면서도 좋은 공간을 '만만스케일'이라고 했다.

성남 만화박물관에서는 하나의 주제와 다양한 콘셉트로 공간이 구성되는 점을 체험을 통해 알아갔다. 2박 3일의 마지막 날은 두 곳의 도서관을 찾았다. 국가인권위원회 도서관에서는 주제별 도서들뿐만 아니라 장애인

서울도서관

들의 정보 접근을 위한 IT 서비스와 대체 자료들을 직접 사용해보았다. 이외도 30인 정도 좌석의 소규모 영상관에 대한 학생들의 반응은 층별 시청각실 요구로 이어졌다. 다음 서울도서관으로 옮겨갔다. 1926년 서울시청사 건립 당시 외벽과 홀, 중앙계단을 그대로 복원하여 서울의 역사적 상징성도 살린 도서관이다. 학생들이 호기심 가득 쳐다보면서 오래 머물렀던 공간은 일반 자료실 내 높이 5미터의 벽면 서가와 광폭 계단, 하늘뜰(5층 야외정원)이었다. 학생들은 학교 옥상에 정원을 만들고 싶어했다.

수학여행을 통해 먼저 배경지식을 쌓은 학생들은 국어수행평가 선택보고서 중 자율 탐구 보고서를 골라 자신들의 견문을 담았다. 다른 테마 수학여행을 선택한 학생들도 보고서 주제를 선정한 친구들의 이야기를 듣고 '지역의 서점이나 카페를 탐방'이나 '돈 안 쓰고 놀 수 있는 곳'이라는 주제로 보고서를 작성해도 되는지 학습 상담을 해왔다. 5월부터 시작되는 학년 교육과정 인문학, 동아리 운영은 지역 사회 안에서 새로운 공간을 조성하고 새로운 문화를 만들어가는 사람들을 인터뷰하는 것을 중심으로 잡았다. 5월 초 교육과정 인문학 운영 시 관련 전문가를 모셔서 함께 특강을 들었다. 책 수행여행자를 제외하고 7월 방학 시작 일에 신청을 받아 사제동행 체험학습으로 순천의 특색 도서관 투어를 떠났다.

1학기 학생들의 성장 스토리는 수시로 학부모 밴드에 공유했다. 책 읽는 입학식에서 일어난 기대가 꺼지지 않도록, 관심의 끈을 놓지 말라는 의도를 담은 일종의 신호다. 방학 중에서 학생들은 교사들에게 학교에 설치하고 싶은 인테리어 소품, 조명뿐만 아니라 만들고 싶은 공간과 유사한 곳의 사진을 카톡으로 보냈다. 학교는 학생들이 일정 연령대에 어쩔수 없이 머물렀다 지나가는 정거장이 아니라 삶의 공간이 되어가고 있었다.

청소년친화공간 만들기 (중)

2학기 본격적인 교과 안 '상상테이블' 프로젝트가 시작되었다. 1학기에 학습한 이해 부분의 듣기와 읽기의 방법, 요약 등을 기본 도구로 삼고, 표현 부분에서의 효과적 의미 전달을 위한 매체로 말하기와 쓰기 관련 성취기준을 추가로 반영해 프로젝트 단원으로 설정했다. 1학기 전체 활동을 돌아볼 수 있는 간단한 영상을 만들어 함께 봤다. 이제부터 직접 우리가 학교를 바꾼다. 이것은 과제 아니라 권리다. 이때 학생들과 함께 찾았던 관련 근거는 어린이 · 청소년 권리에 대한 국제조약 32조 1항이다. "당사국은 휴식과 여가를 즐기고, 자신의 연령에 적합한 놀이와 오락 활동에 참여하며, 문화생활과 예술에 자유롭게 참여할 수 있는 아동의 권리를 인정한다."였다.

서울 수송초등학교 학생들의 국립중앙박물관에 도시락 먹는 곳 만들기(2012), 전남 불갑초등학교 학생들의 자전거길 만들기(2013) 사례를 소개했다. 학생들의 활동이 학교 안 선생님께 내는 과제물로 끝나지 않고 직접 사용하게 될 많은 사람들에게까지 끼친 영향이라는 점에서 학생들에게 강력한 동기가 되었다. 여기에 전국 55개의 학교를 사용자가 참여해 공간을 만들어간 이야기와 실제 사진이 수록된 〈공간이 바뀌면 아이가 바뀐다〉[25]를 학생들에게 1인 1책으로 제공했다. 읽고, 요약하고, 질문하고, 학교를 검색해 확인했다. 그리고 일제히 펜을 들었다. "이 책을 쓴 작가님이 처음 시작한 학교에서 학생들에게 나눠준 설문지[26]가 있어요. 우

---

25 김경인, 〈공간이 아이를 바꾼다〉, 중앙북스, 2014.

26 김경인 총괄, 〈문화로 아름답고 행복한 학교만들기, 시범사업 :양지중학교〉, 문화관광부, 2008, p.293. 학교공간혁신 프로젝트를 진행하면서 김경인 대표님의 도움을 많이 받았다. 2008년 문화관광부 프로젝트 백서를 받아서 수업자료를 만드는 데 사용했고, 1학기 교사역량강화 연수에 모셔서 학교공간에

리도 이걸로 시작해볼까요?"

선운중 상상테이블 학생활동

수업 시간 한 시간 동안 4인 1모둠별로 학교 곳곳을 살금살금 다니면서 탐색한다. 불편한 곳, 빈 곳, 쓰지 않는 곳, 시급하게 개선되어야 할 곳, 1학기 직 · 간접 탐방한 곳 중 마음에 드는 요소를 재현하기 적당한 곳 등을 사진 찍고 메모해서 교실로 돌아왔다. 학생들의 날 것의 언어를 옮기면 아래와 같다.

- 학생들의 기록

〈운동장, 외부공간〉

– 축구화, 실내화 교체를 위한 신발장 놓기

– 식사 후 산책을 위한 운동장 둘레길 만들기

– 주차장과 분리된, 흙바닥이 아닌 족구장 만들기

〈공유공간〉

– 복도와 계단

: 일찍 등교하면 교실 문이 열릴 때까지 대기할 곳이 없다.

: 다른 반 출입금지라서 친구랑 이야기를 할 수 없다.

: 종례가 늦은 반 친구랑 집에 가려고 기다리는 데 있을 곳이 없다.

: 비오는 날은 출입구와 복도 끝 부분사이 신발을 신을 수 있는 판을 만들자.

: 우리가 만든 작품을 멋있게 걸자.

– 체력단련실, 강당

: 체력단련실 탁구대를 사용하게 개방하자.

대한 사유의 기본을 형성했다. 이후 수업에서 풀리지 않는 것이 있을 때 메일로, 통화로 도움을 요청할 때마다 시간에 상관없이 지혜를 나눠주셨다.

: 점심시간에 체육관을 개방하자.

식당

: 반별 식당 입장 시간 방송해주고, 운동장에서도 보이게 큰 전광판을 만들자.

– 화장실

: 화장실 세면대는 물이 튀어서 파우치 용품을 둘 수 없다.

: 머리 고대기를 사용할 수 있게 콘센트가 더 많아야 한다.

: 남자 화장실 문 열리면 안이 보여서 싫다.

: 비데를 설치해 달라.

– 홈베이스 쉼터 조성

: 이동수업 할 때 교실문 열릴 때까지 기다릴 곳이 없다.

: 홈베이스 탈의실 앞에 줄서기 싫다.

: 넓은 데 아무것도 없으니 더 휑하다.

: 카페처럼 만들자.

〈특목실〉

보건실 확장, 보건실 침대가 너무 적다.

〈후관동 미사용 교실〉

학생휴게실로 만들자.

동아리실이 필요하다.

댄스연습실로 만들자.

학생들의 의견은 공간, 시간, 문화적 원인에 의한 '부재(不在)'들이 뒤섞여 있다. 이 과정에서는 학교생활 전반에 대한 '자기 검토'가 이뤄진다. 학생들과 요구 사항을 공간이 아닌 해결 방법과 주체(학생, 교사, 학생 교사 간)로 범주화하고, 이 중에서 새로운 공간 조성을 통해서 해결할 수 있는 과제로 범위를 좁혔다. 이와 동시에 지금, 스스로 해결할 수 있는 것부터 교사들과 함께 실행에 들어갔다. 남학생 화장실 입구는 커튼을 달았고, 쓰지 않는 사물함을 체육관 외부 계단 밑으로 옮겨 축구화 신발장으로 사용했다. 비가 오면 하교 시 출입구에서 양말이 모두 젖어 울상이었던 학생들은 입구쪽부터 출입구 3미터 정도까지 박스를 깔아 신발을 신고 들고날 수 있게 되었다. 입구에 열쇠형 우산 보관대를 놓자는 의견이 나왔지만 학생들이 조사한 결과 학생 수에 맞게 구입을 전제로 할 때 드는 비용과 설치 공간이 부족함을 이야기하면서 요청을 철회했다.

학생들은 점점 새로운 공간을 구축할 수 있는 조건들을 파악하기 시작했다. 구축 시점과 연결해서 자신들이 가장 많이 사용하게 될 층의 비워진 홈베이스와 후관동 다목적실 중 한 곳을 어떻게 조성할지 구체적으로 토의, 토론으로 정리해 갔다. 선택한 공간의 실내 디자인까지 결정하면서 덴마크 한스공립학교처럼 레고로 공간을 직접 만들어보면서 생각을 수정했다. 모형을 두고 친구들의 의견을 받고 자신들의 생각을 평가하면서 서로 배웠다.

선운중 상상테이블 학생활동
– 레고활용 공간 프로토타입 제작

정리된 내용을 효과적으로 전달하고 구성원을 효과적으로 설득하기 위해 적절한 매체를 선택해 발표 준비를 한다. 스티브 잡스의 프리젠테이션 기술, 대학생 프리젠테이션 대회 영상을 참고로 언어, 비언어적 요소를 학습했다. 파워포인트, 영상 제작으로 발표 내용을 정리하는 모둠이 많았다. 수업은 모두 컴퓨터실에서 진행했다. 이때 컴퓨터실은 모둠 회의에 적절하지 않은 공간이라는 점을 알게 되면서 협력학습을 위한 교실 환

선운중 청소년친화공간 프리젠테이션 대회

경[27]을 떠올리게 된다. 점심시간과 방과 후 학습을 위해 컴퓨터실 개방을 요구하면서 학교 공간의 이용가능시간에 대한 의문을 갖기도 했다. 지필평가에서 이 프로젝트형 수행과제와 관련된 사항을 서술형 문항으로 출제했다. 학생들은 사전 공개된 문항에 대해 친구들과 함께 협력, 소통함으로써 준비하는 과정을 거쳤다. 시간이 거듭될 수록 수업과 평가를 통해 풍부해진 콘텐츠가 더해지면서 좀 더 정교해지고 향상되었다. 학급 안 동료평가 때 학교 관리자들을 모셨고, 확대되는 청중 위계를 확인하면서 학생들의 발표 내용은 더 풍부해졌다. 수업 과정부터 눈여겨 보던 교장 · 교감 선생님의 관심도 함께 커졌다. 관련 사진이 학부모 밴드에 공유되면서 학교공간이 부모와 자녀 사이의 대화주제가 되기도 하였다.

청소년 친화공간 프리젠테이션 대회가 열렸다. 학생평가와 전문가 평가는 40:60 비율이었고, 외부 전문가 평가위원은 지역의 기획자 세 분과 학부모회 대표를 모셨다. 전통문화예술시장 총감독, 청년센터 조성 위원,

27 팀 기반학습 또는 TBL 교실 모듈과 교육용 기기 관련 좋은 교육용 인터페이스, 디지털 역량 루브릭의 참조.(패드는 화면에 그릴 수 있지만 다른 프로그램을 쉽게 사용하기 어렵고, 컴퓨터 실의 데스크톱은 패드의 장점을 살릴 수 없었다. 디지털 역량 부분에서 기술 부분에 대한 격차는 결과물 품질 차이를 가져오는데 이를 고려한 전반적인 수업을 하나의 프로젝트 안에서 수행할 수 없다는 점도 한 번 더 인지되는 순간이기도 하다. 때문에 전환기 교육과정에서 디지털 역량강화를 위한 학교 차원의 학생 진단과 개선을 위한 섬세한 교육설계가 필요하다.)

인문 · 예술센터 대표 등 공간기획 전문가들의 평가는 필자와 학생들에게 전문적인 코칭의 계기가 되었다.

"우리는 청소년친화공간 프로젝트 수업이 좋았습니다. 우리 선생님은 민주주의 시작은 예산 공개라고 하시면서 에듀파인[28]을 열어서 예산을 보여주셨어요. 그때 '아 의견만 내고, 교실에서 토론만하고 끝나는 게 아니구나.' 생각했습니다. 많은 친구들이 열중했습니다. 교실 문이 닫히면 차가운 복도 바닥에 모여서 했고, 00 피시방에 가면 거기가 우리 학교 컴퓨터실인 줄 알았습니다. 우린 왜 이렇게 열심히 했을까요? 우리가 쓸 공간을 우리에게 물어보고, 함께 만들자고 해서였어요. 그렇게 만든 공간은 얼마나 좋을까요? 그런데 우리는 곧 졸업합니다. 우리가 만든 공간을 후배들도 좋아할까요? 학교는 늘 바뀝니다. 쓰는 층도 바뀌고, 선생님도 바뀝니다. 그러니 학교 안에 공간을 새로 만든다면, 공간도 계속 바뀌어야 합니다. 지금의 우리처럼 모두가 공간에 직접 참여할 수 있어야 합니다. 그래서 저희 팀이 만든 공간의 이름은 '발전하는 우리들의 공간'입니다. 학교를 다니는 사람들이 참여할 수 있는 공간, 쓰면서 바꿀 수 있는 공간이 필요합니다."[29]

청소년친화공간 만들기 (후)

청소년 친화공간 학생 발표가 끝나고 평가위원장은 결과를 전달하기 전 물었다. "학교 공간을 만드는 게 목표인가요? 이 장기간의 수업을 통

28 학교회계 예산결산 시스템

29 청소년 친화공간 발표대회, 이00학생의 발표 내용 중에서(2014.10.1.)

해 이루고자 하는 다른 무엇인가가 목표인가요? 전자라면 구체적인 디자인과 사용법을 제안한 00팀이 최종 우승이 되겠지만, 혹시 후자라면 마지막 발표한 이00학생의 팀이 우승이 될 수도 있어서요."

선운중 공간

많은 학교들이 사용자참여설계를 통해 그 결과물을 제안한 사용자들에게 보여주는 것에 마음이 급해진다. 행정에는 정해진 시간이 있다. 그 기간은 지켜야 한다. 그러나 이때 자칫하면 방법이 목적으로 바뀌는 오류가 일어나기도 한다. 공간은 교육의 목적이 아닌 방법 중 하나다. 선택의 기로에 서게 될 때 이점을 염두에 둔다면 실행 상의 오류를 줄일 수 있다. 목적은 "삶을 위한 학교"였다. 학교 공간은 학생 자신의 삶이 실재하는 곳이다. 공간에 내재 되어 있는 삶의 조건 및 실재를 드러내어 자신이 공간과 맺고 있는 관계성에 대한 자각으로 이어졌다. 자각이 실천으로 다시 연결되기 위해서는 학교 공간으로 시선을 가둬서는 안된다. 이를 위해서 특정 분야의 전문가와 협업이 절실해졌다. 협의회로 시작한 전문가 집단과의 협업은 전문가협의체[30]라는 이름으로 시작해 이후 삶을 위한 학교의 학교밖 추진단으로 자리 잡았다.

협의체의 컨설팅 내용은 혁신학교의 방향에서부터 출발한다. 2014년 당시 광주광역시 혁신학교는 4년째에 접어들고 있었다. 그동안의 혁신은 수업, 활동, 대화, 관계, 실험을 핵심어로 교사와 학생을 중심으로 진행되는 내용적 혁신이었다. 협의체에서는 내용적 혁신을 지원하는 환경(공간) 혁신이 동시에 제공되는 방향을 제안했다. 여기에는 지역이 포함된다. 혁

30 광주청소년진흥센터장, 국립아시아문화전당 연구원, 대인예술시장 총감독, 인문예술센터장, 삶과 배움청 대표의 6인으로 구성(2014.12.)

신의 지점을, 의미를 생산하고 만들고 소비하는 주체로서의 생비자(生費自)[31] 교육과정 신설, 실행의 키워드로 인문, 사유, 인권, 생태, 순환, 디자인, 노작, 지역을 제안했다. 특히 노작을 위한 생산의 공간으로의 작업장이 학교 안에 조성될 필요를 언급했다. 조성부터 활용까지의 지속성을 위해 학교(학생, 교사, 학부모)-전문가(기획자, 예술가, 자문단)-인프라(지역문화시설)가 함께 작동할 수 있게 추진팀이 필요하다는 제안을 받았다.

이때부터 청소년 친화 공간 프로젝트는 공간혁신이라는 이름으로 학교 전반의 운영을 고려하는 특색교육으로 전환되었고 학교 안 희망 교원과 학교밖 전문가들이 모여 추진단을 결성했다. 추진단 회의는 월 1회 운영되었다. 교사-학생-지역민-외부 전문가가 가능한 모든 조합으로 얽혀 자유롭게 대화를 나눴다. 뾰쪽하게 모가 난 물리적 공간을 둥굴게 바꿀 수 없다면, 그것을 이용하는 사람과 질서와 관습을 둥굴게 바꾸자는 말이 나왔다. 우리의 즐거운 작당의 공간 하나가 나왔다. '인문공간2037'[32] 이다. 장기적, 유동적, 질적, 실험적인 삶을 위한 학교를 위해 공간 하나를 더 추가했다.

인문공간2037에 이어 '예술작업장 꼬물'이 나왔고 꼬물에서 상주 작가와 지역 예술가, 학생들이 만들어낸 오브제들은 학교 곳곳에 설치, 사용되기 시작했다. 청소년 친화공간 프리젠테이션 대회에서 얘기한 공간은 모든 이들이 사용 가능한 홈베이스로 확정되었다. '우리들의 발전하는 공간'은 총감독 상주 작가의 의견이 더해져 2층-바다, 3층-땅, 4층-하늘이

31 생비자(프로슈머 Prosume)는 생산에 참여하는 소비자를 의미한다. 프로슈머의 개념은 1972년 마셜 맥루언과 베링턴 네빗이 《현대를 이해한다》(Take Today)에서 "전기 기술의 발달로 소비자가 생산자가 될 수 있다"라는 말로 처음 등장했으나, "프로슈머"라는 단어는 prosumption에서 파생되었으며 1980년 앨빈 토플러가 그의 저서 《제3물결》에서, 21세기에는 생산자와 소비자의 경계가 허물어질 것이라 예견하면서 처음 사용했다.

32 인문공간2037은 학교주소 20번길 37번지에서 따온 말이다.

라는 콘셉트를 담아 3년의 과정으로 계획되었다. 2015년 EBS 다큐프라임 학교의 기적편 '공간의 발견'[33], 교육부 누리잡지 행복한 교육[34] 등에 소개되었다.

삶을 위한 학교(2015)		
학생 권리 1. 예술과 문화를 누리고 자유롭게 창작할 권리 2. 미래가 아닌 지금 즐거울 권리 3. 일상의 삶을 위해 공부할 권리		
특색교육		
내용혁신	프로그램	공간혁신
인문사유	• 학생 – 피아노 인문학 • 학부모 – 공부하는 어른 • 지역 – 광산구 마을인문학	2037
예술경험	• 예술가 레지던시 • 뮤지엄 교육프로그램	꼬물 따뜻한 바다
생활기술	• 목공 • 쏘잉	꼬물 수작공방

교육과정 전반
교수학습(통합프로젝트), 창의적 체험활동, 생활문화

꼬물에서 업사이클 타악기를 만들고, 음악실에서 아프리카 타악기 전문그룹과 만든 악기로 수업했다. 수업이 거듭되자 음악 교사는 공연, 연

33 https://www.youtube.com/watch?v=k6Muj35s8dQ

34 https://happyedu.moe.go.kr/happy/bbs/selectHappyArticle.do?bbsId=BBSMSTR_000000000211&nttId=4826

주, 창작이 가능하며 외부에서 대여해 사용할 수 있는 악기 이동이 용이한 음악실을 원했다. 덴마크 에프터스콜레를 탐방했던 영어 교사는 행복을 주제로 영문법 수업을 진행하면서 복도에 놓을 행복 의자를 만들어 학생들만의 행복 정의를 의자에 새겼다. 교사는 자신의 경험 전달을 넘어 해외 교류를 통해 학생들이 언어와 문화를 함께 체득할 수 있는 디지털 기반의 수업이 가능한 학습 공간을 상상했다. 가정의 주거생활 관련 단원과 사회의 합리적 소비가 하나로 묶인 수업에서는 학생 공유공간에 놓을 가구를 직접 고르고 구입하는 실제 경험으로 수업이 이뤄졌다. 4월 세월호 기념 주간 6개 교과가 진행한 '기다리는 팽목항' 수업의 결과물은 후관동 1층 꼬물과 2037부터 2층 바다(홈베이스)로 본관 복도까지 2개 층에 걸쳐 전시되었다. 중국어 교사는 전교생이 만든 전시물에서 느끼는 감정을 중국어로 나타내고 도슨트가 되어서 작품을 소개하는 수업을 열었다. 세월호 유가족을 학교로 초대해 도슨트로, 작가로, 요리사로 새로운 아들과 딸로, 시민으로 그들과 상봉했다. 역사 시간 배운 근현대사의 내용은 2037을 캠페인 매점으로 변신시켰다.[35]

점점 학교는 지역의 복합교육 공간이 되었다. "이거 시립미술관에 있던 거 아니에요?" 미술관과 거리가 먼 학교 주변 주민들은 작가의 작품을 코앞에서 보며 환호했다.[36] 입소문을 타고 나간 학교의 소식은 학교밖 여러 곳에서 학생들을 초대토록 만들었다. 주말동안 학교는 학생들만의 학교가 아니라 지역의 학교가 되었다. 뮤지엄이 된 학교는 타학교 학생들의 배움터로 쓰였다. 학생들은 생활기술 프로그램으로 익힌 목공, 쏘잉

35 소중한, 〈선생님. 하시마! 무한도전! 야밤에 울린 카톡, 무슨 작당 모의를〉, 오마이뉴스, 2015.9.24 박부길,〈 중학생들, 아주 특별한 세월호 추모에 주민 초대〉, 광주일등뉴스, 2014.4.23.

36 고근호, 주홍 작가 초대전(〈고물 자전거〉 원화전, 업사이클링 작품 20여 점) 노해섭, 〈쓰레기 버리지 말고 업사이클링하세요〉, 아시아경제, 2015.6.29

(재봉) 업사이클 강사로 봉사활동까지 챙겼다. 기사의 인터뷰이였던 학생들은 광산구 리포터로 선발되어 직접 기사를 써 학교 소식을 밖으로 날랐다. 그들은 경기 시흥시 청소년 정책 발표 자리에서 45분 동안 '스티브 잡스'였고, 서울 오마이뉴스 '행복특강 300회 특집'에서는 공연단이었다.[37] 세상이 학교였고 삶이 예술이었다.

37 김예지, 〈우리 안에도 이미 덴마크가 있습니다〉, 오마이뉴스, 2015.9.6.

	2월–3월	4월	5월–6월	7월–8월	9월–10월	11월–12월
학생 전체	• 졸업식 • 입학식	• 1–3학년 뮤지엄프로젝트 – 기다리는 팽목항 – 따뜻한바다 프로젝트 (상시) 생활기술 프로그램 운영	• 1학년 공간혁신 프로젝트 (사회,가정) • 3학년 공간혁신 프로젝트 (영어, 중국어, 국어)	2층홈베이스 따뜻한바다 공간조성		
동아리		• 책모임 작가만남 • 지역문화예술 공간탐방	• 사제동행 체험학습1 : 지역공간 기획자 운영자만남	• 시흥시 청소년 정책발표 • 오마이 300회특집 발표	• 광주 이그나이트 대회참가	
학부모	학교설명회 상담주간	• 학부모 인문학 • 생활기술 강사협력	• 광주혁신 학교학부모 네트워크 발표			
교원	• 덴마크 에프터 스콜레 해외연수 동행 (4인)	• 교직원 생활기술 동아리운영 • 학교밖 추진단장 특강	• 핀란드 아트디렉터 특강			
예술가 레지던시		• 상주작가 채용	• 2층 홈베이스 따뜻한바나 조성시작			
지역 사회 + 학교밖		• 생활기술 강사협력 • 광산구 공무직학습터 • 전국 학교공개 • EBS 학교의 기적촬영	• 오마이뉴스 꿈틀버스 여행단 방문 • 지역, 전국 학교공간 혁신프로그램 벤치마킹 방문	• 지역작가 초대전시 • 업사이클 링체험전시 지역민초대 • 전남00중 리더십캠프 학교방문	• 야간 광산구 주민자치 인문학운영 • 광산구 인문학전시 학생참여	

2015년 선운중 공간혁신 관련 운영과정

미리 온 지자체

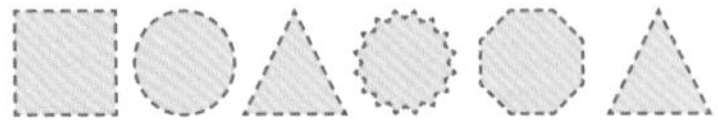

6차 청소년 정책 기본계획(2018-2022)에는 '청소년 권리 증진 기반 조성'이라는 과제가 있다. 청소년 참여를 저해하는 요인으로 시간과 공간의 부족, 낮은 사회참여 역량 등을 제시한다. 그리고 이를 해결하는 방안으로 자유공간 설치 및 공간 개선을 언급한다. 기본계획에서 말하는 '자유공간'이란 청소년 시설을 의미한다. 물론 청소년들을 위한 공공 공간은 필요하다. 문제는 공간의 성격이다. 학교 인근에 '청소년 센터'가 들어서면 대부분의 어른들은 학생들이 그곳에서 뭔가를 더 배웠으면 하는 바람을 감추지 않는다. 센터 운영자들은 주로 공무원이고, 그들은 민원은 민감하다. 어른들의 바람을 들어주기 마련이다. 청소년 센터는 '공부하는' 학교의 연장 시설이 되어 버린다. 결국 기본 계획서에 제시한 문제점들은 청소년 센터를 짓는 것으로 해결되지 않는다. 가장 간단한 해결책은 청소년 센터를 '공부하지 않는' 공간으로 운영하는 것이다. 하지만 그렇게 운영하는 것은 현실적이지도 않고, 올바른 것이 아니다. 학교도 공간이고, 청소년 센터도 공간이며, 마을에 산재한 공원이나 골목, 상업시설도 공간이다. 이 공간들의 기능을 개별화하여 나눌 필요는 없다. 모든 공간은 놀이터이면서 동시에 배움터가 될 수 있다. 청소년 센터가 학교의 연장이라면 학교 또한 청소년 센터의 연장으로 기능할 수 있다는 생각의 전환이 시작되었다. 청소년 센터에 배움 기능이 필요하면 같은 이치로 학교에도 휴식과 놀이 기능이 필요하다는 이야기다.

이러한 생각이 광주광역시 광산구 교육정책을 수립하는데 뒷받침이 되었다. 필자는 2016년 고용휴직의 방식으로 광산구(구청장 민형배) 민선 6기의 하반기 교육정책을 담당하는 교육정책관으로 약 3년간의 시간을 보내게 된다. 정책수행의 핵심은 '지역'과 '공간'이었다. 학교 공간으로 '문화예술플랫폼 엉뚱'(이하 엉뚱) 사업과 엉뚱의 실행을 지원하는 조직이자 지역 공간으로서의 '야호센터' 건립을 중심으로 학교공간혁신의 지원조직을 마련했다.

광산구 교육지원의 방향 : 자치

민선 5, 6기 광산구는 '자치'에 집요하게 매달렸다. 자치란 단순 거주민에 불과한 주민등록상의 '인구'가 자기 삶을 스스로 결정하는 '시민'으로 재탄생하는 일이다. 광산구청은 이를 위한 교육을 지원하고 싶어 했다. "광산구는 더불어락(樂)복지관, 클린광산협동조합, 북카페 마을애(愛), 공익활동지원센터 등 자치공동체를 일구고자 하는 노력들을 해왔다. 공동체가 더 나은 삶, 즉 진보를 가능케 하기 때문이다. 공간과 사람, 사람과 사람의 만남을 통해 마을 고유의 문제해결능력이 자란다. 이를 구체화하는 과정에서 주민들의 사회적 역량이 성장한다. 마을 구성원이 더불어 배우고 실천함으로써 집단지성의 나이테를 두껍게 할 수 있다. 여기에 광산구 마을교육공동체의 지향이 있다. 나는 교육의 힘을 믿는다."[38] 추진 사업의 방향을 명확히 일러준 민 구청장의 이야기를 다시 보면 사회 진보에 대한 방법이 담겨있다. 학습을 통한, 실행과 실천이 연대 속에서 이뤄질 때 공동체 전체의 역량이 커지며 사회는 진보한다. 이점을 염두에 두고 광산구의 교육지원 틀을 만들기 시작했다. 실천과 실행의 물리적 일차적 장소는 광산구의 학교, 마을이다. 필자는 학교에서 모든 시민이 만나 소통하고 연대하는 최적의 장소로서 그 가능성을 봤다. 광산구가 지원하는 학교공간혁신 사업의 이름은 "문화예술플랫폼 엉뚱"으로 정해졌다.

지자체가 학교 시설을 보조할 수 있는 예산 지원 근거[39]를 확인하고, 예산 규모를 파악한다. 60여 제곱미터 수준의 인테리어가 가능한 예산으로 시작했다. 구청은 관내 학교들 중 문화 인프라가 약한 곳이 있으니 교육경비보조금에서 학교시설지원의 예산 규모를 늘리는 것이 좋겠다고 했다. 당시 나는 예산확대를 반대했다. 더 많은 예산이 투입되어야 하는 곳이 따로 있었다. 학교공간혁신을 지원할 수 있는 조직을 학교밖 마을에 만들어 학교와 마을의 문화활동 거버넌스 거점공간이 되게 하고, 동시에 실행 교사의 경험과 역량강화를 지원하여 미래에 더 많은 학생들과 함께 할 수 있도록 사람에게 지원하는 예산이길 바랐다. 사업 부서인 구청의 교육지원과는 뜻을 같이 했다.

첫해 지원예산에 맞춰 3개 학교를 시범사업으로 설정해 공모를 냈다.

---

38 광산구 민선6기 구청장 민형배 인터뷰(2015. 3. 출처)

39 광산구 문화예술플랫폼 엉뚱 추진근거는 제2조 5호(보조사업의 범위) 각급학교의 교육에 소요되는 경비 중 보조할 수 있는 사업(이하"보조사업"이라 한다)은 다음 각 호와 같다.(개정 2012.11.14.) 5. 학교교육과 연계하여 학교에 설치되는 지역주민 및 청소년이 활용할 수 있는 체육 · 문화 공간 설치사업

학교에서는 시설 개·보수 사업으로 인식하는 경우가 많았다. 화장실의 비데 설치나 낡은 시설물의 교체 건으로 접수가 되었다. 교육지원과의 담당 공무원들과 학교를 방문해서 사업의 취지를 말씀드리고 진행 교사와의 면담, 교수학습과 평가에 적용 가능한 방법과 자료를 안내해드렸다. 교사, 학생 워크숍 지원을 약속했다. 덧붙여 구축 후 사용계획에 지역민과 함께 하는 공간사용 방안도 포함해줄 것도 당부했다. 수정 신청서가 접수되었다. 구청과 3개 학교 동시 업무협약을 진행했고, 협약의 자리에 학생, 학부모, 지역민을 초대했다. 시민들이 증인이 된 약속의 사인은 2016년 학교장, 구청장에서 2017년 학생대표가 포함되고 공동 진행학교들의 다자간 협약으로 이어졌다. 2016년 광산중, 산정중, 천곡중을 시작으로 2017년 송정중, 월계초, 첨단초, 어룡초, 첨단고, 광주자동화설비고 9개교에 학교 안 엉뚱한 공간 조성을 지원했고, 2018년 상반기 월곡중, 큰별초, 마지초, 어등초 4개교가 참여했다. 엉뚱은 지금도 이어지고 있다.

지금까지 교육은 어쩌면 마을과 단절된 섬처럼 고립된 공간에서, 학생과 교사들만이 들어가 지식을 전수해 왔다. 틀린 건 아니지만 매우 부족한 교육이었다. 교육에서 중요한 것은 학생들의 사회화 과정이다. 우리는 세상 사람들과 싸우고 화해하고 갈등을 조정하면서 살아간다. 교과 이수뿐 아니라 불특정 다수의 사람들과 호흡하면서 살아가는 게 필요하다. 불특정 다수의 사람들이란 추상적인 개념이 아닌 내가 살고 있는 마을, 내가 다니는 학교에 있는 사람들이다. 그런데, 그 사람들과 교사와 학생이 함께 만나서 소통할 수 있는 공간이 없다. 교과 과정은 교실 안에서 진행된다. 운동장이나 강당과 같은 체육시설은 학생 의사와는 상관없이 지역에 개방되어 원래 주인이었던 학생을 배제한 축구, 배드민턴을 해왔다. 따라서 마을과 학교가 융합되는 공간이 필요하다.

2016년 11월에 '엉뚱'을 개소한 광산중은 공간을 만들어 갈 때 학생, 교사, 학부모, 지역 예술가와 함께 했다. 수업, 동아리, 방과 후 시간에 각자가 할 수 있는 일과 역할로 모였다가 흩어지기를 반복했다. 개소 이후 매주 3회 마을주민들이 행복학습센터라는 이름으로 학교 안 엉뚱 공간에서 모임을 진행한다. 월 1회 학부모들의 회의 '라운드 테이블'이 진행된다. 필자가 학교를 찾았을 때는 방과후 학생들과 지역 주민들이 공간을 함께 쓰고 있었다. 학생들은 평생학습자로서의 마을 어른들을 바라보며, 세상의 한 면을 배운다. 광산중 엉뚱 공간은 이질 집단과 공간을 나눠 쓰거나 공동 작업을 하는 배움의 공간으로 자리하고 있다.

엉뚱은 마을의 특성과 공간을 꾸며가는 의지에 따라 다양한 공간 쓰임의 양상을 보인다. 고정되어 있지 않고 사람들이 활용하고 이용하면서 변화하고 다시 재생된다. 사용자들에 의해 공간의 쓰임이 그려지는 플랫폼이다. 소멸과 재생 반복. 사용자 의지가 반영되며 공간도 성장한다. 최초의 터치는 지자체의 마중물이었고, 깨어있는 교사, 학생, 주민들로 출발했다. 그리고 자가 발전이 가능한, 자기 변신이 가능한 형태로 성장해 간다. 이 과정이 광주 광산구 지자체가 추진하는 공간혁신이다.

천곡중은 학생활동 상설 전시관, 영화시사회, 토론 등의 스터디룸으로, 광산중은 자화상 커튼, 목공작업, 가구리폼 등의 복합 문화생산 공간으로, 산정중은 배움을 부활시킨다는 '르네산정'이라는 이름으로 문화예술, 놀이, 실내 스포츠가 가능한 공간으로 시작되었다. 사업 초기 전 직원 워크숍을 진행했다 하더라도 엉뚱을 분위기 좋은 쉼터 만들기와 같은 인테리어 사업으로 생각한 경우가 많았다. 그러나 공간 꾸미기가 아니다. 소통에 필요한 수준으로 꾸미기도 하지만, 꾸미는 것조차도 아무런 터치가 없다. 단 교사, 학생, 주민이 주도한다는 원칙만을 요구했다. 인테리어는 아주 하위 개념이 되고 결국 사람이, 사람 사이의 소통이, 여기서 어떤 사건을 일으킬 것인가가 중심이 된다. 첫 번째 터치와 마중물로 일단 출발한 공간이 생명체처럼 스스로 진화해 간다. 송정중의 문화예술 플랫폼으로서의 복도 만들기를 진행하는 전00 교사는 "예전에는 학교 공사라고 하면 아이들은 눈길 한 번 주지 않았어요. 하지만 지역민과 함께 자신들이 낸 의견들이 공간에 하나씩 채워지고, 직접 만드는 과정에서 아직 미완성 공간이지만 매일 찾는 공간으로 바뀌고 있어요"라고 소회했다.

이렇게 공간혁신에 힘을 쏟는 이유는 무엇일까? 민주주의와 참여라는 큰 틀 안에는 지속가능성이 있었다. 지속가능성의 다른 말은 회복탄력성이다. 광산구가 주력한 교육정책은 시민들, 그리고 그 안에 청소년들 삶에 있어서의 회복탄력성을 어떻게 키울까 하는 것이다. 전환의 시대에 대안을 찾기보다 기본에 충실하자는 데 초점을 맞췄고 그 기본을 오래된 미래에서 찾았다. 오래전 학교가 처음 만들어졌을 때 그 학교는 마을의 학교였다. 학교는 마을에서 중요한 커뮤니티의 거점이었고, 공동체의 현장이었다. 학교가 운동회를 하면 마을 전체의 축제였다. 학령기 자녀가 없는 사람들, 노인들부터 젊은이들까지 모두가 운동회에 참여한 그날은 마을 잔칫날이었다. 또한 한때 야구가 유행했을 때, 광주일고, 광주상고의 야구는 프로 야구 못지않게 광주 시민들을 열광의 도가니에 빠뜨렸다. 그런데 점차 세월이 흘러 자본화 · 도시화 되면서 모든 게 섬이 되었다. 각각의 기관들이 모두 섬이 되었다. 마을의 지혜로운 노인도 독거노인으로 방치되었고, 지혜를 공유할 청소년도 만나지 못했다. 공간의 고립은 행위(교육자치 행정)의 고립을 만들었고, 가장 기초적인 인간들의 교류와 연대까지 끊어지게 했다. 기능만 살아있는 세상. 이대로는 재밌게 살 수 없다. 이는 민주주의 근간을 흔든다. 다양한 삶들이 부딪치고 서로 엿보면서,

이질적인 것을 이해하는 과정에서 공동체 전체의 의사결정을 해야 되는데 그것이 불가능해졌다.

엉뚱이라는 공간혁신은 고립된 개인의 행위만 있고 사람은 없는 기능 중심의 삭막한 세상을 치유하자는 데 궁극적인 목적이 있다. 문화예술 플랫폼 엉뚱을 통해 다른 삶에 대한 공감, 다른 의견이나 경험의 교류를 시도했고, 어느 정도는 좋은 성과가 나타났다. 엉뚱이 우리 사회를 혁명적으로 당장 크게 변화시킬 것이라고 생각하지는 않았다. 그러나 지구상의 모든 혁명은 소수자들에 의해 시작했다. 대한민국의 유휴 공간은 학교 안팎에 얼마든지 많다. 학교가 지역민과 공유하듯이 지자체가, 기업이, 대학이 엉뚱 사례와 같은 공간을 만들어서 가까운 거리의 지역민들과 공간을 공유하고 소통할 기회를 갖는다면 앞에 말했던 문제들은 분명히 좀 더 좋아질 것이라고 믿었다.

엉뚱에 참여한 사람들의 이야기를 모았다.[40] 보고서에 담긴 '교복 입은 시민'들의 말을 들어보자.

> "선생님들은 휴게실이 있는데, 우리는 없다. 하지만 우리가 만든 엉뚱 교실이 이제 우리들의 쉼터다. 걱정도 있다. 엉뚱 교실 안에 1학년부터 6학년까지 모두 들어갈 수가 없다. 요즘 학생 수가 줄어서 빈 교실이 늘어난다. 거기를 다 엉뚱으로 채웠으면 좋겠다." (00초 5학년 김00)

> "친구들에게 학교 행사에 참여해달라고 하면 달가워하지 않는다. 그

---

40 문화예술플랫폼 성과보고서(2016–2017) e-book https://ebook.gwangsan.go.kr/imap/home/programs/ebookN/oneView?itemKey=195&menu=138

런데 르네산정 (산정중 엉뚱 공간) 개관식 때 공간을 꽉 메웠다. 놀랐다. 만들 때 직접 의견을 내기도 하고, 참여했기 때문에 완성된 모습이 궁금했던 거다. 개관식에 와서 눈을 반짝인 친구들이 지금은 공간을 아주 잘 쓰고 있다. 공간을 사용하면서 만든 노력과 유지하기 위한 우리의 노력을 기억해줬으면 좋겠다. 당연하게 누리는 것들이 사실 당연하지 않다. 학교가 바뀌는 데는 학생, 학부모, 선생님들의 노력이 필요하다. (중략) 학교 공간혁신에 참여하면서 스스로 생각하는 법을 배웠다. 내 동생도 00중에 와서 나랑 같은 경험을 했으면 좋겠다." (00중 3학년 강00)

광주광역시 광산구 엉뚱사업 성과보고서(2016-2017)

"그동안 우리는 수동적이었다. 아키놀이터(00고 엉뚱 공간)를 만들면서 우리가 우리의 공간을 만들 수 있다는 것을 알았다. 요구해도 된다는 것을 알았다. 아키놀이터의 경험과 공간혁신 배움을 통해 시민으로 성장한 것 같다." (00고 2학년 김00)

학교공간혁신 지원센터 : 야호

학교 안 문화예술플랫폼을 엉뚱과 호흡을 맞춰 학교 밖 즉 마을 안 문화예술플랫폼으로 '야호센터'가 문을 열었다. 2016년 8월에 준공, 두 달의 임시 운영을 거쳐 같은 해 11월 19일에 개관했다. 2016년 3월부터 지역 청소년의 진흥 활동을 위한 다양한 의견 수렴을 진행했다. 이 과정에서 학생들을 직접 만났다. 야호센터는 광산구 교사들의 협조로 지역화 수업의 일환으로 청소년 진흥 공간의 이름과 프로그램을 제안받을 수 있었고, 참여 학생수는 1,500여 명에 이른다. 센터는 1,200명의 학생들의 의견을 반영하여 야호(YAHO)로 이름 지었고, 야호 BI를 주민센터에 방문하는 분들과 학생들의 아이디어를 받아 디자인했다.[41] 야호센터는 '안심하고 놀 수 있는' 센터를 지향한다. 놀이의 핵심은 '창조력'이며 구체적으로는 인문사유, 예술경험, 사회참여로 구현된다. 마을의 구성원인 어린이부터 청소년, 청년, 어른이 함께 사회적 진보를 이루는 문화예술 놀이터로 사용자들이 공간의 쓰임을 결정하는 플랫폼이다.

야호센터는 광산구의 교육정책 테스트 베드의 기능을 수행했다. 교육적 실험을 센터에서 진행하고, 프로그램화 되면 지역의 교사들을 초대해서 학교의 프로그램으로 확대하는 방안이다. 여기에 문화예술플랫폼 엉뚱을 지원하는 협력 체제를 만들어내고, 공간혁신 외에 공간 안에 채울 다양한 채움의 시도도 함께 모색했다. 야호센터를 만들어가는 과정은 공간혁신의 과정과 일치했다. 광산구교육정책의 지향점은 '시민'이다. 때문에 광산구는 성인과 학생 모두를 시민으로 일으켜 세우고, 이를 연대하는 것에 정책의 초점을 맞춘다. 엉뚱이 그러하듯 상상하고 기획하고 성취하는 과정에서 문화감수성과 창의성 그리고 자치와 민주주의를 체득하고 지역과의 교류로 자치공동체의 싹을 틔우는 것이 목표가 된다. 비전과 목표 각 층별 콘셉트를 정하고 이에 맞는 조닝의 방식으로 디자인했다. 비

41 개관 전 광산구 주민과 학생들에게 야호센터의 운영철학을 전하고 드로잉을 받아 수합 후 나무의 이미지를 바탕으로 보완작업을 거쳐 야호센터 상주 작가가 제작. https://yaho.gwangsan.go.kr/user/one_page/run/page_cd/1010

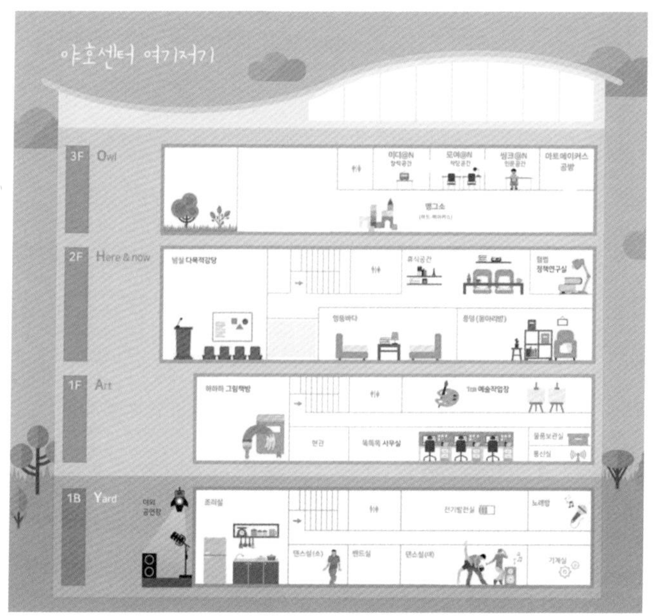

광주광역시 광산구 야호센터 단면

전, 콘셉트, 디자인, 프로그램, 인력구성의 일치에 주력했다.

야호센터는 청소년들의 인문사유와 예술경험을 위한 공간으로, 그들이 창조적 삶을 통해 미래 자치공동체의 주체가 되도록 하는데 주안점을 두고 공간을 조성 · 운영하였다. 창의적인 공간 및 다양한 프로그램으로 마을과 학교, 지역 사회가 서로 소통하고 협력하는 마을교육공동체 거점공간으로 활용할 수 있게 했다. 특히 모든 프로그램 운영을 학생들이 참여해 논의하고 콘텐츠를 개발해 야호센터를 꾸려가는 방식으로 운영 방향을 맞췄다. 여기에도 프로젝트 수업과 같이 어른의 교육적 개입이 존재한다. 여기서 어른이란 야호센터에 상주하는 교육기획가, 예술가, 마을 상담가, 청소년 지도사와 더불어 지역의 초중고 교사들이다. 여기에 전국

교육, 건축, 문화예술, ICT 전문가가 프로그램 기획 운영에 따라 수시로 합류했다.

그러나 무엇보다도 이 곳의 가장 큰 기능은 마을 안 청소년들의 안심공간이다. 프로그램 위주의 센터를 벗어나 정서적 '만만스케일'을 반영한 문턱을 낮춘 운영으로 개관 시작과 함께 월 9,600여 명이 이용했다. 학교 안 엉뚱공간이 오아시스가 되었다면 마을 안 야호가 또 다른 오아시스가 되게 했다. 개관 이후 야호센터는 전국의 배움 공간으로 옷을 입고 있다. 개관 후 만 1년의 시간동안 전국 90개 기관(관공서(25), 교육기관(41), 민간단체(13), 청소년기관(12) 등), 2000여명이 야호센터를 방문했다. 그리고 지금도 연 3000여명의 방문단이 야호센터를 찾고있다. 이용자와 함께 만들어가는 공간철학의 실현은 타 지자체 및 교육청의 벤치마킹 대상이 되어 우리나라 교육과 지역변화의 마중물이 되고있다. 운영 내용 중 학교와 지속적인 교류와 환류를 통해 엉뚱을 성장시킨 프로그램을 간략하게 소개하면 아래와 같다.

2017년부터 본격적으로 학교공간혁신 지원 사업인 엉뚱과 협력체제를 만들어갔다. 학교가 엉뚱을 신청하면 광산구와 업무협약식을 야호센터에서 진행했다. 추진 학년 전체가 야호센터를 방문해 현장학습을 진행한다. 센터는 학교방문 신청서가 접수되면, 학교 공간혁신 TF와 함께 학교

야호센터 공간탐색 체험활동

의 센터 방문 이유를 다시 분석하고, 방문대상 학년 학생들의 수준 및 학습성취 목표를 점검한다. 이러한 사전 준비를 통해 학교는 현장학습을 어떤 방향으로 진행할지, 센터는 어떤 지원을 할지를 결정한다. 학교에 합류 가능한 전문가와 그 영역에 대해서도 고민한다. 이 과정에서 야호센터가 학생에게 어떤 경험을 줄지 결정된다. 야호센터가 개소하고 본격 학교를 지원하기 시작하면서, 엉뚱의 학교와 구청의 업무협약식 사인 주체에 학생대표가 포함되었다. 학교마다 학생대표를 선정하는 것도 다양했다. 희망자, 추천자, 1반 1번, 공간혁신 TF학생 위원장 등 선정에서부터 학교문화가 읽힌다. 시작 프로그램은 업무협약식이다. 학생의 수준을 반영한 공간주권에 대한 짧은 강의가 이어지고, 주권이 구현된 엉뚱 선배들의 이야기와 야호센터가 만들어진 과정, 층별 콘셉트를 소개한다. 센터에서 공간을 채우는 시간 즉 프로그램을 어떻게 만들어가는지를 학교급에 따라 수준별 체험 프로그램을 기획했다.

목공수업을 통해 제작가구를 계획하는 학교에는 아낌없는 주는 나무 프로그램을 제공해 폐목으로 간단한 물품을 만들어 성취감을 일깨운다. 현장에서 프로그램의 만족도가 높은 학교는 이후 목공 동아리를 만들기도 한다. 학교가 학생들과 3D 프로그램으로 공간 디자인을 계획했다면, 센터는 관련 전문가를 소개했다. 센터 공간탐방 프로그램 중 학생들에게 인기가 높았던 것은 예술가와 함께 하는 굴링 체험이다. 굴링은 폐타이어로 놀이기구를 만들고, 센터의 가장 넓은 실내공간에서 미니 체육대회를 진행하는 프로그램이다. 이 프로그램에는 자원 순환, 놀이 기획, 공간 활용, 예술 활동이 뒤섞여 있다. 야호에서의 현장학습 후, 학교들은 자신들의 학교로 센터에 소속된 예술가를 초청하여 다시 굴링 체험을 하곤 했는데, 이 때 학생들은 시청각실을 굴링 체험터로 만들자는 의견을 빼놓지

광산구 엉뚱플랫폼 업무협약식

않고 냈다고 한다. 야호센터에는 시작과 끝을 알리는 노래가 흐른다. 야호센터 개관 전 인근 학생들과 함께 만든 노래로 개관 후 체험프로그램 종료 시 학생들과 함께 부르곤 했다. 엉뚱을 다녀간 학생들은 학교공간에 담고 싶은 자신의 삶을 시로 만들어 지역 작곡가와 함께 노래로 만들고 이를 음원으로 제작한다. 야호센터의 프로그램이 학교로 옮겨간 사례 중 하나다. 학교는 녹음파일을 활용해 뮤직비디오를 찍고 영상을 센터로 보내준다. 다음 엉뚱을 추진하는 학교가 체험을 오면 그 사례를 전달했다.

야호센터는 2017년 광주광역시 서부교육지원청의 진로센터로 지정된다. 'OO(공공)시민' 프로젝트로 진로활동을 기획 · 운영했다. 청소년이 미래를 스스로 개척하고 민주적인 시민으로 성장하도록 다양한 경험을 제공하는 것에 초점을 맞췄다. 진로 교육을 단순한 '직업군 소개'로 한정하지 않겠다는 의미다. 대신 비판적 사고력, 소통 능력, 협동, 창의력 강화를 뒷받침했다. 시대의 변화를 주도해 자신을 삶의 주인으로 온전히 세우고, 공동체에 도움 주는 민주시민 되기에 방점을 뒀다. 문제를 파악해 또래와 전문가와 함께 집단 지성으로 해법을 제시하는 방법을 학습하고, 이 과정에서 최첨단 기술 활용 방안을 익히는 방식으로 교육을 진행한다.

첫 번째 진로 교육 주제는 'IT시민'이다. 청소년들이 증강현실(AR), 가

상현실(VR), 반응형 콘텐츠 원리를 배우고, 교육용 프로그램을 직접 만든다. 청소년들이 만든 콘텐츠는 각 학교와 공유해 교육 교재로 활용할 계획을 세웠다. 이 과정에서 학교 현장의 스마트교육 선생님들과 교육과정을 수립했다. 콘텐츠를 기술로 구현하기 위해서 전문가의 코칭이 필요했다. 이를 위해 광산구는 디지털 교육 콘텐츠 전문기업과 업무협약을 맺었다. 즉 IT시민 교육 콘텐츠는 학생과 교사가 만들고 기술 구현은 기업이 맡았다. IT시민은 새로운 스마트 학습환경을 꿈꾸게 했다. 학생들이 생각한 반응형 웹 콘텐츠를 구현하기 위해 많은 친구들이 참여하였고 계속해서 생각에 생각을 더해 프로그램을 보완해갔다. 그리고 누구나 접근 가능한 환경을 만들기 위해서는 홈베이스나 복도에 큰 미디어월 설치가 필요하다고 했다.

유통구조를 바꾸는 '음식 시민' 프로젝트에서는 '제3의 식탁' 프로그램이 진행되었다. 지속 가능한 식단을 창조하는 방식의 식생활개선을 위해 자연의 식재료부터 식탁위의 한 접시 요리까지 사슬 전체의 재구성을 고민하는 시민교육이다. 지역의 10명의 가정 교사들과 교육과정을 수립하고, 센터와 학교 정규 수업시간에 진행되는 교차 프로그램을 짰다. 야호센터는 관내 대학 청소년학과와 협력하여 대학생들이 보조강사로 수업을 지원했고, 식재료 공급처, 시장 상인, 쉐프도 교사로 합류했다. 학생들의 수업 결과물은 센터에 소속된 전문 디자이너 손을 거쳐 마을 안 캠페인 자료로 만들어졌다. 학교 안 가정실은 조리 실습에 최적화된 경우가 흔치 않다. 기자재의 문제를 떠나 음식의 재료를 탐구하고, 지역의 먹거리를 돌아보며, 식량 자급률과 빈곤 · 기후 이슈를 다룰 수 있는, 무엇보다 실습 후 만든 음식을 나누며 대화하고 성찰하는 공간이 없다. 학생들과 교사들이 원하는 가정실은 음식으로 문화를 만들어내는 곳이었다.

지역과 공생하는 '디자인 시민'을 통해서 센터 안 발생하는 문제들을 예술디자인으로 푸는 경험이 지속적으로 일어날 수 있게 했다. 이용률이 많은 1층 하하하 그림책방 바닥이 더러워지자 이에 대한 해결책으로 잭슨폴록의 흩뿌리기를 바닥에 적용했다. 미술 추상기법을 다시 배우고, 바닥을 캔버스화해 배운 내용을 신나게 적용했다. 문제해결을 넘어 센터에서 가장 멋진 공간이 생겨났다. 오픈된 댄스실 유리창을 가려달라는 사용자의 민원은 안무가와 함께 춤선을 만들고 그 움직임을 촬영한 후 디자이너의 손을 거쳐 반투명 시트를 제작했다. 문제를 제기한 청소년들은 축소된, 춤추는 자신들의 모습으로 문제를 해결했다. 센터를 찾는 엉뚱 학생들의 미션에는 그 비밀을 푸는 문제가 늘 포함되었다. 학생들은 시설사업의 개념에서 벗어나 사물을 바라보는 방식, 재료의 다양성을 탐구하는 방식으로 공간의 문제를 해결했다. 부수고 새로 짓는 것만이 답은 아니었다.

공공성과 참여를 잇는 '건축 시민'은 도시에 주목했다. 이들은 도시를 큰 학교로 보고 작은 학교 찾기를 진행했는데 그 결과로 '엉뚱 지도'를 만들었다. 자신들이 생각하는 삶을 위한 공간 기준을 선정하고, 그에 맞는 지역 내 공간을 찾았다. 그룹으로 만들어 방문하고 운영자와 대화하면서 공간과 삶의 이야기를 엮었다. 엉뚱 플랫폼, 역사문화 공간, 청소년 공간, 문화 예술공간, 인문예술 커뮤니티 공간으로 나누고 총 18곳을 확정했다. 찍어온 사진을 바탕으로 운영자들 캐리커쳐 작업을 거쳐 지도에 담았다. 지도는 엉뚱을 진행하는 학교 외에도 원하는 학교에 배부되어 공간의 인사이트 투어 현장 도움 자료로도 쓰였다.[42]

---

42 야호센터 운영 내용 중 문화예술플랫폼 엉뚱과 관련된 내용을 부분적으로 실었다.

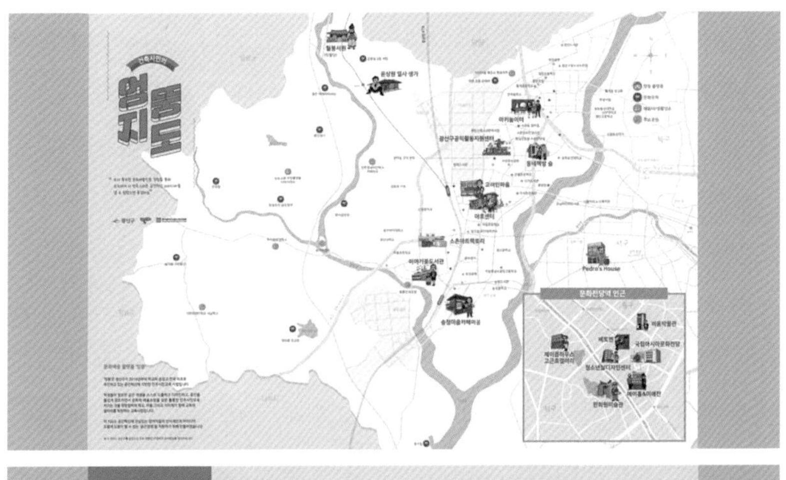

엉뚱지도

문화예술플랫폼 엉뚱과 야호센터는 자치 행정국 산하 교육지원과의 네 개 부서(인재육성팀, 교육정책팀, 평생교육팀, 청소년정책팀)와 교육정책관의 협업체계가 만든 성과다. 광산구의 시스템은 지방자치단체와 학교 그리고 지역 사회와의 협업을 이루어 내기에 용이했다. 이에 대해 최성희 교수는 "이는 광주시 교육청 소속 교사를 행정기관인 광산구에서 임기제 사무관으로 발탁함으로써 가능해진 임시적인 구조였다. 전직 교사이면서 행정을 담당하는 사무관은 학교의 상황과 지방자치단체의 상황을 알고 있기에, 불필요한 절차를 없애고, 배움과 수업의 주체인 교사와 학생에게 직접적으로 혜택이 돌아갈 수 있는 정책을 입안하고 실행할 수 있었던 것으로 보인다."라고 언급했다.[43] 필자는 '현장성'에 기반했고, 팀은 '실행력'으로 추동했다. 현장성은 학사운영, 교육과정, 교사와 학생들의 시간 · 공간 · 생각의 동선에 대한 이해였고, 실행력은 적극 행정과 유연성이었다. 이에 특정 분야의 '전문성'이 결합되어 기획부터 마무리까지 함께하며, '지원하되 간섭하지 않는' 원칙이 적용될 때 좋은 행위가 일어나며 공간은 삶을 유익하게 이끈다.[44]

현재가 만든 미래

필자는 종종 왜 인문학과 예술에 천착하느냐는 질문을 받는다. 천착이 맞다면, 인문사유와 예술경험을 연상케 한 지점들을 복기해볼 필요가 있다. 본서 1장에서 언급한 스웨덴 쿨트후셋의 건축 비전은 "모든 예술 형식을 수용할 수 있는 공간, 도래하는 새로운 인간을 위한 곳"이다. 선운중의 '삶을 위한 앎'은 "예술과 문화를 누리고 자유롭게 창작할 권리"를 포함한다. 광산구 야호센터는 "자본과 욕망에 포위된 일상을 예술적 삶

43 최성희, 〈학교 공간 교육의 의미 탐구 : 광주 광산구 문화예술플랫폼 '엉뚱', 공간주권, 미술교육을 중심으로〉, 2019, p.15

44 광산구 문화예술플랫폼 엉뚱과 야호센터의 내용은 김태은 외, 〈학교공간 어떻게 바꿀 수 있을까?〉, 창비교육, 2019, 광산구, 〈민선6기 광산구청 백서〉, 2018, 광산구, 〈문화예술플랫폼 엉뚱 성과보고서,2016-2017〉에서 필자가 썼던 내용들을 묶고 재구성하여 엮음.

으로 회복하는 힘"이라는 예술공간 디자인 콘셉트가 있다. 세 곳 모두 미래라고 불렸던 '도래할 인간'들이 오늘을 바꿀 수 있는 언어를 소유했다. 언어는 실천으로 재현되었으며 그 동력은 인문사유와 예술경험에서 나온다. 사실에서 느낌의 세계로, 안정에서 흔들고 깨워주는 불안의 세계로 인도하는 통로가 인문 · 예술이기 때문이다.

어느 한 사회의 교육이 학습자로 하여금 그들이 속한 사회가 명시적으로 혹은 암묵적으로 규정하고 있는 규준이나 신념, 가치 등에 대해서 사유할 기회를 주지 않거나 사유할 능력을 길러주지 않는다면, 그때의 교육은 우려의 대상이 되지 않을 수 없다. 학생에게 세계나 자신의 삶 자체에 대하여 성찰적으로 사색할 기회를 제공하는 교사의 가르침은, 학생 스스로가 안전하다고 여기는 앎에 안주하는 것을 허락하지 않는다. 학교 공간혁신은 있어야 할 '공간의 부재'의 발견에서 시작해 누려야 할 '권리의 부재'를 찾아냈다. 그것은 '현존하는 부재'였다. 청소년의 권리는 '없음의 세계'로 사라지지 않는다. 청소년은 미래의 주인공이 아니라 현재의 주인공임을 끊임없이 각성하는 이들에 의해, 또 청소년 스스로 '자기 검토' 능력을 개발하면서 권리를 불러내고 있기 때문이다. 학교 공간혁신이 호출한 현재를 "이제 문제는 우리가 낼게"에 모았다. 광산구 교육문화예술축제의 긴 이름이다.

"12년. 학교에 삽니다. 한 번도 학교를 어떻게 만들었으면 좋겠느냐는 질문을 받지 못했습니다. 학생 10년째 겨울, 학교 안의 엉뚱한 공간을 만들고 있습니다. 학교는 사용자인 '우리'가 만듭니다. 우리가 아는 것은, 지금 우리가 걷는 길이 문화가 된다는 것입니다. 그 길 함께 만드시겠습니까?" 엉뚱 프로젝트에 참여했던 '건축시민' 고00(17)의 축제 환영사다. '없음의 세계'로 흩어버리지 않을, 부재의 옛 전남도청에 지은 현존의 국립아시아문화전당에서 68혁명과 5.18의 심장을 개막식에 담았다. ▲연주공연 '몽상가들' (야호센터 청소년 관현악단 포레스트리, 야호) ▲청소년 강연 '금지를 금지하다' (빨간책 응용낭독 빨간정의, 풍암고) ▲행동티셔츠 '뒤집어야 바로 세울 수 있어' (티셔츠 퍼포먼스 680, 월곡중) ▲댄스 공연 '리얼리스트의 불가능한 꿈' (삶을 위한 춤) ▲힙합 공연 '최고의 예술은 저항이다' (라이저크루) 등 모든 메시지가 예술의 형식으로 소개됐다. 청소년의 외침이 모여 '함성'을 이룬 다시 지은 학교였다.

정치인과 기관장은 축사의 자리가 아닌 엉뚱 포럼에서 청소년들이 낸 문제를 풀어야하는 시민으로 초청되었다. 장휘국 광주 전 교육감은 "이곳에서 '청소년이 낸 문제'는 미래를 살아가는 학생들의 창의성이다"며 "시교육청에서 이 일을 해야겠다고 생각한다"고 밝혀 광산구 교육자치 정책 '수입'을 시사했다.[45] 축제는 16일 오후 '누구나 학교 선포식'으로 막을 내렸다. 축제 참가 청소년들은 사흘 동안 온 · 오프라인에서 수렴한 설문조사 결과와 정책 제안을 국회 교육문화체육관광위원회 소속 유은혜 의원에게 전달했다. 유 의원은 "정책에 반영하도록 최선을 다하겠다"는 다짐으로 청소년들의 환호를 받았다. 엉뚱은 광주광역시 교육청 공간혁신 사업인 '아지트'가 되었고, 유은혜 의원은 전국의 공간혁신 마중물을 붓는 이들의 의견을 경청했다. 그는 59대 사회부총리 겸 교육부 장관이 되어 시민이 낸 학교 공간혁신의 문제를 풀려 노력했다. 미래를 준비하는 가장 확실한 방법은 현재를 혁신하는 것이다. 그들이 만든 현재가 미래가 되었다.

45 〈광산구 교육문화예술축제에 주목한 시선들–민주시민으로서 청소년 역량 입증 계기〉, 전남인터넷신문, 2017.12.17

3장

학교공간혁신의 흐름

학교공간혁신 용어

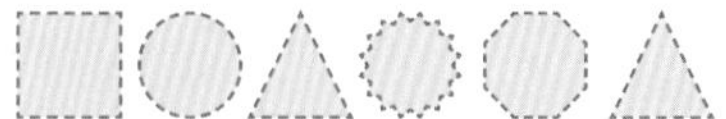

교육 공간을 바꾸려는 노력은 2019년부터 중앙정부 정책으로 채택되어 시행되기 시작했다. 2009년 현장 교사들과 교육 현장의 개선을 응원하는 외부의 노력이 빛을 본 것이다. 이것이 '학교공간혁신사업'이다. 이런 노력의 결실 중 하나가 2012년부터 시작된 '그린스마트미래학교'사업이다. 그린스마트미래학교는 40년 이상 경과된 오래된 학교 건물 전체를 다시 짓거나(개축), 구조는 그대로 두고 전체를 바꾸는(리모델링) 사업이다. 이 과정에서 관련 용어들이 나오기 시작했다. 관련 용어를 정리하면 아래와 같다.

학교공간혁신사업

관리자 중심의 학교공간을 학교 구성원인 학생과 학습을 중심으로 전환하고자 하는 지역 현장의 노력을 중앙정부(교육부) 정책으로 2019년부터 채택하여 시행한 사업. 교육부의 학교단위 공간혁신사업은 2021년 그

린스마트미래학교사업으로 전환되었으며, 영역단위 공간혁신은 교육청 주도로 지속 추진 중

- 영역단위 공간혁신: 공용공간, 일반교실, 특별교실이나 유휴공간을 활용하여 교육 전환, 학교생활의 변화를 유도
- 학교단위 공간혁신: 미래사회 대응 교육전환을 지원하는 학교 전면 재구조화(동단위 리모델링 또는 개축) 사업으로 미래학교 전환을 유도

사전기획

교육전환을 동반한 교수학습환경 조성을 위해 설계 전 학교 규모와 사업비, 설계의 주요 방향을 결정하는 과정으로 과거 시설 위주의 의사결정 구조를 사용자 요구에 따라 특화하고 보완하는 과정. 결과물로서 사전기획보고서는 학교를 짓는 설계공모지침으로 활용. 공모지침으로 활용.

사용자참여설계

학령인구 급증 시기에 적용되어온 공급자 중심의 학교시설 공급을 학교 사용자의 요구를 조사하고 반영하는 수준을 넘어 사용자가 직접 설계 과정에 참여함으로 세부적 학습환경을 구체화하는 과정으로 이를 통해 공간사용에 대한 주도권 및 책임감을 높임. 사용자로서 교사는 학교 교육 전반에 대한 방향을 설정하고 이는 교사 배치 및 스페이스프로그램으로 실현, 학생은 교육 또는 생활공간에 대한 감성적, 기능적 참여로 정주공간에 대한 만족도 향상 실현, 종합예술의 성격을 지닌 건축은 교수학습 STEAM의 주요한 프로젝트 주제로 활용 가능하며, 이때 사용자참여설계는 교육과정 내에서 구현 가능.

3장은 2019년 이후 교육부(청)의 정책으로 시행된 내용을 바탕으로 기술했다. 단위학교, 교육청, 민간단체가 일구고 교육부가 편성한 행·재정의 내용은 〈대한민국 교육트렌드 2022_학교공간혁신 : 공간이 교육을 묻다〉(에듀니티 2021)를 참고하길 바란다.

필자는 그린스마트미래학교에 대한 특강을 요청받을 때, 교육 참가자에게 사업 에 대한 이해 및 실행을 위해 가장 중요하게 보는 정보는 무엇인지 묻는다. 사업 추진 여부와 교사와 교육청 담당자의 비율에 따라 다소 차이는 있지만 대체로 응답률은 ▲기추진 교사들의 경험(사례) ▲교육청 워크숍 자료 ▲교육청 기본계획 및 신청 문서 ▲교육부 기본계획 순서다. 소수 응답으로 ▲교육시설 유관 연구자료, 저서, 논문 ▲학교 공간 관련 SNS 자료 ▲그린스마트미래학교 지원기관 홈페이지 자료가 있다.

이 중에서 기추진 교사들의 경험은 응답률이 언제나 50 퍼센트를 넘는 중요한 정보원이다. 이는 그동안 사업 발주처에서도 국내 또는 지역형 공간혁신 준비에 대한 표준, 역량, 프레임워크, 적용 기술 등의 개발보다 사례를 통한 현장의 이해를 높이는 전략을 사용해왔다는 뜻도 된다. 물론 사례를 통한 연구 및 사업 실행방안 설명은 장점이 많다. 한 두 학교를 대상으로 하더라도 진행 과정 처음부터 구축된 결과물을 전체를 단시간에 볼 수 있으며, 이 과정에서 자연적으로 발생하는 순차적 진화나 변화, 또는 현재 진행 상의 문제 원인을 파악하는 데 유용하다. 사례기반의 설명은 워크숍의 효과를 극대화하기 위해 연수 기획자가 보여주고자 하는 결과를 기반으로 대상 사례가 채택된다. 다시 말하면 제공된 사례가 나중에 나올 결과물에 영향을 준다. 그런데 공간사례의 결과물은 사례 학교의 구성원 성향, 여건, 목적, 비전과 철학 등에 의해 영향을 받게되며, 결과를 만들기 위한 조건이 유사한 케이스가 아니라면 어떤 특정 사례 결과물은 오히려 '독'이 된다. 개축이나 리모델링의 교육과정 재설계와 같은 대형 프로젝트에서 영역단위 학교공간혁신의 수업 적용 사례가 제시되면 사업의 혼선을 초래할 수도 있다. 특히 기관은 사업설명회를 겸한 정보전달 성격의 연수방식으로 공간혁신을 안내하기 때문에 통상적으로 2시간 이내에 교육부(청)의 운영 방향과 행·재정 상 필수적으로 인지해야 되는 내용을 반드시 포함하여 정보를 전달하여야 한다. 하지만 이런 경우에도 행재정상의 필수요건에 대한 정확한 설명없이 듣기 좋고, 보기 좋은 사례 발표에 많은 시간이 할애되는 경우가 종종있다. 교양차원에서 학교공간혁신을 듣는 사람에게 사례는 흥미로운 주제일 수 있으나, 당장 공간혁신을 수행 해야하는 담당자에게 다양한 사례에 나오는 화려한 결과물은 문제해결방법이 아니라 그야말로 빛 좋은 개살구가 될 수도 있다. 그럼에도 불구하고 현장은 여전히 사례를 중시한다.

학교전체를 대상으로 공간을 전환하는 사업이 많아지는 지금 사례중심 워크숍의 또 다른 문제는 사업에 대한 시각을 좁게 한다.우리에겐 학교건축 전면 재구조화나 지역 및 학교 수준의 교육과정을 전체를 재설계한 공교육의 사례가 없다. 서울 창덕여중은 '대한민국 1호 미래학교'[46]라는 별칭이 있지만, 2014년부터 지금에 이르기까지 축적된 시간과 여러 조건들을 고려한다면 적용에 있어서도 가급적 같은 조건이어야 사례로서 설득력을 갖는다. 때문에 현재 배부되고 있는 학교 건축 디자인패턴이나 학교시설 디자인가이드는 외국의 사례를 담게 된다. 그러나 지금의 교육과정과 사용자참여설계의 위계에 따른 상이한 해석[47]은 외국의 사례를 많이

46 창덕여중 공동체, 〈대한민국 1호 미래학교〉, 푸른칠판, 2020.

47 학교 재설계에 해당하는 사용자참여설계의 내용은 4장 그린스마트미래학교 부분에서 다루기로 하고 3장에서는 각설한다.

알고 있다하더라도 적용할 수 없다.

정리하면 사례는 보완적 학습자료이다. 사례를 학습하기 전에 사업 수행을 위한 기본적 준비를 위한 표준이 필요하다. 현재 국내 교육과정 여건에서 적용되고 있는 학교 표준공간(스페이스 프로그램) 구성에 대한 이해와 글로벌 선도모델 학교에서 적용되고 있는 공간기준에 대한 차이를 먼저 알고 있어야 한다. '획일화된, 표준화된 학교시설'이라는 언어에 갇혀 필요한 사전 지식으로서의 표준마저 거부한 것은 아니었는지 다시 생각해 볼 때다. 지금까지 교육부(청)와 유관 기관들의 새로운 사례, 이론 그리고 기술 중심의 공간혁신 지원 노력이 있었다.[48] 이제 여기서 더 나아가 학교 공간혁신의 전면화에 맞춰 질적 기술을 양적 기술로 바꾸도록 노력해야 하며, 이를 위해 명백한 용어를 사용한 가이드를 제시하고, 이러한 기록을 바탕으로 사례를 제공하는 것이 중요하다. 또한 사례별 특수성을 개별학교 적용을 위한 일반성과 연결해 모두 볼 수 있는 안내가 필요하다. 이는 학교시설을 전문적 영역에서 지원하는 국책연구기관 또는 전문지원기관의 역할이다. 기관의 역할을 기대하며 본서에서는 2019년 이후 학교공간혁신의 교육부 기본계획을 바탕으로 영역단위에 적용한 3가지 판(track)을 설명하고자 한다.

학교공간혁신은 진행 1년 만에 3가지 판(track)으로 실행목표를 달리했다. 1판은 쉼과 놀이가 있는 균형 있는 삶의 공간으로 만드는 '균형잡힌

---

48 2019년 교육부는 학교공간혁신 사업 가이드라인(2019.4.8.) 붙임5에 도움 자료 20종을 소개했다. (공간혁신 연구자료 4종, 학교단위 마스터플랜 사례 1종, 학교공간혁신 사용자참여매뉴얼 7종, 공간혁신 영상자료 1종(4편), 기추진 공간혁신 유관 기관사례 7종미래학교를 위한 학교공간 재구조화 매뉴얼(한국교육개발원, 2018)은 2015 교육과정과 학교공간을 연결하여 학교공간 재구조화 모형을 제시했다. 미래학교 디자인 가이드라인(한국교육학술정보원, 2011)에는 미래학교의 철학과 방향, 설계원칙, 설계지침, 세부계획이 담겨 있다. 교육부는 한국 마이크로소프트사와 업무협약을 맺은 이후 디지털 전환의 중요성과 프로그램, 역량, 템플릿 등이 소개된 ETF(Education Transformation) 교육혁신 가이드를 학교단위 공간혁신 추진교에 보냈다.

삶의 공간'이다. 교실-복도 형식의 늘어놓은 건물로서의 학교에서 창의적 공간 조성을 통해 쉼과 놀이 학습의 균형을 맞추자는 뜻이다. 2판은 학습의 변화를 지원하는 공간을 지향하는 '학습변화 공간변화'다. 학습 변화를 지원하는 학습환경을 표방했다. 동시에 학습의 변화를 촉진하는 의도가 담겼다. 3판은 배움의 시간과 공간의 경계를 허무는 '경계없는 학교'다. 학습, 쉼, 놀이의 시간의 경계를 허물고, 배움 방법에 대한 학생 선택권을 넓히며, 디지털을 활용해 배움 공간의 경계를 없애는 것이 핵심이었다. 이 구분은 순차적인 발전이라기보다 진행 주체 즉, 교육부 · 교육청 · 학교의 비전과 목표, 상황에 따라 선택적 또는 복합적으로 진행했다고 보는 것이 적절하다.

한편, 교육부는 21년 2월 3일 한국판 뉴딜로 그린스마트미래학교 추진 계획을 발표한다. 18.5조 원의 예산으로 40년 이상 경과 한 학교 건물 중에서 2,835동(약 1400개교)을 개축 또는 새 단장[리모델링]하여 교수학습의 혁신을 추진하는 미래교육 전환사업이다. 학교공간혁신은 그린스마트미래학교로 귀속되어 한국판 뉴딜 10대 대표 사업이자, 21년 교육부 핵심정책 사업으로 정리되었다.

학교공간혁신 1판
균형 잡힌 삶의 공간

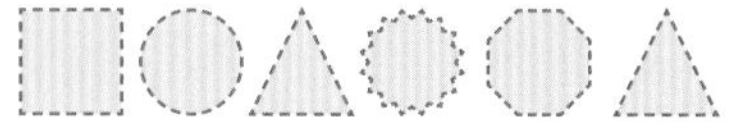

학습·놀이·휴식의 균형

"학교 공간혁신을 통해 학교를 학생 중심의 다양하고 유연한 교육 활동이 가능한 공간으로 조성하고 학습 · 놀이 · 휴식 등 균형 잡힌 삶의 공간으로 만들겠다."

공간혁신 초기 유은혜 전 교육부 장관의 모두 발언에 반복적으로 나타나는 내용이다. 사업의 목적은 창의성이고, 방법은 유연한 교육 활동이다. 이를 가능케 하기 위한 지원책 중 하나가 공간혁신이다. 균형을 맞추는 작업은 두 가지 유형으로 나타났다.

첫째는 '없는' 놀이 공간을 조성하거나, '있으나' 잘 쓰지 않는 공간을 놀이의 공간으로 바꾸는 유형이다. 초등학교에서 운동장 전체를 재구조화하거나 운동장 부분과 구령대를 놀이 공간으로 바꾸는 작업이 이에 해당 된다. 또 유휴공간과 교실을 학생 동아리실이나 문화공간으로 고치는 것도 포함된다. 학교 사용자들의 '놀이'에 대한 해석에 따라 조성된 공간은 크기, 위치 등이 다르게 분포되었고, 학교의 생활문화에 따라 이용률도 다르게 나타났다.

둘째는 학습 · 놀이 · 휴식이 모두 가능한 공간을 만드는 것이다. 사용자들의 희망사항에 비해 예산과 전체 면적이 충분하지 않은 상황에서 나타나기도 한다. 하지만 선택 공간의 자체 면적을 넓히고 대신 다른 공간을 빼는 전략으로 사용되기에 경험 많은 건축가(촉진자, 사전기획가)들에 의해 먼저 제안되기도 한다. 수업 혁신에 중점을 두는 학교의 경우 이 제안이 반영으로 이어진다. 물론 두 가지 유형 중 무엇이 더 발전적이다라는 판단은 맞지 않다. 또한 첫째 유형으로 조성했으나 둘째 유형으로 사용되기도 하고 그 역도 학교 현장에서는 왕왕 일어난다. 그만큼 공간은 사용자들에 의해 변하는 유기체다. 다만 학교사용자가 공간혁신의 목표에 동의했다면, 즉 진행한 사업을 통해 유연한 교육 활동이 가능해졌는지, 학생 교사의 창의성 발현에 도움이 되었는지에 대한 증거를 축적하며 확인할 필요가 있다. 이런 차원에서 교육과정 연계는 공간혁신의 중요한 요소다.

교육과정 연계

교육부는 가이드라인(2019.4) 및 각종 사업설명회에서 공간혁신을 교육과정과 연계해서 실시할 것을 강조한다. 공간이 교육 변화를 촉진 · 지원하기 위한 방안이었고, '사용자참여설계'가 교수평가와 유리된 별도의 업무가 되지 않도록 하기 위함이었다. 또 앞서 추진 사례를 통해 전국 적용이 가능하다고 판단했다. 교육과정과 연계는 협의와 광의의 측면에서 생각해 보자.

협의로서의 교육과정 연계는 학생 참여를 교육과정 속에서 운영하는 것이다. 공간혁신 워크숍, 수업을 전체 또는 학년별 교과 프로젝트나 창의적 체험 활동으로 진행하면서 이 자체가 학생에게 유의미한 경험, 교육이 될 수 있게 하라는 의도다. 현실화를 위해 교육부 공간혁신 지원기관은 2019년부터 유초중고 공간혁신 수업 사례를 수집해서 전국 학교에 배포하고 있다.[49]

광의로서의 교육과정 연계는 학습자 발달단계부터 교육과정에 이르기까지 학교 공간구성 자체를 교육청 및 사용자들이 수립한 지역교육 또는 학교의 비전과 목표, 방법, 특색에 따른 교육과정 운영을 담아 고민하고 기획하는 것이다. 이에 대한 이해도를 높이기 위해 지원기관은 공간혁신 유튜브[50]에 전문가 특강을 탑재했다.

광의든 협의든 교사는 촉진자, 사전기획가, 설계자 등 교육청에서 모집 후 파견한 건축 전문가와 함께 수업을 기획할 수 있다. 영역단위 공간혁신에서는 전문분야 간의 융합적 추진이 실제 교육 활동에서 일어나며 학교단위의 그린스마트미래학교에서는 사전기획 단계에서 미래교육 계획을 위한 지원자로서의 교육기획가가 학교의 목표 설정과 운영 방향을 도출할 수 있게 자문 및 업무를 지원하도록 하고 있다.[51] 이때 교사는 교수

49 그린스마트미래학교 홈페이지 자료실 (http://www.xn—9d0blmo2vi7bpdz9lt0p3k5ae7e.kr/)

50 학교공간혁신 유튜브 https://www.youtube.com/channel/UCPq83FDOkbHZ98e8Ckmppvg "학교는 살아있다 학교공간 '뚝딱뚝딱'"

51 교육부는 그린스마트미래학교 조성을 위한 사업안내서(2021.5)에서 "사전기획가의 경험 및 능력에 따라 공간기획가와 교육기획가를 겸할 수 있으며, 교육기획가와 공간기획가가 분리되어 사업에 참여하는 경우에는 총괄책임자를 선정하여야 한다."라고 명시했다. 다만 학교 조성을 위한 총괄책임자는 사업 기간 동안의 학교장이며, 위 안내 속 '총괄책임자'는 두 명의 사전기획가가 지원될 때 기획자 간에 발생할 수 있는 갈등 봉합을 위한 교육부의 지침 정도로 이해된다.

평 및 디지털 전환 등을 포함하는 교육혁신 · 전문가로서의 미래학교 준비자, 학교공간혁신 프로젝트 수업자, 워크숍 공동 기획자 또는 보조자, 학생 언어의 해석 및 전달자, 학생과 전문가를 직 · 간접으로 만나게 하는 연결자가 된다. 어떤 역할을 수행할 것인가는 학교의 형편과 교사의 역량에 따라 다르게 구현된다. 이런 의미에서 학교 공간혁신의 경험은 곧 교육자치의 경험이며 교사와 교육의 전문성이 강화되는 계기다. 이제 초등과 중등에서의 학교 공간혁신 1판이 어떻게 적용되었는지 살펴볼 차례다.

초등·학습과 놀이

"학교 공간혁신을 하면서 많은 의견들이 나왔으나, 답은 결국 한 가지로 좁혀졌다. 학교의 주인은 학생이며 학교 안에서 가장 중요한 공간은 교실이라는 것이다. 무리한 공간확장이나 특별실 마련보다는 현재 교육과정에서 학생들이 가장 많은 시간을 보내는 공간인 교실에 집중했다. 1 · 2학년은 학습 공간과 놀이 공간의 비율을 20 : 80으로 조성했고, 3 · 4학년은 50 : 50, 5 · 6학년은 면학 분위기를 살려 80 : 20으로 설정하고 교실구성을 달리했다. 1층 로비 '앙성마루'에서는 탁구도 치고 여러 활동을 할 수 있는 종합 실내 놀이 공간이다. 이용률이 적었던 학교 옥상은 광덕트를 설치하고 조경작업을 통해 사시사철 푸른 녹색 정원으로 꾸몄고 학생들이 휴식과 문화공간으로 이용한다."

충북 앙성초등학교와 관련된 유튜브와 기사를 엮은 내용이다. 앙성초

충북 앙성초 내부

는 공간혁신 학교단위(개축) 사업이다. 사전기획 단계에서 주민, 학생, 교사들이 참여는 "많은 의견"으로 이어졌고, 면적과 예산에 따른 선택의 상황에서 이용률을 고려하여 '교실'에 집중했다. 학생들의 학습 발달단계와 학년별 교육과정을 고려하여 학습과 놀이 공간의 비율을 달리 구성하여 '균형 잡힌 삶의 공간'이라는 문제를 풀었다.

이 학교의 문제 풀이법을 좀 더 구체적으로 보자. 1학년과 2학년 교실의 내부공간은 동일하게 설계했지만, 1학년은 놀이시간 안전 문제를 고려해 학생들의 동선을 한눈에 파악할 수 있도록 공간을 열었다. 놀이 학습 경험이 더 풍부한 2학년은 열린 공간을 조금 더 줄였다. 열린 공간의 범위를 통해 1학년과 2학년 교실의 변화를 준 것이다. 1 · 2학년 교실에는 누다락을 설치해 좁은 공간에서 즐길 수 있는 활동의 기회를 제공했다. 소그룹으로 어울리는 아이들의 특성을 고려한 결과다. 교실문은 접이문[폴딩도어]을 설치했다. 4쪽의 문을 자유자재로 여닫을 수 있어 수업 내용에 따라 교실을 다양하게 활용하기 위해서다. 2층과 3층의 복도 중간에 있는 놀이 공간은 저학년은 순수 놀이 공간으로, 고학년은 복합 공

간으로 만들었다. 놀이와 함께 원탁회의, 수업도 할 수 있도록 성격을 달리한 것이다.[52]

중등·학습과 휴식

"학교공간혁신 발표 준비를 하면서 친구들이 원하는 학교에 대한 설문조사를 먼저 했어요. 대부분 학교에서 '쉬고 싶다' '쉴 수 있는 곳이 있었으면 좋겠다'였죠. 그래서 우리는 '쉰다는 게 뭘까?' 고민했죠. 그냥 자는 건가? 아니죠. 우린 숨을 쉬고 싶다는 뜻이었어요. 아무것도 하지 않는 정지가 아닌 살아 있다는 것을 느끼는 숨 쉬는 숨과 쉼이요. (중략) 저는 실내건축과 진학에 도움이 될 거 같아 공간혁신 동아리를 지원했어요. 그런데 학교공간혁신을 하고 전국에서 많은 분들이 학교를 찾아와요. 우리가 어떻게 학교를 만들어갔는지를 얘기했고, 전국에서 공간혁신을 한다는 것을 알았죠. 친구들뿐만 아니라, 어른들 앞에서 발표를 하면 할수록 우리의 행위와 말에 영향력을 느꼈죠. 그래서 저는 마케팅쪽으로 진로를 바꿨어요. (중략) 학교를 만드는 것인 줄 알았는데 관계를 만드는 것이었고, 몰입 장소를 만들고자 했는데 그 자체가 몰입이었어요. 공부보다 딴짓을 해보려고 했는데 딴짓이 생각의 근육을 기르는 공부였죠. 우리는 과도기인 줄 알았는데 현재를 사는 시민이었어요."

광주 첨단고등학교 공간혁신동아리 '아키놀이터' 학생의 인터뷰 부분

52 〈교육을 바꾸는 공간혁신-충주앙성초등학교〉, 중부매일, 2019.8.4.

이다. 초등이 놀이 자체로 균형 맞추기를 실험했다면, 중등은 교과수업 외 유의미한 창의적 체험 활동으로 시도했다. 중등은 교과 중심의 시간이 편성되어 두 번째 유형 적용이 쉽지 않다. 특히 영역단위 학교라면 일반적으로 유휴공간과 이용률이 현저하게 적은 공간 또는 시급하게 개선이 필요한 공간을 찾아 용도를 변경하는 방법을 많이 쓴다. 위 학교는 가정실을 개선하고 쓰지 않는 체력단련실의 용도를 바꿨다. 바뀐 가정실은 가정 교과 외에도 다른 교과 수업이 진행된다. 점심시간, 창체시간 학생들의 문화공간으로도 사용한다. 다목적실 옆 준비실도 교사와 학생들이 사용하는 회의실이 되었고, 방치된 체력단련실은 복합문화공간으로 공연, 행사, 수업 등의 다목적실로 바뀌었다. 가정실-준비실-체력단련실은 본관 1층에 연결되어 있어 3개의 공간이 변화하면서 23제곱미터의 복도까지 활용성을 더해 죽은 학교 공간을 살리는 특화 공간으로 인식되었다.

이 과정을 교사들은 담당 교과수업과 자율활동, 동아리 활동의 창의적 체험 활동을 씨실과 날실로 엮어 모두 교육과정 안에서 운영했다. 학생의 경험은 결과적으로 진로 활동에도 영향을 끼쳤다. 궁극적으로 학교 안 모든 활동은 학습경험이다. 학생 중심의 교육과정 운영을 통해 교사와 학생들은 휴식의 의미를 찾고, 이를 학습으로 연결했다. 이 과정은 자발성, 창조성, 몰입, 만족감 등의 놀이의 특징[53]에 가깝다. 학습 · 놀이 · 휴식 등 균형 잡힌 삶의 시 · 공간으로서 학교를 만든 사례다.

사업 초기 균형잡힌 삶의 공간 조성은 유휴 교실이나 홈베이스[로비, 홀]를 활용한 휴식 공간, 운동장 구령대를 활용한 놀이시설, 북카페, 소규모 동아리실 등의 작업이 많았다. 급식실을 카페테리아로 바꾸고 식

53 요한 하위징아, 〈호모루덴스〉, 연암서가, 2010. pp.41-7.

사 시간 외 커뮤니티 활동을 지원할 수 있는 겸용 공간에 대한 상상도 참여 설계에서 여러 번 제안되었으나 영역단위 규모에서는 동선, 배치, 위생, 관리 등의 여러 문제로 실행이 어려웠다. 그럼에도 균형잡힌 삶의 공간은 학교 문화에서 그 해결책을 찾는 방향으로 부분적으로나마 실행되었다. 경기하남동부중 급식실에 벽면을 활용하여 예술공감터를 조성했고(2019), 경기 여주 송삼초는 학생들의 휴식, 교사들의 회의, 지역민들의 문화 공간의 기능을 수행할 수 있게 급식실 리모델링을 진행했다(2019). 충남 당진 신평초등학교는 영양교사와 함께 학생들이 더 머물고 도움이 되는 공간으로서의 급식실을 만들었고, 대기 시간에 볼 수 있는 스크린 설치부터 식생활 교육이 가능하게 조성했다(2020). 원탁, 다각형 모양의 아기자기한 식탁과 알록달록한 의자와 소파가 놓여 있는 대구교대부설초의 새로운 급식실은 학생들이 점심을 먹으며 나누는 이야기 장소다. 21년 전남교육청은 학생수 25명 이하 작은 학교를 운반급식으로 전환하면서 '운반급식 특화모델학교'를 지정했는데 행 · 재정 인센티브 중 공간혁신이 포함되었다. 식사만을 위한 장소가 휴식과 놀이, 배움이 공존하는 공간으로 바뀌어가고 있는 것도 눈여겨 볼만 하다.

대구교대부설초등학교 식당

학교공간혁신 2판
학습변화 공간변화

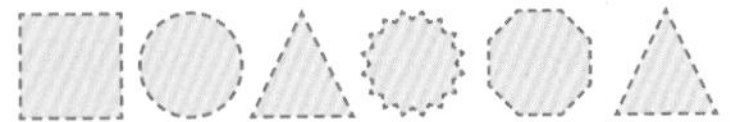

2019년 한국교육개발원은 '학교건축 혁신을 통한 교육혁신 및 삶의 질 향상'을 주제로 교육시설 포럼을 개최했다. '학교 공간혁신' 세션에 초대된 프라카시 나이르의 '디자인으로 교육을 혁신하다'[54]라는 발표 핵심은 '건축과 교육의 간극을 줄이자'였다. 그는 뉴욕 교육청에서 5년간 100개의 학교를 바꿨으나, 완공된 학교에는 새로운 교육은 없었다며 가르치는 공간의 기본 구조는 변하지 않았다는 것을 강조했다. 그가 말한 '건축과 교육의 간극'은 교육의 현재성을 넘어 새로운 교육, 새로운 학습을 의미했다.

이는 학습 환경과 학업 성취의 관계를 말한다. 이를테면 전통적 학습환경과 혁신적 (새로운) 학습환경의 차이점을 규명하고 이를 통한 학생의 태도와 학습 성과에 미치는 영향을 비교 분석하여 공간 디자인의 변화 자체

54 프라카시 나이르(Prakash Nair) – Education Design International(EDI) CEO), 발표주제 :"Transforming education by design"(2019.10)

가 어떤 교육적 차이를 만들어내는지를 증명하는 것이다. 구체적으로는 다양한 교실 레이아웃이 교수 학습에 미치는 영향 즉 학습 경험, 동기 부여, 참여 및 학업 결과에 대한 태도 등을 면밀하게 살펴봐야 한다. 그런데 학습 환경과 학업성취도의 관련성을 정량적으로 파악하는 것은 매우 어렵다. 학습 환경의 사전적 개념은 교육을 하거나 받고 있는 주위의 조건 또는 사회적 상황으로 정의할 수 있는데, 일반적으로 학생들이 학교에서 학습하고 생활하는데 관련된 모든 조건이라고 할 수 있는 매우 폭넓은 개념이다. 김수진 외(2012:8)에서는 학생들이 학교 학습을 하는데 도움을 줄 수 있는 인적자원과 물적자원으로 정의하고 학교 규모와 수업일수, 학교 자원 부족으로 인한 수업 제한 요인(교수 자료, 예산, 학교 건물과 운동장, 냉난방 및 조명, 교육공간 등), 학부모 참여, 학생 인식, 교사의 전문성, 교육과정 및 교수학습 방법과 도구 활용도, 교육평가 등 매우 폭넓게 정의한다.[55] 학습 환경 중 시설과 학업 성취에 관한 긍정적 효과성을 검증한 많은 문헌들에서도 성취의 매개변인으로 학교풍토(school climate)를 언급한다. 국내 공간혁신 학교를 중다회귀분석으로 측정한 유의미한 결과를 필자는 아직 발견하지 못했다. 3년 차의 공간혁신 사업으로 누적의 시간이 짧기도 하거니와 많은 추진교들이 공립학교인 이유로 변인 통제를 실시하면서 교사들이 연구하는 것은 쉽지 않아 보인다.

이러한 조건들을 고려하면서 연구기관으로서의 대학과 밀접해 있고 교육부의 직속 기관으로 존재하고 있는 국립부설학교와 교육대학을 대상으로 새로운 학교 공간혁신의 과제를 수행할 사업을 편성했다. 교육부는 2019년 초등 · 중등 · 특수학교를 우선 공모하고 새로운 학습환경의 구

55 김수진,(2012:8)〈교육환경 개선을 위한 학교시설 현황 데이터 활용방안〉(한국교육개발원,2018), p.23에서 재인용.

축과 이 공간에서 개선된 운영 성과를 도출한다. 이를 바탕으로 전국 공간혁신에 실행하는 학교가 '학습 변화를 지원하는 공간 변화'로 추진을 견인하고자 했다. 교육부 국립부설 및 국립특수학교 선정계획(2019.11)에 "19년 균형 잡힌 삶의 공간에서 20년 미래학교 조성으로 진화 중인 학교 공간혁신사업을 확산하기 위한 마중물로서의 역할"을 추진 배경으로 밝혔다. '유연한 학습환경, 스마트 학습환경' 조성이 성과지표로 명시되어 있다. 교육의 유연성을 강조한 다양한 교수학습이 가능한 공간과 물리적 공간의 한계를 메꾸고 디지털 전환을 염두에 둔 교수평의 디지털화 단계를 실행하는 스마트 환경 조성을 요구한 것이다. 그해 전주교대부설초등학교[56], 충북사대부설고등학교, 국립서울농학교가 선정되었다. 선정교들은 필요성과 물리적 조건을 모두 이해한 상태로 출발했다. 여러 매체에 학교들의 구축 결과와 진행과정 등을 소개하고 있다. 본서는 2개 학교에 구축된 시설을 중심으로 〈대한민국교육트렌드 2022〉에서 빠진 내용을 모두 보완하여 담았다.

창의융합형 정보교육공간 구축

충북대 사대부고는 창의융합형 정보교육실 구축사업으로 학교공간혁신을 신청했다. 공간혁신을 통해 창의융합 교육을 지원하고, 과학 중점학교 특색을 고려한 점, 고교학점제 운영을 위한 전략적 공간으로 사용 예정 등이 미래형 교육과정을 지원하는 새로운 학습환경 조성이라는 점

56 전주교대부설초등학교의 사례는 권미나 외, 「학교공간 이렇게 바뀌어요!」, 창비교육, (2021)에서 자세하게 살펴볼 수 있다.

에서 높은 점수를 받은 것으로 보인다.

메이커스 큐브(Maker's Cube)는 강의식 수업을 할 수 있는 공간, 모둠 수업 및 토론, 발표 수업 공간으로 다양하고 유연한 교수학습 방법이 적용 가능하게 했다. 토론 및 발표, 모둠 수업이 가능하게 가변형 테이블과 좌식 형태의 공간구성으로 학생들의 자유로운 활동을 지원한다. 스마트한 학습환경으로 사용할 기자재를 고려하여 설계한 결과 디지털 사이니지(미디어월) 55인치 패널 6개를 설치하여 필요에 따라 전체 화면을 사용할 수 있고 모둠별 화면을 따로 볼 수도 있는 디스플레이를 구성하고, 학생-교사 양방향 통신 시스템을 구축했다. 실 전면에 화이트보드와 초단초점 레이저 프로젝터와 대형화면 설치, 서편 벽에는 75인치 TV를 설치하여 어느 위치에서든 수업자료를 볼 수 있도록 구성하였다. 밀폐형 3D 프린터 6대를 설치하여 자신이 모델링한 작품을 출력해볼 수 있는 공간도 마련하였고 노트북 충전함, 컬러복사기를 비치할 수 있는 기자재실을 만들었다. 평상시 강의식 수업을 할 수도 있고, 이동형 조리기구를 준비하여 간단한 조리 실습을 겸할 수 있게 했다. 동편 벽면에 자석 화이트보드를 설치하여 자료 게시 및 학생들이 자유롭게 의견을 제시할 수 있게 했다. 가변형 책상과 자유롭게 활동할 수 있는 넓은 공간과 학생들이 자유롭게 탐색할 수 있는 편안한 코지룸(cozy room) 공간을 마련하여 학생들의 공간 선택을 확장했다. 또한 슬라이드 문을 활용해 메이커스 큐브에 위치한 두 개의 공간을 필요에 따라 하나의 공간으로 사용할 수 있게 한 것도 특징이다.

커뮤널스 스페이스(Communal Space)의 라이브러리(Library)는 원격수업을 위한 스튜디오와 동아리 등 소규모 활동을 지원한다. 경계로서의 벽의 개념을 없애고 누구나 사용할 수 있는 열린 공간에 도서관의 기능을 더했다. 더 아트 스튜디오(The Art Studio)는 교과별, 부서별 교구를 한데 모아 보관하여 예산의 낭비를 막고 모든 교과가 사용할 수 있도록 했다. 상하부 수납장과 고정식 바스켓 트롤리는 모둠별 활동 교구를 담고, 넉넉한 폭과 넓이로 작품을 보관하거나 전시할 수 있다. 6~8인용 책상은 모둠 활동에 적합하다. 또 동편은 스팀(STEAM) 활동 지원 공간으로 모든 교과에서 활용할 수 있는 다용도실로 활용된다.

보편적 학습 공간 구축

대한민국 특수교육은 187개교, 1만 2,042학급, 2만 3,494명의 교원으로 운영되고 있다.[57] 국립특수학교 공간혁신 사업설명회에서 보편적 학습 공간에 대한 혁신을 강조했고, '스마트한 학습환경' 조성 조건에 "학교 구성원의 장애 유무와 관계없이 보편적 학습 지원이 가능한 공간"을 포함됐다. 국립서울농학교는 조성과정에서 학생, 학부모를 대상으로 학교공간혁신의 목표는 다음과 같다.

"특수교육의 발상지인 국립서울농학교의 교실이 새롭게 변모합니다. 새로 조성되는 공간은 크게 최첨단 기자재로 다양한 형태의 수업을 할 수 있는 중학교 6개 교실의 '다목적실'과 의사소통 연구, 수어 개발, 방송 활동, 교직원 연수를 할 수 있는 '윤백원[58]실'과 발표 수업, 영화관람 등 문화휴식 및 창작 공간인 '햇살터'로 구성됩니다. 서울농학교 공간혁신은 단순히 노후화된 학교시설을 개선하는 사업이 아니라 미래 교육을 위해

57 e-나라지표,특수교육규모 https://index.go.kr/smart/chart_view.jsp?idx_cd=1544&bbs=INDX_001&clas_div=C&rootKey=1.48.0

58 윤백원은 한글 지문자를 만든 농학교 초대 교장이다.

학교공간을 재구성하고 학교에 대한 인식을 새롭게 하며, 'AI 시대'에 적합한 교육환경을 만들어가는 과정입니다. 이러한 혁신은 물리적 환경 변화와 더불어 미래 교육 활동이 함께 연계되는 정보 접근성을 보다 강화한 새로운 교수-학습 전략의 개발 및 다양한 수업 활동의 실현으로 이어질 것입니다. (중략) 앞으로 학생들의 교육과 진학 및 취업 등에 보다 더 심혈을 기울여 21세기 최첨단 맞춤형 청각장애 교육을 실현해 나가겠습니다."

공간을 설계할 때 전문가는 건축목표를 설정한다. 목표는 특수학교 학생들은 일반학교 학생들과 다르지만, '다름'이 '잘못하는 학생'이 아닌 '자신만의 방식'으로 학업을 수행할 수 있게 공간을 개선하는 것이었다. 그리고 '자신만의 방식'을 건축적으로 풀기 위해 시각장애 · 중도 중복장애 학생이 다니는 농학교 교사들의 요구와 희망, 학생들의 바람을 담은 참여 설계를 시작한다. 구축 후 학생들은 자신들의 학습 공간을 수어로 소개했다. "책상이 파란색이라서 시각적으로 집중도 되고, 벌집 모양이라 모둠 수업할 때도 좋다. 수어를 사용할 때 잘 보인다. 판서가 가능한 TV와 글을 쓸 수 있는 보드 벽이 있어서 대화가 더 쉽다. 교실 뒤편에 마루에서 편하게 놀 수 있고 교실 내부에 세면대가 있어서 쉬는 시간에 편하다. 창틀 쪽 바 테이블에 앉으면 풍경도 보고 햇볕도 쬘 수 있어서 좋다. 복도는 밝은 파스텔톤으로 전체적으로 환하고 아담한 분위기다. 벽에 있는 거울은 뒤편을 볼 수 있어서 소리 없이도 주변을 인식할 수 있다."

구축 전 학생들의 학습에서의 불편함과 새로운 학습에 대한 교사들의 희망이 어떻게 공간에 반영되었는지를 좀 상세하게 다루고자 한다. 보편적 학습공간의 설계는 비단 특수학교에만 적용되는 항목이 아니기 때문이다.

윤백원 수어실에 대한 교사들의 희망은 새로운 수어 수업이 가능해야 하고, 교실 2개보다 더 크게 느껴지는 공간이길 바랐다. 학생들의 수업 시간과 쉬는 시간 모두 안락하게 사용할 수 있어야 하고, 영상 제작이 가능한 시스템도 필요했다. 교사들의 회의, 학부모 간담회, 바자회, 공연 등의 문화행사가 이뤄질 수 있게 다양한 규모로 조정이 되길 원했다. 이를 학교 사용자는 '뭐든지 가능한 교실'로 불렀다. 뭐든지 가능한 곳으로 사용하려면 공간을 비워야 했고, 사용자들이 수시 조정이 가능하도록 가변성을 높여야 했다.

수업환경으로 영상 수업 및 멀티미디어 활용을 위한 크로마키 공간, 사각지대가 없는 양방향 수어 시스템과 블랙 모니터와 월을 통한 집중 효과의 공간을 구성했다. 다양한 규모의 수업과 행사를 위한 이동식 가구는 수납 기능을 더했다. 공연 때 사용되는 무대 역시 사용자들이 조정 가능한 가변형 공간이다. 행사 때는 식음료를 준비하기 마련인데 함께 준비하는 학생들의 관계 형성을 돕도록 교실 안에 탕비실을 구성하였다. 공간확장을 위한 접이식 문을 설치했고 외부 쪽 학교 교사동 후면에 위치한 정원의 4계절이 교실로 연결될 수 있게 통창을 내었다. 또 복도 쪽 휴게공간(햇살터)과의 연결성을 고려 수어 시스템을 교실에서 복도까지 연동시키고 교실이 더 개방적으로 인지되도록 물리적 확장을 통한 시각적 연결을 의도했다.

중학교 교실(농학생 4실, 중도 중복 장애 학생 2실)은 서로의 표정과 수어 동작을 시각적으로 인지하여 대화하는 학생들의 학습 방법을 고려하여 시각적인 개방성을 지원하면서 다양한 형태의 수업이 가능하게 하는 새로운 학습 공간이 필요했다. 교실 전 · 후 · 좌 · 우면 전체를 모두 활용할 수 있게 구획을 나눴다. 중앙은 그룹 수업 공간으로, 전 · 후 · 좌 · 우면은 각

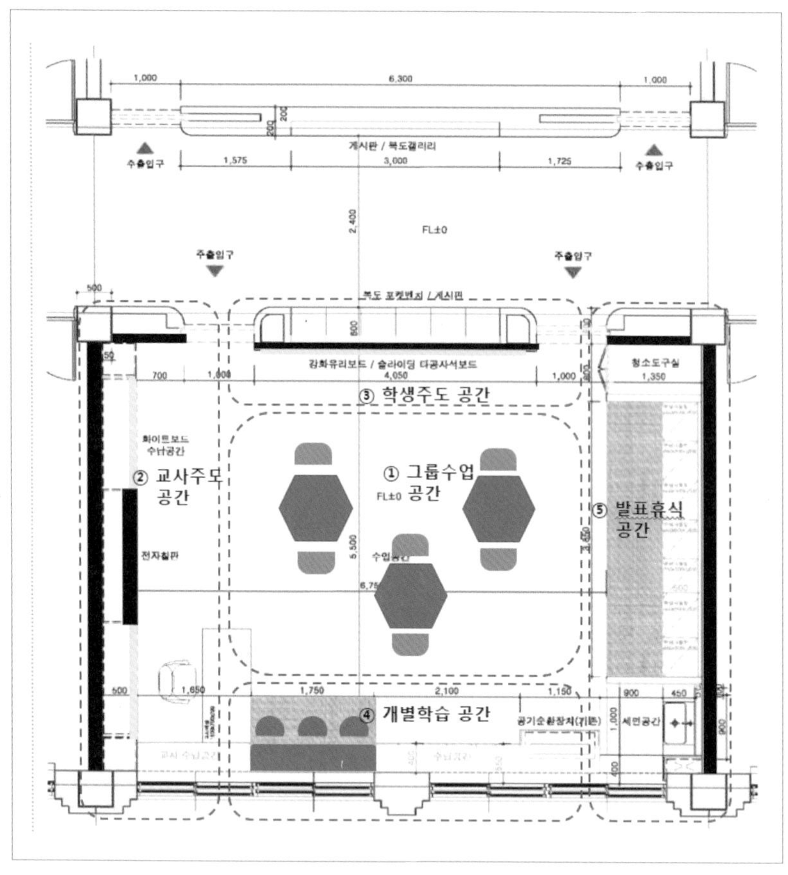

국립서울농학교 교실계획 도면

각 교사 · 학생 자기주도적 학습 구획, 발표 및 휴식 구획, 1인 수업 구획, 교사 구획으로 구성했다.

자기주도적 학습 구획은 전면 유리칠판을 넣어 수업과 학생 생활에서 시각적 효과를 극대화를 꾀하는 공간으로 구성되었다. 발표 구획은 무대를 구성하되, 휴식 때는 누울 수 있는 침상형 또는 수납형 침상을 짜고, 하단은 학생들 간의 시각적 소통을 위한 개인 화이트보드와 혼합 기자재를 수납하고 학생 개인 사물함으로 사용될 수 있게 했다. 위생 구획을 추가하여 세면 공간과 청소함까지 모두 가구의 통합을 꾀하는 디자인을 더했다. 중도 중복 장애 교실의 위생 구획은 휠체어에 앉아서 사용할 수 있게 조치했고, 경사 거울 부착으로 생활의 불편함을 제거했다. 1인 학습 구획은 기존 공기 순환기를 포함해 디자인 되었고 외부 공간을 볼 수 있는 교실 측면은 개별 학습 외에도 휴식과 상담 공간으로서의 기능을 한다. 교사 · 학생 자기주도적 학습 구획은 전자칠판과 화이트보드를 설치하고 보드 뒷면은 전자기기의 수납 및 충전, 학습교구 수납장을 넣었다. 전자기기들의 보관함은 모두 충전이 가능하게 만들어 수업 준비를 위한 교사의 피로도를 낮췄다. 입구쪽에는 시각이 발달한 학생들의 집중과 몰입을 위해 고창을 설치해 수업 중 다른 곳으로 확산되는 시선을 차단했다.

중복도 구성에 따른 낮은 조도를 개선하기 위해 복도 양쪽에 대형 창을 두어 자연채광을 유입하고 학생과 교사들이 함께 고른 색을 입혀 분위기를 개선했다. 손의 감각이 뛰어난 학생들의 특성으로 만들어진 학생 작품들을 복도 갤러리에 담게 구성했다. 복도에 휴식 공간을 넣으면 상대적으로 복도 통로가 좁아지는데 이를 보완하기 위해 교실 출입구를 매입하여 복도를 넓게 보이고 비상 대피로를 확보하였다.

구축된 이후 학생들과 교사들의 만족도는 매우 높다. 특히 스마트 기기의 활용은 시각적 감각을 주로 사용하여 의사소통하는 농학교 학생들을 박스형 일반 교실에서 단순한 영상이나 사진 활용이라는 학습활동의 제약에서 벗어나게 했다. 증강현실, 가상현실을 통한 대화는 공간적 제약을 극복하는 요소가 되었다. 스마트 기기 활용 수업에서 스마트한 학습 환경으로의 변화가 곧바로 수업과 생활의 변화로 이어졌다. '자신만의 방법'으로 학습이 가능한 공간의 설계는 특수학생들의 특별한 교육적 요구에서 출발했지만, 보편적 학습 공간 설계는 모든 학생들에게 적용할 수 있는 학습의 개념체계이자 실천이다.

충북대부설고등학교 개관식(21.5.12)에 참석한 교육부 정종철 차관은 "그린스마트미래학교 사업 등을 통해 교수학습혁신이 가능한 미래형 학교 환경을 조성할 수 있도록 대학 · 시도교육청과 함께 협력해 지원을 강화해 나가겠다"고 강조했다. 충대부고 외에도 대학 또는 전문 연구기관에서 그동안 발표한 미래학교를 위한 학교 시설 기준에 추진교들이 충족하는지를 점검하고 시설과 학생 성취에 대한 연구가 이어지길 희망한다. 이 또한 학교 사용자들과의 협력 속에 이뤄지면서 학습 변화를 위한 학습 공간의 학교 사용자들과 만든 정의가 나오길 고대한다.

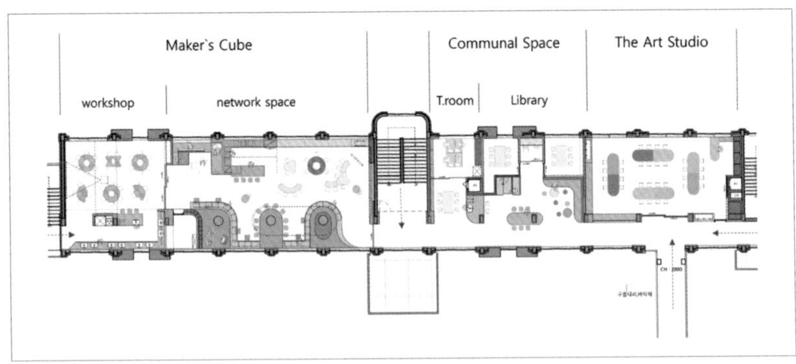

충북사대부고 별관 2층 평면도

학교공간혁신 3판
경계없는 학교

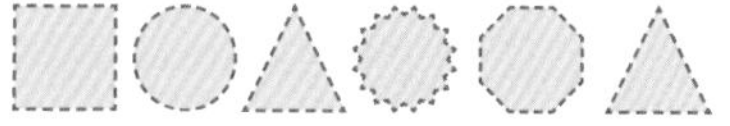

"교실은 시간상, 공간상 물리적 제약이 많아요. 그런데 학생들의 배움은 이러한 제약을 뛰어넘고자 하는 노력이 많거든요. 이러한 공간들에 다양한 디지털 기술들을 학교 현장으로 가져 와서 자신들의 상상력이 제한받지 않고, 실현될 수 있는 곳이 학교이고 교실이었으면 좋겠다고 생각해요."

2019년 '경계없는 학교'[59] 구축에 참여한 교사의 인터뷰다. 앞서 국립서울농학교 를 통해 학교 공간의 제약을 디지털로 어떻게 극복하는지를 간단히 살펴봤다. 위 교사의 인터뷰도 이와 같은 맥락이다. 이번 챕터에서는 '경계없는 학교'가 이를 어떻게 구체화했는지를 중심으로 살펴볼 것

59 '경계없는 학교'는 시간상 국립부설학교 공간혁신보다 먼저 이뤄졌다. 건축과 교육의 간극을 좁히는 선도모델로의 국립부설학교 공간혁신을 추진하기 앞서 필요한 사례를 교육부 박람회장에 모델학교를 만드는 작업으로 착수한다. 2019년 8월에 기획되었고, 9월 사용자참여설계를 거쳐 10월 교육부 박람회에서 국립부설학교 및 국립특수학교에서 구축과정과 수업 시연 영상들이 적극적으로 안내(2019.12)되면서 공간혁신 2판의 선 사례로 활용되었다. 공간혁신의 흐름 상 3번째 판에서 설명한다.

이다. 미리 말하자면, '경계없는 학교'의 공간 디자인은 완전히 새롭거나 혁신적인 아이디어로 처음 제시된 것이 아니다. 스마트, 스팀, 메이커 교육이 등장할 때마다 관련 공간에 대한 효율적 공간 구성 디자인에 대한 다양한 지침이 여러 보고서나 논문을 통해 소개되었다. 미래학교 철학, 방향, 설계 원칙에 대한 연구 결과는 많다. 하지만 미래학교에 대한 기준이나 지침, 그리고 개별 우수 사례는 존재하지만 일반화된 실현 사례는 찾아보기 힘들다. 미래학교로서 '경계없는 학교'의 실현이 어려운 이유는 행 · 재정의 문제부터 학교 간 형평성, 국가 교육과정 등 모든 분야에서 차고 넘치게 나타난다. 그래서 실제로 구축해보기로 했다. 사용자참여설계 원칙은 그대로 적용되었다. 미래학교를 만들어가는 학생과 교사들이 사용자들이 온 · 오프라인으로 참여했다. 가상공간에서 디자인을 함께 제안했고, 모형을 만들어 전달하기도 했다. 만들어진 공간에서 실제 수업을 진행할 교사들이 경계없는 학교를 구체화했다.

우선 과제는 '경계'를 정의하는 것이다. 경계는 시간, 공간, 학습 방법이다. 3가지 요소는 복합적이지만, 박람회에서 사용된 교육부의 '경계없는 학교' 광고지(리플릿)는 그동안 나타났던 공간혁신 1판과 2판을 종합하여 "학습, 쉼, 놀이의 시간을 허물다. 학습방법에 대한 선택권을 넓히다. 디지털(가상) 공간으로 배움 경계를 없애다"로 설명한다. 시간 요소는 학교 공간혁신 1판에서 강조된 학습, 놀이, 휴식의 경계를 없애고 하나의 공간에서 균형을 유지하는 것으로 진화되었다. 학습 방법 요소는 새로운 학습을 지원하는 새로운 공간 창출이라는 2판의 내용을 '학습 방법 선택권'으로 바꾸었는데 공간 창출의 목적이 드러난다. 마지막으로 공간 요소는 물리적 경계는 허물되 디지털 원어민인 학습자를 중심으로 디지털 기술을 활용한 미래학교 공간의 역할 즉 변화에 유연하게 대응하는 점을 분명히 했다. 위 내용을 종합하면 '경계없는 학교'의 공간 디자인은 학교생활과 교수학습의 변화를 담되 그 기본은 현장 실현 가능성이었으며, 디지털 기술은 공간변화에 따른 빈자리를 채워나가는 것이 그 역할이었다.

경계 확장을 돕는 디지털

교육부 광고지 내용 중 디지털 관련 내용으로 "학습과 새로운 기술이 만난다면 단순히 기기를 활용하는 수업을 넘어서 새로운 경험의 설계가 필요하다"라는 내용이 있다. 여기서 말하는 새로운 경험은 구체적으로 무엇을 말하고, 공간 구축에 어떻게 적용된다는 뜻일까? 이해를 돕기 위해 스마트오피스의 개념을 좀 살펴보자. 삼성경제연구소의 워크스마트 실천전략연구[60]에 따르면 "시간과 장소의 제약 없이 사람 중심의 제도나 문화가 반영되어, 효율적으로 업무 수행에 가능한 유연한 근무 형태를 구현한 물리적 공간"을 뜻한다. 스마트워크 혁신의 방식은 디지털화 또는 디지털 전환을 통한 업무 방식의 지원이다. IoT기기와 솔루션을 활용해 물리적 경계를 없애고 협업을 통해 언제 어디서든 업무를 가능케 하고, 교류를 통해 새로운 지식을 창출, 동기를 부여, 결과 중심으로 평가를 받는다. 이러한 요소들이 복합적으로 적용되어 스마트오피스를 만든다. 특장점 중 공간 사용 면적의 최적화를 들 수 있다. 국내 기업인 퍼시스의 사무환경연구팀은 오피스 공간 변화를 다음과 같이 설명한다. ▲일하는 공간의 경계가 사라지다(오픈형오피스, 워크라운지) ▲공간 선택의 자율성을 부

60 조현국, 〈워크스마트 실천전략 연구〉, 삼성경제연구소, 2011.

여하다(공간다양화, 자율좌석제) ▲소통과 협업을 극대화하다(협업유닛,IT솔루션) ▲변화에 유연하게 대응하다(모듈형레이아웃, 다기능가구) 이 중에서 허물어지는 공간 경계를 기능별 영역 구분 없는 레이아웃의 오픈형오피스와 업무공간의 확장 및 커뮤니티 역할을 동시에 수용하는 워크라운지를 예를 들고 있다. 또한 공간 선택권의 있어서 자율좌석제(변동좌석제)를 언급한다. 이는 개인 점유 공간의 축소나 소실이 아닌 전체의 사용이라는 점에서 공간 사용 면적의 최적화와 연결된다. 물리적 경계가 무너졌더라도 소통과 협업이 극대화되기 위해서는 비대면의 상황이라도 협업이 강화될 수 있는 지원체제가 필요한데 디지털이 이 부분을 메운다. 또한 자율좌석제는 오피스 전체 수납공간을 줄인다. 개인 자리마다 수납 가구를 배치했을 때와는 달리 개인짐을 최소화해야 한다. 이로 인해 아날로그 종이 문서 대신 디지털 전자매체를 통해 각종 업무를 처리하는 페이퍼리스(paperless) 방식이 더 확대된다. 그리고 수납 공간 축소로 얻은 여유 공간은 공간 확장성을 담보한다.[61]

스마트오피스와 학교공간의 유사성이 있을까? 간단한 예로 교사의 업무를 생각해 보자. 각종 설문조사, 동의서 용지가 학급 게시함에 놓였을 때 또는 출력물을 모아 제출해야 할 때에도 '지금 시대에 아직도...'라는 말을 심심찮게 들을 수 있다. 정보화시대에 현실에서 경험하는 가장 일차적인 현상은 일종의 페이퍼리스로 관찰되고 경험된다. 학교도 페이퍼리스가 일부 구현되고는 있지만 종이를 디지털화하는 데 초점을 맞춘다. 환경의 변화까지 가는 단계는 아니다. 현재의 학교시설에는 교사의 지원시설이 부족하다. 지원시설은 교무실을 제외한 교사의 교과연구, 동료와의

61 퍼시스, 「사무환경이 문화를 만든다」, 퍼시스북스, 2020.

교수학습 협력을 위한 연구실, 휴게실 등을 말한다. 학교 건축을 전면재구조화한다고 할때도 제한된 연면적 상 먼저 사라지는 공간들이라고 볼 수 있다. 교무환경 혁신에서 교사들의 지정좌석제를 자율좌석제화 할 수 있을까? 현재의 교수학습 형태, 학교 내부 배치에서는 어렵다. 또 개인 공간이 사라지는 것에 대한 저항감도 생길 수 있다. 만일 클라우드 기반의, IoT 솔루션이 학교 캠퍼스 전면에 실행되고, 새로운 교수학습 방법에 따른 다양성이 확보된다면, 공용공간이나 워크라운지, 탕비실, 교원 지원 공간과 같은 공용공간이 더 쾌적하게 갖추진다면 도전해 볼만하지 않을까? 그런 의미에서 실질적인 생활의 변화, 혁신의 단계는 현재의 업무를 개별적으로 보완하는 과정이 아니라, 구성원이 가장 필요로 하는 근본을 고민하여 새로운 기술로 모자람을 채우는 총체적 작업이어야 한다. 이 작업의 과정과 결과는 새로운 경험이 되고, 그 결과 개인 공간에 대한 수요는 획기적으로 줄어들게 되고, 구성원은 물리적 공간에 얽매이지 않고 원하는 환경을 선택하게 되는, 우리가 그토록 염원한 공간의 유연성과 다목적성이 실현될 수 있다.

그렇다면 경계없는 학교를 위해 교사인 우리도 함께 학습하고 고민해야 될 것은 시대의 변화, 학습 생활, 학생(개인)의 변화다. 지금 학교에는 MZ세대와 알파세대가 있다. 이들의 공통점으로는 어릴 때부터 디지털 문화를 접한 사람은 이전 세대와 비교도 안 될 정도로 자연스럽게, 마치 힘들이지 않고 모국어를 구사하듯 디지털과 더불어 살아간다. 다변화된 상황에 맞게 이들 세대(학생)의 잠재력을 실현하게 지원하는 교육과 학습 환경을 고민해야 한다. 경계없는 학교 광고지의 "기기를 활용하는 수업을 넘어"는 디지털이 학습자에게 개별적으로 이용되는 수단으로서의 정보화 수준을 넘어 학습과 생활의 변화를 주도하라는 주문이다. 이때 목

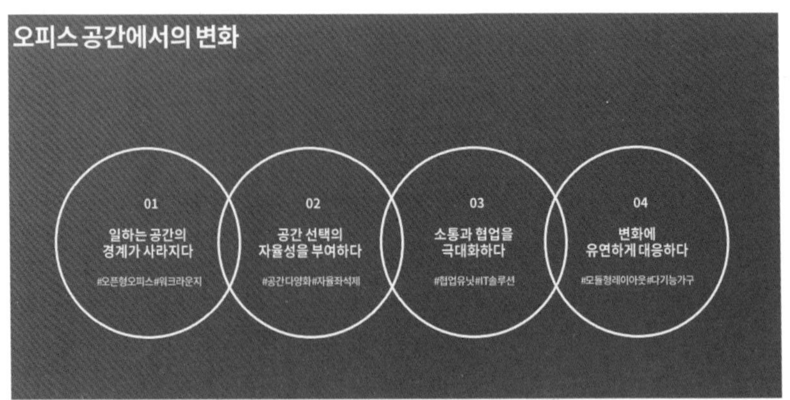

퍼시스 발표자료(그린스마트미래학교 연수. 2022. 2. 23)

표는 디지털을 이용해 전에는 불가능하고 현재 교육으로는 실현하기 어려운 높은 차원의 학습(Deep learning)을 통해 현실 세계의 문제를 해결하는 교육혁신에 있다. 눈에 보이진 않지만, 사용자 주도의 참여 학습이 실현 · 가능하도록 디지털 영역과 물리적(physical) 영역이 상호보완적으로 통합돼 완전히 새로운 시스템과 공간을 창출할 것을 요구한 것이다. 학생의 학습을 지원하는 교수자나 방법에 더 이상 제약은 없다. 이는 공간과 스마트 기술의 지원을 통해 가능해진다. 이러한 확장이 '경계없는 학교'에서 부분적으로나마 배움의 경계 해체를 어떻게 구현했는지 공간 구성과 함께 살펴볼 차례다.

경계 해체를 지원하는 공간

'경계없는 학교(실)'의 사용자들은 언제 어디서나 누구와도 무엇이든 배울 수 있다. 앞서 언급한 대로 학습 방법은 시간과 공간의 영향을 받는다. 이를 염두에 두고 현장 교사, 학생들의 경계를 허무는 도전은 전문가의 지원을 통해 그림5와 같이 구현되었다.[62]

'경계없는 학교'는 순수 학습 공간에 유튜버 작업실(영상실), 메이커 스페이스, 준비실, 휴게실의 지원공간이 결합된 종합교실형이다. 전체 면적은 171제곱미터이며, 지원공간을 제외한 순 학습면적은 114제곱미터로 현재 일반 교실의 2배[63] 수준이다. 휴게실은 수직적 식재로 넝쿨식물을 활용해 벽면녹화를 시도했다. 유튜브 작업실과 메이커 스페이스는 각각 영상작업이 가능한 기기와 3D프린터, 메이커를 위한 교구 등을 갖췄고 접이식 문으로 교실과의 공간 연계성을 강화하였다. 순 학습 공간은 수업공간, 휴식 및 개별공간, 무대 등으로 나뉘는 다구획 교실이다. 수업공간은 두 대의 65인치 양방향 전자칠판을 중심으로 구성되며, 두 개의 전자칠판과 학습자들의 개인 기기는 모두 미러링(화면전송)[64]이 된다. 교사 구획이 따로 지정되지 않았다. 교사, 학생의 교구나 기타 자료 보관함은 없고, 준비실 벽면에는 학습자 기기 충전 보관함을 매입했다. 9미터, 4.5미터의 2개의 통창과 벽은 모두 기록이 가능해 공유공간(칠판)으로 사용된다. 스마트팜 기기가 있고, 이동이 쉬운 가구와 편안한 빈백으로 상황에 따라 유연하게 사용할 수 있는 가구를 놓았다. 사물지석으로 운영되는 구조이며, 교실 전체에 무선 인터넷이 지원된다.

---

62 '경계없는 학교' 광고지(교육부) 뒷면은 전면에 공간 구성 시 학생들의 제안을 대화체로 실었다. 본서에서는 구축 의도와 과정을 중심으로 서술했다. 광고지는 학교공간혁신 홈페이지에서, 실제 구축된 모습과 시연 수업, 사용자와 참관자의 인터뷰는 학교공간혁신 유튜브에서 볼 수 있다.
https://www.youtube.com/watch?v=shp0oivvn9Y

63 과거(2010년 이전) 교실 모듈은 약 66㎡ 정도이며, 현재 학생 수 감소로 약 60㎡다.

64 미러링은 서로 다른 기기 화면을 똑같이 복사하는 기능이다. 출력하는 기기에 맞게 화질을 재구현하기 때문에, 스마트폰이나 패드와 같이 작은 기기 속 사진이나 영상을 큰 화면으로 감상하기에 좋다. 전문가와 다수의 학습들이 서로 다른 생각이나 정보를 공유할 때 유용하다.

'경계없는 학교'는 데이비드 손버그(David Thornburg)와 존 카우치(John D. Couch)가 학생들의 잠재력을 이끌어 내기 위한 제안한 학습 공간설계의 내용과 닮아있다. 일 대 다수 교육을 위한 모닥불형, 다수 대 다수 교육을 위한 물웅덩이형, 일 대 일 교육을 위한 동굴형, 피드백과 실행이 진행되는 산꼭대기형이다. 모닥불형은 전문가(교사) 한 명이 다수의 학습자들과 대화하고 쓰고 읽는 공간이다. 학습 공간 물웅덩이형은 현재 수업에 관한 개별적인 학습 내용을 공유하고, 집단 기반 환경에서 다양한 시각의 내용을 발견하고 탐구하며 다른 학생들로부터 피드백을 이끌어 낸다. 학생들은 학습자이자 동시에 교사가 되며 기술을 적절하게 이용하도록 요구받는다. 동굴형은 혼자 시간을 보내고 글을 쓰고, 코딩을 하고 조사를 하고 검토하고 생각하고 계획하고 다른 공간으로부터 얻은 정보를 되새기는 개별형 학습 공간이다. 산꼭대기형은 실행을 통한 즉각적이고 지속적인 피드백이 강점인 공간이다. 저자는 학습 공간의 계획적 설계와 제작 그리고 제대로 된 운영은 성공적으로 교육의 회로를 바꾸는 데 대단히 중요하고 오늘날 학생들의 요구에 더 잘 부응하는 데 큰 도움을 준다고 봤다. 이런 공간을 만들어 이용할 수 있게 하는 것이 우리가 할 일이라고 강조했다.[65]

이들이 제안한 미래 학습 공간을 단순히 학교 또는 교실 안 공간 구획을 설정하는 기준으로만 사용한다면 디지털 공간(디지털 플랫폼), 가상 공간이 물리적 공간과 배움의 경계를 어떻게 허무는지에 대한 학습 경험 설계를 놓칠 수 있다. '경계없는 학교'에서 시연된 수업과 참관자들의 행동 관찰을 보면서 이를 좀 해석해볼 필요가 있다.

---

65 존 카우치, 제이슨 타운, 〈공부의 미래〉, 어크로스, 2019, p.118.

스마트한 학습 환경의 창조자들

'경계없는 학교'에서는 수업 시연과 워크숍, 전시체험이 진행되었다.[66] 수업 시연 시 교사는 자신의 수업 콘텐츠를 학습 공간에 설치된 디지털 기기와 전자칠판에 공유(미러링)하면서 수업을 준비했다. 학습자들은 휴게 공간에 놓인 빈백에 눕기도 하고, 유튜브실을 기웃거리고, 메이커실에 전시된 3D 출력물을 보고 만지며 기기 관리자에게 이것 저것 질문을 하거나 친구들과 이야기했다. 스마트팜 기기 앞에 삼삼오오 모였고, 휴게실 벽면 녹화에서 셀카를 찍고 SNS에 탑재했다.

수업은 프로그램에 따라 일 대 일, 일 대 다수, 다수 대 다수의 다양한 형태로 진행되었다. 전문가 한 명이 다수의 학습자들과 정보를 공유하는 학습 형태를 지원하는 공간은 두 곳의 수업 공간과 무대에서 이뤄졌다. 이 구획에 설치된 2개의 전자칠판과 무대쪽 빔 프로젝터는 국내 외 전문가를 만나게 한 '모닥불' 도구였다. 휴게 및 개별공간에서 주로 다수 대 다수의 형태로 수업 중에는 학생들끼리의 만남이, 수업이 끝났을 때는 참관자들과 학생들의 인터뷰, 참관자들끼리의 교류가 일어났다. 이때 학생들은 스마트 기기로 자신들의 생각을 표현하며 대화했고, 필기가 가능한 벽, 창을 활용해 서로의 의견을 나눴다. 학습자가 시시때때로 교사가 되었다. 다수 대 다수의 만남은 수업 공간에 설치된 전자칠판을 통해 '경계없는 학교'안 학생들과 행사 장 밖 실제 학교 학생들의 만남도 이뤄졌

---

66 수업, 전시 프로그램은 그린, 스마트, 미래학교로 구분된다. 그린 분야로는 SDGs 지속가능한 발전 문제와 해결로 풍력발전, 지진계 데이터 활용 수업 등이 초등 교육과정으로 이뤄졌다. 스마트 분야로는 에듀테크를 활용한 수업들이 선보였는데 스마트팜, 교육용 앱, 로봇코딩, 메이커 수업들이 진행되었다. 미래학교 분야로는 주로 학교공간혁신으로 주제를 좁혀 미래학교 디자인 수업으로 편성 디지털 플랫폼 안에서 함께 미래교실을 디자인했고, '경계없는 학교' 지원공간인 메이커 부스에서 3D 디자인 수업으로 연결했다.

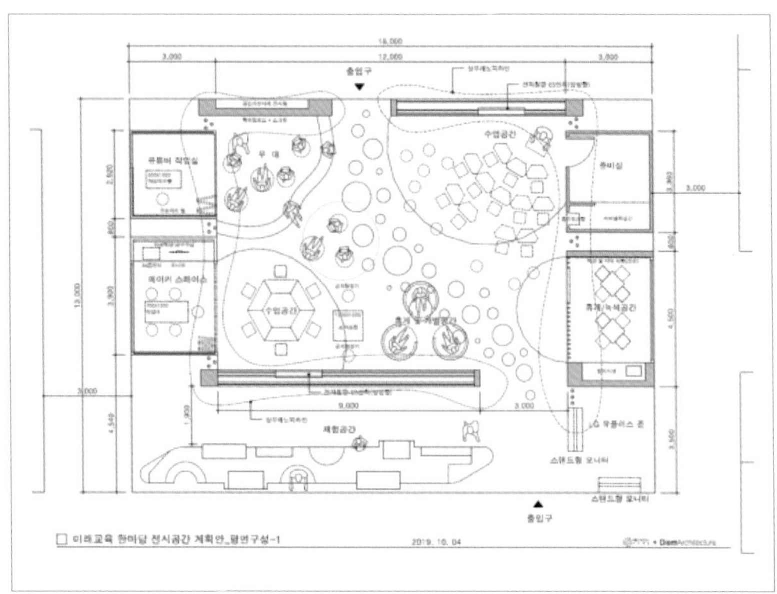

미래교육 한마당: '경계없는 학교(실)' 도면

다. 메이커 스페이스와 근접한 수업공간에서는 다른 공간으로부터 얻은 정보를 바탕으로 코딩하고, 생각을 구체화했다. 그 과정에서 풀리지 않은 것은 인터넷을 검색하거나 교사나 친구에게 물어 해결해갔다. 유튜브실에서는 다른 공간에서 일어나는 활동을 담아서 즉시 편집하고 외부로 송출하는 등 '산꼭대기'를 찾아 배움을 만들어 갔다.

이 과정들에서 조금 더 주목할 대목이 있다. 구획된 공간과 설치된 디지털 기기를 활용하는 과정들은 순차적으로 일어나지 않았다. 다시 말하면 교사가 준비한 수업설계에 따라 학생들이 구획된 공간에 '옮겨져' 잠시 머무르면서 그곳에 고정된 기기를 쓴 게 아니다. 학생들은 각자 축적된 학습 경험에 따라 진전된 경험을 만들기 위해 주도적으로 장소를 옮겨 다녔다. 또한 물리적으로 다수 대 다수의 형태로 앉았던 공간일지라도 혼자 생각하고 정리하고 실행하는 상황이 일어났다. 이때 클라우드를 통해 연결된 다른 다수 대 다수의 회의 내용을 보고 또 듣고 자신의 생각을 교정하기도 했다. 공간 구획을 통한 분산 배치가 학생들의 공간 선택권을 확장한 결과물로 보일 수 있지만, 이는 우리가 시각적으로 쉽고 익숙하게 인지하고 있는 물리적 경계일 뿐이다. 실제 현장에서는 디지털화를 통해 물리적 경계를 넘는 역동적 확장이 일어나고 있었다. 이와 같이 디지털은 물리적 공간 한계를 확장하고 부족분을 메운다.

'경계없는 학교'를 위해서 반드시 114제곱미터가 필요한 것은 아니다. 학교는 학생들에게 필요한 경험과 교수학습의 근본을 고민하고, 이를 위해 꼭 필요한 '공간'을 정의하여야 한다. 그리고 현실적으로 처한 여건을 고려하여 기존 학교에 새로운 '공간'을 더하기만으로 해결할 수 없을 때 공간을 덜어내는 작업과 함께 부족한 공간 필요성을 디지털 기술로 채워가야 한다. 물론 이러한 경험의 설계는 교사에게 새로운 역량을 요구한다. 불가능한 조건은 아니다. '경계없는 학교'의 학생 선택권은 단지 여러 공간을 선택할 수 있는 교실을 만들고 쓰게 하는 게 아니라 학교 사용자들이 스마트한 학습과 그 환경의 창조자[67]가 되는 것임을 이미 보였기 때문이다.

67 2019년 미래교육 한마당에 참석한 안드레아스 슐라이허 OECD 교육국장은 '"학생 성공"을 다시 정의하다' 주제 기조연설에서 한국 교사들의 수준을 높게 평가하고 이들에게 자율권을 확대해야 한다고 강조하면서, "한국은 우수 인재가 교직에 들어온다. 이들을 내용 전달 전문가에 머무르는 게 아닌 스마트한 학습 환경의 디자이너 및 창조자로 여기도록 인식 전환이 필요하다." 라고 말했다. 그는 대한민국 교육부 장관과 함께 '경계없는 학교'에서 '창조자'들로부터 '경계없는 학교'가 어떻게 만들어졌는지를 경청했다. 엄청난 잠재력으로 미래와 변화를 대비하는 '우리'를 본 것으로 생각된다.

학교공간혁신의 확산 배경

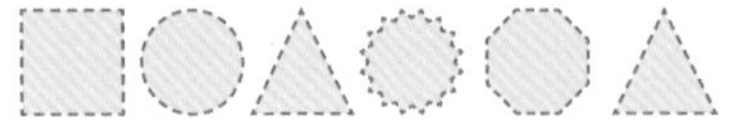

학교공간혁신의 확산 배경을 짚어보면 첫째, 학교 현장에서 시작된 수업 활동이라는 점을 들 수 있다. 학교공간에 주목한 교사들의 노력은 진행 과정에서 학생 중심의 많은 스토리를 갖고 있다. 스토리는 설득력을 발휘하며 새로운 수업과 프로젝트를 찾는 교사들에게 많은 호기심과 실행을 위한 강력한 동기를 부여했다. 토의토론의 수업과정을 통해 실제로 제안된 내용이 학교 공간 어딘가에 실현되는 과정은 교사와 학생 모두에게 참여와 성취의 경험을 만들었다.

둘째, 학교공간혁신이 바톰 업(Bottom-up) 정책으로 진행되면서 중앙의 교육정책이 되었고, 동시에 대한민국 물리적 시설개선의 시기와 맞아떨어진 것에서 찾을 수 있다. 단위학교의 프로그램이 지자체의 프로젝트가 되고, 민간단체의 사업이 되었으며 교육부의 교육정책으로 전국화되었다. '사용자참여'라는 스토리만으로는 중앙 정책이 되기는 어렵다. 학교 시설물의 물리적 특성을 고려할 때 건축물의 노후도는 40년을 정점으로

그 기능이 급격히 쇠퇴한다. 사회적 변화와 거주환경에 대한 사용자의 높아진 요구수준을 고려하면 학교시설에 대한 리모델링과 개축은 피할 수 없는 과제다. 우리나라 학교시설 중 40년이 경과된 학교시설 연면적은 15% 수준으로 그 비율은 높지 않으나 일거에 개축하기에는 기하급수적인 비용이 소요된다. 그린스마트미래학교 사업이 18.5조 원이나 편성되었음에도 불구하고 단위학교에 지원 가능한 사업비가 넉넉지 않은 원인이다. 더구나 80년대 지어진 건물은 이보다 더 많은 20% 수준임을 감안할 때 향후 10년 후를 대비하자면 더이상 학교시설에 대한 개선은 미룰 수 없는 일이다. 지금 수행되는 학교의 물리적 개선은 향후 40년 이상 우리나라 교육의 장으로 기능하게 될 것이다. 그린스마트미래학교 워크숍에서 "지금 아니면 우리는 다시 40년을 기다려야 한다."[68] 한 이유가 여기에 있다.

셋째, 미래학교 학습환경 조성은 세계적인 트렌드라는 점이다. 이미 세계 각국에서 개별적으로 또는 국가적 차원으로 진행하고 있다. 미래학교의 세계적 흐름은 맞춤형 교육과정, 개인 · 지역 · 국제 문제해결을 위한 프로젝트 수업, 양질의 학습환경, 최첨단 기술 지원 등을 미래 교육의 공통특징으로 제시한다. 영국은 "학습을 촉진하고 모든 학생과 교사의 개별적 특성을 고려하고 양성하는 시설 및 환경"으로 정의하고, 2003년 노후화된 학교시설을 교체하고 세계 수준의 선진교육 환경을 실현하기 위해 66조원 규모의 '미래를 위한 학교 건립' 사업을 발표한 바 있다. 싱가포르 역시 1997년부터 교육 전반의 ICT 통합 지원을 통해 "혁신적 기술, 교수 방법, 학교디자인을 통해 학생에게 의미 있는 참여의 경험을 제공"

---

68 그린스마트미래학교 인디(InDe) 워크숍, 분임토의, 서로아키텍츠 김정임대표 발언(교육부,2021.7.30.)

하는 것을 미래학교로 보고 있다. 뉴질랜드는 "모든 개인이 자신의 잠재력을 최대한 발휘할 수 있는 개별화된 학습환경"을 포함하여 교육 제도에 포함된 전문직 종사자들이 자신의 전문성을 개발할 수 있는 지속적인 기회를 제공하고 교육 제도와 시민들이 참여하는 다른 사회의 서비스망 사이의 연결 강화를 통해 교육적 환경을 재건하는 것을 실행 중이다. 일본은 1990년대 후반부터 다목적 스페이스를 확장하고, 지역과 함께하는 열린 학교를 계획하며, 환경문제에 대응한 에코스쿨을 추구하고 있으며, 그 외 2000년을 전후로 핀란드, 노르웨이 등 유럽 각국에서는 다양한 방식의 미래를 준비하는 학교 환경개선사업이 본격적으로 이루어지고 있다. 이 흐름 속에 국내에서도 미래학교 연구가 진행되었는데, 학교공간혁신 학교단위부터 그린스마트미래학교 사업 속에서 연구가 실천으로 이어지는 힘을 얻게 되었다.

4장

학교교육
재설계

공간혁신의 전환 : 그린스마트미래학교

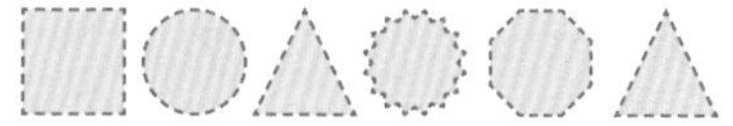

대한민국 정부는 코로나19가 불러온 경제위기를 극복하고 더 나아가 대한민국의 새로운 미래를 설계하기 위하여 20년 7월 '한국판 뉴딜 종합계획'을 발표한다. "한국판 뉴딜은 선도국가로 도약하기 위한 '대한민국 대전환' 선언이다. 추격형 경제에서 선도형 경제로, 탄소의존 경제에서 저탄소 경제로, 불평등 사회에서 포용 사회로, 대한민국을 근본적으로 바꾸겠다는 정부의 강력한 의지를 담은 담대한 구상과 계획이다.

한국판 뉴딜은 경제 전반의 디지털 혁신과 역동성을 확산하기 위한 '디지털 뉴딜'과 친환경 경제로 전환하기 위한 '그린 뉴딜'을 두 축으로 하고, 취약 계층을 두텁게 보호하기 위한 '안전망 강화'로 이를 뒷받침하는 전략이다. 한국판 뉴딜의 10대 전략 사업[69]으로 교육 뉴딜, 그린스마트스쿨이 포함되었다. 정부의 구상과 선언은 교육 뉴딜에 그대로 적용된다.

69 한국판 뉴딜 국민보고대회, 2021.7.14

교육부는 예산 사업명인 그린스마트스쿨을 교육적 소망을 담은 내부사업명 그린스마트미래학교로 호칭하면서, '그린 뉴딜'은 탄소중립 실현과 환경생태교육의 체험장 구축을 핵심으로 하는 '그린 학교'에, '디지털 뉴딜'은 교수학습 혁신을 위한 '스마트교실'에, '안전망 강화'는 공사 중·후 안전하고 건강한 학습환경을 제공하는 '안전'에 대응시켰다. 그린스마트미래학교 2.0 추진 방안(2022.1.22.)에 "모두 함께 성장하는 행복한 미래학교"를 비전으로 "창의성과 주도성을 키우며 쉼, 놀이가 공존하는 학교"를 목표를 담았다.

그린스마트미래학교의 목표와 전략

교육부 지침에 담긴 목표와 전략

교육부 발표 2022년 그린스마트미래학교 2.0 추진 방안의 목적(비전)은 '모두 함께 성장하는 행복한 미래학교'다. 이를 달성하기 위한 구체적 실행계획으로서의 목표는 '창의성과 주도성을 키우며 쉼, 놀이가 공존하는 학교'다. 목표가 의미를 갖기 위해서는, 달성하고자하는 효과를 구체적으로 담아야 한다. 그런데 현재의 목표는 목표가 아닌 목적(비전)에 해당하는 문장이다. 특히 그린스마트미래학교는 예비타당성(이하 예타) 검토를 거치는 사업으로, 설정된 사업목표 달성을 모니터링하고 측정할 수 있는 평가지표가 개발되어야 한다. 이 사업은 22년에서 25년 사업에 대한 예타가 통과되었다.(사업비 1119,068억 원, 21.11.26)[70] 통과 기준이 곧 그린스마

70 21년도 사업사업은 예타가 면제(20년 7월 28일 제38회 국무회의 의결)되었다. 예타는 경제성 위주로 평가하기 때문에 경제 효과가 큰 수도권의 신규 사업만 통과할 수 있게 되어 결국 국가균형발전에 저

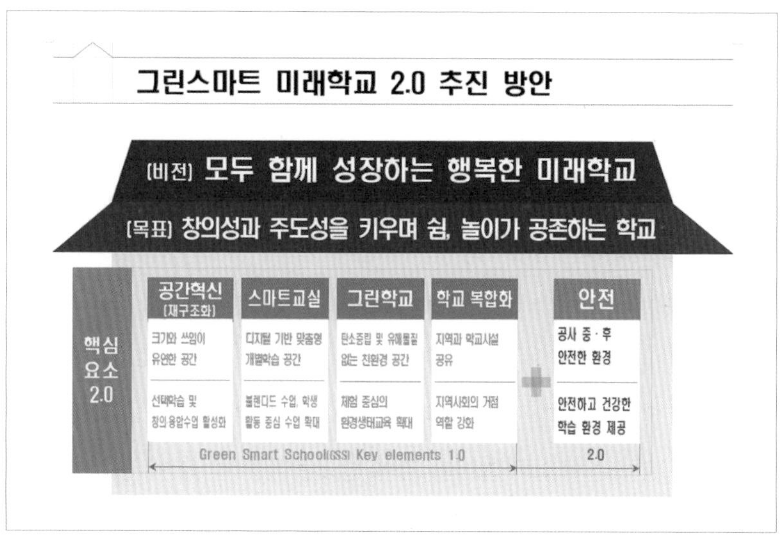

트미래학교의 목표와 같다는 뜻인데, 이와 관련된 자료는 현재 찾을 수가 없다.

2021년 그린스마트미래학교 사업개요가 오히려 목표 진술에 가깝다. 당시 그린스마트미래학교 사업의 목표는 40년 경과 노후 학교시설에 해당하는 약 1,400개교(2,835동)을 21년부터 5년간, 개축 또는 리모델링 방식으로, 총사업비 15.3조를 투입하는 재정사업으로서의 목표를 분명히 했다. 여기에 '모두가 함께 성장하는 행복한 미래학교' 추진 방향을 4가지로 적시했다. 다양한 교수학습을 지원한는 공간혁신, 맞춤형 개별학습 확대를 위한 스마트교실, 생활 속 환경생태교육 활성화를 도모하는 그린학교, 지역사회 거점으로서의 학교 역할 수행을 위한 학교 복합화다.

해될 때 면제된다. 이외도 긴급 상황에 대응하기 위한 정책 필요에 따라 국가정책, 안보, 문화재 복원 등의 10개 사유는 상시 면제 된다. 21년 그린스마트미래학교 예타면제 사유에 대해서는 사업발표, 국무회의 시기, 정책, 국가균형발전 등의 요소로 추측될 뿐 필자는 정확히 알 수 없다.

공간혁신에는 스마트학습환경 요소를 포함한다. 22년에도 공간혁신과 스마트교실로 명명된 것은 수정될 필요가 있다. 덧붙여 22년의 목표에서 쉼과 놀이가 공존하는 학교의 등장에 대한 의문을 가지지 않을 수 없다. 본서 3장 내용에서 설명한 바와 같이 학교 공간혁신은 학습, 놀이, 쉼의 균형 잡힌 삶의 공간(1판)–> 새로운 학습을 지원하는 새로운 공간(2판) –> 경계없는 학교(3판)로 미래학교의 발판을 공간이 뒷받침할 수 있게 발전시켜왔다. 1판의 핵심은 놀이, 쉼이라는 행위보다 '균형'이라는 것에 초점을 맞출 필요가 있다. 때문에 삶의 균형을 학습에 치우친 문화나 환경에 균형을 맞추는 요소로 놀이와 쉼이 언급된 것이지, 놀이와 쉼이 목표가 되기는 어렵다. 이미 언급한 바와 같이 1판의 경우도 평가는 학습, 놀이, 쉼의 균형 잡힌 삶의 공간 비전은 '창의적 학교'인 것과 같은 이치다.

사업의 목표는 새롭게 정리되어야 할 필요가 있다. 각 내용뿐만 아니라 정책과 실행의 위계를 고려하여 의무적으로 실행되어야 하는 규정과 현장인 학교 차원에서 여건에 맞게 만들어가야 하는 내용이 구분되어 제시되어야 한다. 그렇지 않다면 학교도, 교육청도, 하물며 교육부까지도 집중해야할 역할이 모호해진다. 뿐만 아니라 교육부나 교육청에서 법률적 근거에 따라 의무적으로 수행해야 할 일을 추진교 담당자들에게 확인하는 질문을 하게 된다. 예를 들면 "이 학교의 공사기간 학생 안전 보장을 위한 조치는 무엇입니까?"라는 질문에 대해 생각해 보자. 이 질문은 누가 답을 해야 할까? 추진교의 담당교사는 답변자가 아니다. 교육청이다. 또 "이 학교의 복합화는 어디에 적용됩니까?"라는 질문은 어떨까? 사전기획 최종보고서 검토단계에서 담당교사가 종종 듣는 질문이다. 그러나 이 질문 역시 '학교복합시설 설치 및 운영 관리에 관한 법률'을 담당자가 숙지하고 인구 변동, 학생수용계획 등에 따라 설계에 반영해야 되는 요소를 파악해서 사전기획가에게 안내하고 이를 바탕으로 사전기획가가 학교 사용자들과 논의해야되는 조건에 포함시켜야 되는 내용이지 사전기획 보고서 검토 시 교사에게 물어볼 내용이 아니다.

여기서 놓쳐서 안되는 중요한 요소가 있다. 그린스마트미래학교 '사업'이라고 부르지만, 모든 사업의 과정과 결과는 사용자들에게 가는 최고의 경험이어야 한다. 즉 사업이 곧 '교육'이다. 때문에 주 사용자인 학생들의 발달 동기와 연계하여 학습공간의 위계적 구조와 접근성 등을 고려한 '더 좋은 학습'을 지원하는 공간을 만드는 것임을 잊지 말아야 하며, 미션, 비전, 목표에도 분명히 적시할 필요가 있다. 필자의 소견을 담아 그린스마트미래학교 사업을 정리하면 다음과 같다.

다시 쓰는 학교교육 재설계 지침

사업의 프로세스를 미션, 비전, 목표, 전략으로 잡고 위계에 따라 가치, 실천, 행동으로 나눠 정리해보자. 우선 미션은 '의무라고 믿고 행하는 일'이며 비전은 '어떤 것에 대한 생각이나 심상 이미지'다. 결국 미셔과 비전은 추진목표와 전략의 방향이 된다. 바꾸어 말하면, 미션은 조직 해야 하는 것, 존재적 의미 또는 사명이나 본질, 정체성과 관련된 개념이고 비전은 조직이 되고 싶은 것, 달성하고자 하는 수준 또는 지향점, 목표 혹은 미래의 모습, 꿈, 목표와 관련된 개념이다.[71] 이러한 미션, 비전, 목표와 전략의 관점을 활용하여 교육부의 핵심정책을 위의 표와 같이 정리해보았다.

71 린스프린트, '미션과 비전 이해하기'(편집 수정함), https://acquiredentrepreneur.tistory.com/29

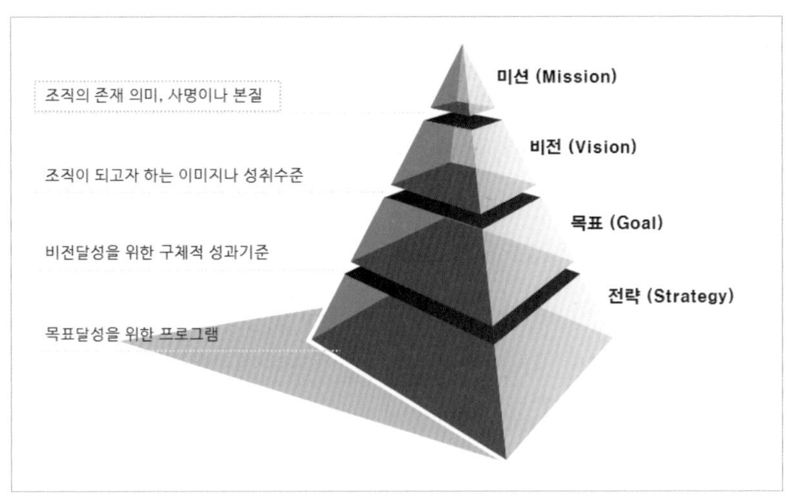

대한민국 뉴딜의 의무, 즉 미션은 '대한민국 대전환'이다. 교육뉴딜 역시 같은 맥락에서 미션은 '대한민국 교육 대전환'이 된다. 미션에 부합하는 심상으로 생애주기에 따른 전체 학습자를 학생이라는 은유로 담아 비전을 '오늘의 학생이 만드는 내일'로 설정했다. 유초중고대학의 학생을 모두 포함하며 평생교육까지 고려하면 전 국민이 학생에 해당된다. 교육대상자이며 수혜자이고 또 생산자가 되는 이들이 교육을 바꾸는 주체가 된다. 물론 그린스마트미래학교에만 해당되는 내용은 아니다. 3년 동안 지속되는 코로나19로 교육에 가장 취약한 부분이 드러났다. 이에 따라 '4대 교육회복종합방안'과 '5대 돌봄격차해소5' 과제[72]는 교육 전환의 전제

72 4대 교육향상 패키지(교육회복 종합방안)
1)과제 개요 :사회취약계층 및 학습결손을 겪는 학생에 대한 실질적인 교육기회 확대를 통해 코로나19로 인한 교육격차 완화. 2)주요 투자사업 및 제도개선:기초학력 강화–소규모 튜터링, 교과보충, 기초학력 전담강사 배치 등을 통해 학습결손을 겪는 초 · 중등학생 맞춤형 지원, 다문화 · 장애인–다문화학생 교육수요에 맞춘 특색 프로그램 및 장애학생 유형별 맞춤 집중 지원 프로그램 운영, 사회성 함양–등교일수 감소에 따른 사회성 결손 회복을 위해 학교 내 소모임 활동과 교외체험학습에 필요한 비용 지원, 저소득층 장학금 – 우수한 저소득층 학생을 선발하여 지원하는 복권기금 꿈사다리 장학사업 증원 및 영재교육 기회 확대

[미션] 대한민국 교육 대전환				
[비전] 오늘의 학생이 만드는 내일				
[추진목표]				
교육혁신		공동체		소속 · 안전
1. 공간혁신	2. 디지털혁신	3. 지속가능한교육	4. 지역열린교육	5. 안전과 건강
학교공간 재구조화	역동적 학교문화	지속가능한 학교 · 교육	지역사회 거점 평생교육	안전하고 건강한 학습환경
1-1.다양하고 유연한 학습공간 구축 1-2.경계없는 학습이 가능한 교실 구축 1-3.캠퍼스 전반에 해당하는 스마트 학습환경 구축 1-4.교수학습 다양화를 위한 교육자 역량 구축	2-1.디지털을 통한 교직원 업무혁신 2-2. 민첩하고 유연하며 반응성 좋은 IT 환경 조성과 심층학습을 위한 기기 확충 2-3.학생, 교직원 간 플랫폼 구축 2-4.증거(데이터) 기반의사결정으로 학습과 시스템 혁신	3-1.자원사용 절감 및 건물장수명화를 통한 폐기물 감축 3-2.에너지효율 개선 및 신재생 에너지 비율확대 3-3.ESD 교육 가속화 및 학습 환경 연계 구축 3-4.모든 교수학습 SDGs에 통합	4-1.학교 돌봄 학교지자체 협력 4-2.*학교시설 복합화 4-3.평생교육 시설로서의 학교 역할 정의 및 실행 4-4. 평생교육 상의 지역과 학교의 협력망 구축 및 실행	5-1.유해물질 제로 및 감염병 예방의 환경 조성 5-2.소속 · 안전감 촉진 디자인 및 보편적 디자인 적용 5-3.지능형안전 시스템 이용 학교 안전 강화 및 위험 해소 5-4.*공사기간 학생 안전 보장

요소로 강력하게 맞닿아 있는 이유다. 그래서 나에게 그린스마트미래학교는 '미래교육 대전환을 선도적이고 종합적으로 적용한 학교'이다.

5대 돌봄격차해소
1)과제 개요 :사회서비스원 설립 등 양질의 돌봄 서비스 기반을 구축하고, 한부모 · 노인 · 장애인 · 아동 등 계층별 돌봄 안전망 강화. 2)주요 투자사업 및 제도개선 : 인프라– 전국 시 · 도에 사회서비스원을 설립해 공공성 강화(~'22년), 지역사회통합돌봄 선도사업 실시(~'22년) 후 추진모델 마련, 한부모–생계급여 수급자 대상 아동양육비 지원(연120만원), 청년(25~34세) 한부모 대상 추가아동양육비 지원(연 60~120만원), 노인–통합재가급여, (가칭)재택의료센터를 도입하여 고령층에게 지역기반의 필수적 돌봄 · 의료 서비스 제공, 장애인– 최중증장애인에 대한 활동지원서비스 가산수당 개선, 아동– 매년 국공립 어린이집을 확충하여 공공보육률을 제고(~'25)하고 초등돌봄교실 · 다함께돌봄센터 확충 등 초중등돌봄 강화

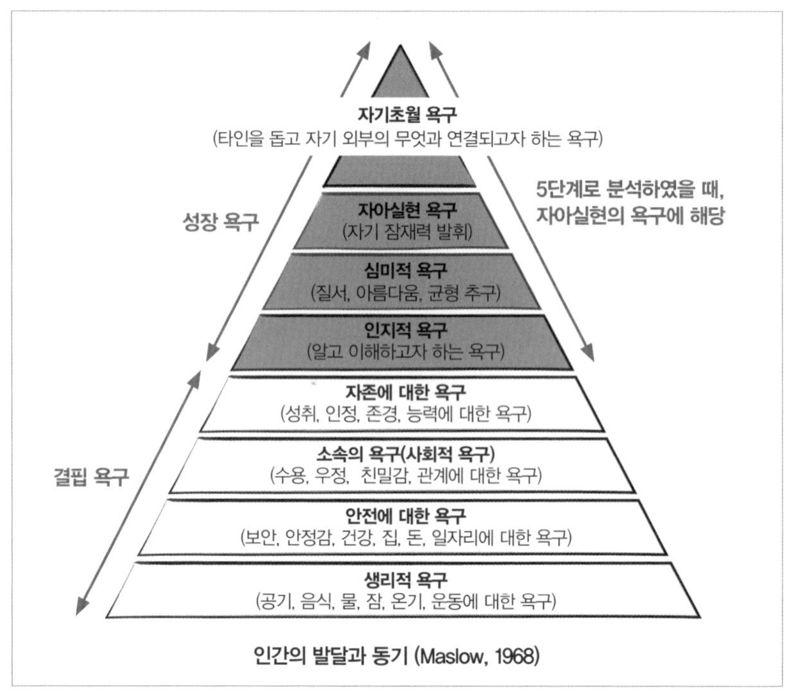

인간의 발달과 동기 (Maslow, 1968)

위 표에서 전환을 수행하는 추진목표를 교육혁신, 공동체, 소속과 안전으로 나눈 것은 인간의 발달과 동기(Maslow, 1968)이론에 근거했다. 학교는 더 좋은 학습을 지원하는 공간이어야 한다. 매슬로우가 제시한 모델에 따라 소속과 안전에 대한 요구는 공동체(참여)에 대한 욕구보다 먼저 충족되어야 한다. 학생이 소속감과 안전을 의심하면, 공동체 형성의 가능성은 줄어든다. 궁극적으로 학생이 얼마나 학교생활에 참여하고 공동체로서의 학교와 지역문화에 융화되는지는 물리적, 심리적 안전과 안심에 달렸다. 이를 위해 정부는 교육프로그램과 관련 법규들을 정비해야 해야 한다. 그동안 교육부는 교육시설과 관련하여 교육환경보호에 관한 법률(2020), 교육시설 안전 및 유지관리 등에 관한 법률 (2021), 중대재해처벌법(2022)를 제·개정 했다. 이에 따라 그린스마트미래학교는 건축적 요소에 우선적으로 5-1부터 5-4에 해당하는 내용을 우선적으로 적용할 수 있어야 하며 이는 교육부와 교육청의 역할이 크다. *5-4 공사기간 학생 안전 보장은 전략의 성격보다 당연한 전제이나 최근 사업에 대한 일부 학부모들의 반대 요소 중 하나로 언급되고 있고,사업 추진 상 우려가 되는 바 전략으로 포함시켰다.

추진목표 '공동체' 항목으로 3. 지속가능한 교육과 4. 지역열린교육을 담았다. 교육부 자료의 그린학교와 학교복합화 내용을 정리한 것이다. 그린학교라는 명칭과 초기 설명에 의해 많은 기관들이 에너지 효율성 제고와 생산, 녹지공간 조성, 환경교육을 세부 전략으로 이해해왔다. 추진전략으로 사용될 수 없는 것은 아니나, 학교시설 복합화와 그린학교의 목표가 무엇인지를 고려해 목표와 그에 따른 추진전략을 수정했다. 지속가능한 학교와 교육에서 3-1과 3-2는 지속가능한발전목표에 근거[73]하여 그린스마트미래학교구축 시 기본적으로 수행해야 하는 내용을 담았다. 3-3과 3-4는 교육적 차원으로 지속가능한발전교육 로드맵(유네스코한국위원회, 2021)에 따라 우선 실천사항과 이행내용에서 발췌했다.[74] 우선 실천사항에서 학습환경 변혁 관련 "학습 기관의 행정 직원은 시설 및 유영에서 지속가능성 원칙을 구현하도록 해야 한다. 예컨대 적은 에너지로 작동하는 건물, 직원 및 학습자를 위한 지속가능하고 안전한 교통 수단, 현지에서 생산된 지속가능한 생산물의 조달, 지속가능성 감사 등이 여기에 포함될 수 있다."는 내용을 참고했다. 지속가능한 물리적 학교를 만드는 것은 교

73 지속가능한 발전목표(SDGs) _ 자원사용 절감과 에너지효율개선 및 신재생 에너지 비율확대(6. Clean water and Sanitation 7. Affordable and Clean Energy)

74 https://en.unesco.org/themes/education-sustainable-development/toolbox

육부, 교육청과 이해관계자의 역할이 크다. 물론 3-4의 전략과 함께 이행되어야 한다. 같은 자료에서 "교육자는 지속가능한 미래를 위한 지식의 전문가 및 전달자일 뿐만 아니라, 변혁을 통해 학습자들을 지도하는 촉진자가 되어야 한다. 학습자가 변화의 주체가 될 수 있도록 교육자는 변혁적인 교수학습접근을 활용할 수 있다."고 밝혔다. 교수학습 실행 주체는 교사이지만, 이들이 그린스마트미래학교 추진 상 지속가능한 교육을 할 수 있도록 지원[75]하는 주체는 교육부(청)다. 추진교의 사전기획에서 '그린이 있다 · 없다'로 단순 평가하거나 '어떤 요소인지' 묻기 전에 각 기관들의 역할을 수행하고 있는지를 함께 살피길 당부한다.

기존의 학교시설 복합화는 학교시설촉진법에 따른 학교시설을 학생과 지역이 함께 이용하기 위해 설치 · 운영하는 문화 및 복지시설, 생활체육시설, 평생교육시설 등을 말한다. 때문에 관리 운영에 상당한 전문성이 요구된다. 학교시설 복합화를 설치하려는 자는 해당 학교의 감독기관과 학교복합시설의 규모, 용도, 재원, 공사기간, 소유 및 운영주체 등을 협의하도록 하고 있다.[76] 따라서 사용자가 원하지 않는 학교시설 복합화는 사실상 그린스마트미래학교의 추진목표가 될 수 없다. 학교시설 복합화를 선호하는 학교는 흔치 않다. 추진 목표는 달성해야 되는 필수 요소이고, 이에 따른 추진전략은 어떤 수준 또는 유형으로 복합화를 할 것인가가 안내되어야 한다. 그런데 모든 학교에 복합시설을 만들 필요는 없다. 때문에 학교복합화를 통해 달성할 수 있는 목표와 같은 성격으로서 지역열린교육으로 명기, 지역사회 안 거점 공간으로서 평생교육의 역할수행까지 그 개념을 확장하였다. 4-1의 학교돌봄은 이미 시행 중이며 오롯이 학교

75 탄소중립 생활 실천 안내서(환경부) 참조

76 학교복합시설 설치 및 운영 · 관리에 관한 법률 제5조

의 몫이 아닌 지자체와의 협력을 통해 지역과 학교의 상생 방안을 찾고 실행하는 것부터 시작되면 좋다. 여기에 *4-2 학교시설복합화의 실행과 구축이 지역과 학교의 형편에 따라 실시 될 수 있겠고, 4-3과 4-4의 전략이 추진된다면 학교는 평생교육의 장으로서의 역할을 공고히 할 수 있다. 이미 각 광역 · 기초 지자체에서는 해당 교육청들과 협력하여 학부모 및 지역주민이 학교의 인적 · 물적자원을 활용하여 평생학습의 기회를 갖고 지역사회와 연계활동을 실시하는 '학교평생교육' 활성화 사업을 실시하고 있다. 이 사업들을 정비하고 통합하여 발전시키는 방향에서 학교복합화가 결정되고, 이를 통해 학생을 포함한 지역민들이 연령과 수준에 상관없이 문화생활을 누리며 배움을 이어갈 수 있는 장소로서의 의 역할이 확대되었으면 한다. 덧붙여 1장에서 언급된 덴마크의 에프터스콜레의 사례와 같이 학교가 지역의 시설을 활용하여 학생에게 더 나은 교육의 경험을 주기 위해서는 학교시설이나 용지를 활용하되, 행정적 운영업무가 학교가 아닌 지자체의 일로 확정되고 국가 차원의 일자리 창출로 이어지는 선순환이 되길 바란다.

그린스마트미래학교 사업이 추진되는 현장인 학교의 가장 본질적 역할, 교육혁신의 주요 전략으로 공간혁신과 디지털 혁신을 담았다. 기존의 공간혁신, 스마트교실을 정리했다. 공간혁신에서 가장 많이 언급되는 것은 '다양성'과 '유연성'이다. '다양하고 유연한 학습'을 위해 공간을 재구조화하는 것이 1-1에 해당하는 추진전략이다. 이는 교사가 새로운 교육내용으로 수업을 디자인하는 차원을 넘는다. 다양하고 유연한 학습을 위해 공간을 바꾼다라는 말의 범위는 상당히 크다. 유연성은 학사제도와 교육과정에 가깝고, 다양성은 교수 · 학습 방법에 가깝다. 현재 초중고는 등교 일수를 충족하면 졸업으로 인정된다. 초중고의 졸업 인증제가 바뀌는 정도가 되어야 유연한 학습의 실현이라 할 수 있다. 현재 대학에서 시도하고 있는 졸업 인증제 개편 등이 여기에 속한다. 기초학력과 보편적 역량을 다루는 학교 특히 의무 교육기관은 학사 운영에서 고정적이며 안정적인 요소가 중시된다. 그러나 변화는 있다. 현재 중학교는 자유학년제가, 고등학교에서는 25년 전면 적용을 목표로 고교학점제가 운영되고 있다. 특히 고교학점제는 학생들이 진로에 따라 과목을 선택 이수하고 누적 학점이 기준에 도달할 경우 졸업으로 인정받는다. 고교학점제의 운영을 위해 대두된 것이 학점제형 공간혁신이다. 학사제도가 바뀌면 그에 따라 학생들이 수업을 선택할 때 소인수 공간, 다인수 공간 및 융합교육을 위한 공간 등이 필요하게 된다. 지금의 일정한 모듈형인 교실과 복도 공간은 학사 운영의 유연성을 지원할 수 없다. 자유학년제 및 고교학점제 운영 상의 차별화된 학사운영과 제도는 그 학교의 특색교육 및 역점교육으로 구현된다. 때문에 공간혁신이 필요하다.

학사 운영이 유연해지면 자연스럽게 학습의 다양성이 뒤따른다. 다양성은 학생, 교수자, 교수 방법의 다양성으로 나타난다. 특히 새로운 공간이 요구되는 새로운 학습 방법 즉 교수법은 규모에 따라 대규모, 중규모, 소규모, 개인화에 따라 다양하게 조성된다. 일반적인 교실 모듈에서만 가능한 수업은 융합 수업이나 합반 수업, 학생 모듈형 교육과정이나 트랙제 교육과정 실행이 어렵다. 물론 제도혁신의 차원까지 가지 못하더라도 수업 방법의 다양성으로 새로운 공간이 요구되기도 한다. 강의형, 개인 교수형(코칭, 도제), 실험형(사례연구, 실험, 견학), 토론형, 자율학습형(독학, 구안, 문제해결형), 교수법의 비계 설정에 따라서도 새로운 공간이 필요할 수 있다. 여기에 최근 하이브리드 혼합형 학습 교수법의 등장으로 경계없는 학습(1-2)을 위한 스마트 교실 구축과 캠퍼스 전반에 해당하는 스마트학습환경(1-3) 구축이 필요해졌다. 무엇보다 교수학습의 다양성을 위한 교육자의 전문성 강화(1-4)는 필수다. 교사의 전문성은 교육 전반의 질을 좌우하는 만큼 교육의 변화를 이끄는 원동력이기 때문이다.

공간을 바꾸는 것과 밀접하게 연동되는 것이 '학습의 최고의 경험'이다. 이를 위한 역동적 학교 문화를 위한 디지털 혁신이 수반된다. 많은 학교들이 초반 디지털 기기를 구입하는 것에서부터 디지털화를 시작한다. 그린스마트미래학교 전부터 원격교육 환경 구축을 위한 '학교 스마트단말기 보급사업'이 실시되었다. 스마트단말기 보급률과 학생성취에 대한 관계를 인지하고 있지 않다면, 그 효과를 측정하지 않는다면, 기기 보급 자체가 목적인 셈이다. 우리에게 필요한 것은 새로운 교수용 단말기가 아니다. 교사와 학생을 다른 사람들과 연결해 학습을 만들어 가는 것이 필요하다. 학생의 학습 성취를 어떻게 측정하고 개선할지를 찾아야 하고, 계획 수립에 학생을 참여시키고 그들이 어떤 영향을 어떻게 미치는지 평가하고 논의해야 한다. 학교가 역동적이 되기 위한 디지털의 역할을 찾아야 한다.

디지털 전환은 '디지털 관련 모든 것'으로 인해 발행하는 다양한 변화를 동인으로 조직의 근본적인 변화를 말한다. 그런데 이 디지털화는 코로나19 이후 새롭게 시작된 프레임이 아니다. 우리는 이미 디지털 전환의 과정에 놓여 있다. 1단계인 디지털 데이터화를 통해 교사들은 개인PC로 학습자의 아날로그 정보를 디지털 정보로 전환했고 그 결과를 학교생활기록부에 저장했다. 2단계인 디지털화는 디지털 기술을 기존의 교육 운영 프로세스에 통합하는 과정이다. 학습과제나 공유 내용은 오래 전부터 학교 홈페이지 사이버 공부방에 탑재하여 학생들이 수시로 열람할 수 있게 했고, 교사에 따라 이메일을 통해 과제를 수합하거나 피드백을 제공해

왔다. 디지털 교과서가 보급되었고, 교육현장에 실감형 교육콘텐츠가 활용되었다. 학습목표에 따라 학습성취를 높이기 위한 에듀테크, 교육용 앱이 수업에 적용되고 있다. 코로나19 이후 블렌디드와 하이브리드 수업도 디지털화 단계에서 진행되고 있다. 3단계인 최종 디지털 전환은 최적화된 교육성취 실현을 목표로 전 영역 지능형 기술이 통합되는 단계다. 이 단계는 교수학습, 교육과정 성취에 대한 증거기반 자료 수합 누적 및 지

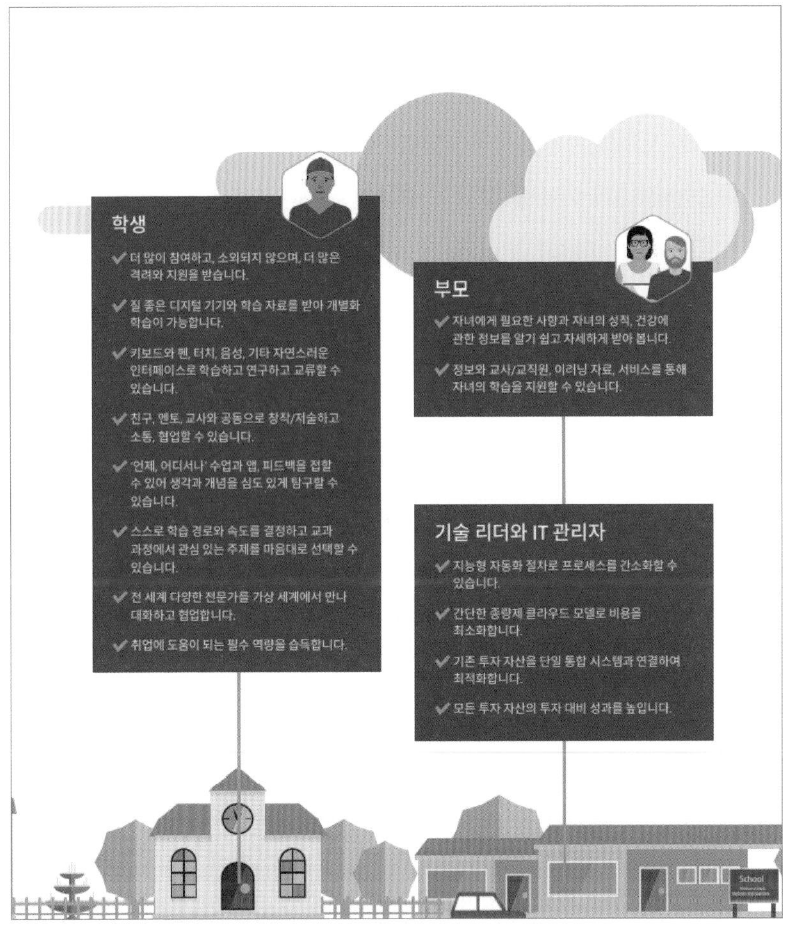

능형 기술이 적용되며, 교수학습 문화 등의 워크플로 및 습관 수정을 포함한 문화적 변화관리를 동반한다. 학생의 성취는 지식과 역량 전반을 평가하되, 과정중심 평가 및 성취제 평가와 더불어 클라우드를 중심으로 학습 이력이 학생, 교사, 학부모와 공유된다. 단위 학교 차원뿐만 아니라 전 세계의 교사와 학생들은 스스로 학습 커뮤니티의 이용자이면서 생산자가 된다. 마이크로소프트사의 교육혁신(ETF)에서는 디지털 전환 후 학교의 모습을 학교 리더, 교사, 학생, 부모, 기술 리더와 IT 관리자의 미래상으로 나타냈는데 참고할 만하다.

그린스마트미래학교에서의 디지털혁신은 학교 사용자가 주도해야 한다. 학습자에 대한 이해를 전제로 배움의 방식을 고민하는 것이 디지털혁신의 시작이다. 디지털혁신의 난제는 구성원의 기술 수용성이다. 기술 수용성을 높이는 방법은 기술이 학생의 성취를, 교사의 교수학습 방법 개선을 돕는 '조력자'임을 확인하는 것이다. 이를 위해 조직의 리더는 변화관리팀(현재 교육혁신부 정도)을 둘 필요가 있다. 그들의 주요한 역할은 새로운 기술과 변화의 유용성을 확인할 수 있는 교육 데이터를 꾸준히 모으고 이를 끊임없이 소개함과 동시에 지속적인 교육하는 것이다. 이를 통해 변화에 적응할 수 있는 교육적 디지털 생태계를 만들어야 한다. 디지털혁신은 기존의 프로세스를 향상시키는 것이 아니라 디지털 기술을 활용해 새로운, 최상의 교육적 경험을 만드는 것이기 때문이다.

이상 그린스마트미래학교의 목표와 전략에 대해 설명했다. 대한민국 교육 대전환의 미션 수행을 위해 추진전략과 목표와 주체의 위계로 정리하면 다음쪽 그림과 같다.

학교 재설계에 따른 지역의 목표

그린스마트미래학교 사업절차는 계획수립, 사업선정, 사전기획, 설계, 공사, 유지관리로 나뉜다. 계획수립단계에서는 교육부의 종합계획과 사업실행계획이 각 시도교육청에 배부되면, 교육청은 지역의 상황과 특색에 따라 지역형 실행계획을 수립한다. 교육청 관할 학교들은 교육청의 사

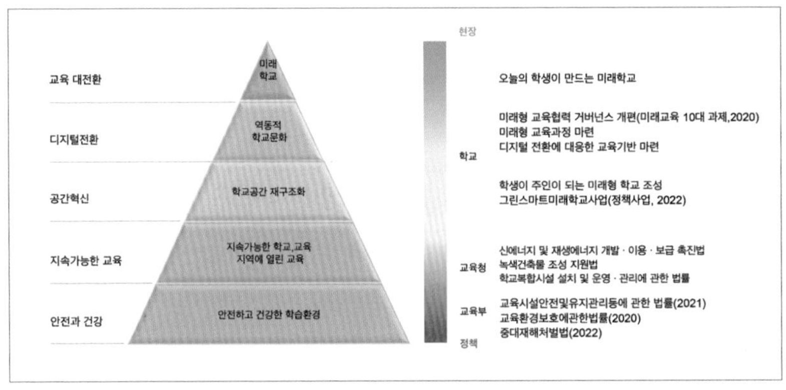

업설명회 또는 안내 문서에 따라 사업 신청을 한다. 여기에서 중요한 내용은 교육청의 실행계획이다. 국가정책이 발표되면 광주형 일자리, 경남형 긴급재난소득, 충남형 청년고용사업, 제주형 거리두기와 같이 지역에 맞게 구체적 실행을 위한 계획을 수립한다. 학교공간혁신의 최종 실행 주체는 지역교육청과 단위학교였다. 그린스마트미래학교로 사업이 광범위해져도 그 주체는 달라지지 않는다. 다만, 부분적으로 수행되어온 사업이 국가적 수준으로 대규모로 진행됨에 따라 교육 뉴딜은 지역 밀착형, 지역 주도형, 중앙-지방 협력형으로 추진될 수밖에 없다. 때문에 교육 뉴딜은 그 어떤 것보다 중앙 정책이 지역의 여건에 맞게 정착하는 과정이 필수적인 지역 뉴딜이다. 중앙정부 주도의 전략적 언어는 전국 모든 학교가 함께 추구하여야 하는 방향성이며 이를 균형적으로 추진하고 실현하기 위한 구체적 전략 수립은 지역의 노력으로 이뤄진다. 21년부터 지역형 그린스마트미래학교가 발표되는 것은 당연하면서도 사업의 성공을 위해 반드시 필요한 고무적 변화라 하겠다. 학교공간혁신사업보다 더 커지고 복잡해진 그린스마트미래학교 추진을 위해 함께 고민해야 할 사항을 3가지로 정리해보았다.

첫째, 교육부는 국가차원의 미래학교 실현을 고민하고 교육청은 지역의 여건과 선결과제의 해결, 그리고 궁극적으로는 지역 균형발전이 가능한 미래학교 전환을 도모하여야 한다. 구체적으로 교육청은 지역형 미래학교 방향과 이에 따른 지역 내 중장기 학생배치계획[77]에 의거 그린스마트미래학교 선정 기준을 우선 마련해야 한다. 교육부는 시도별 대상학교 선정기준을 지역특화전략에 맞춰 진행할 것을 당부했다.[78] 미래학교 조성 방향으로 '자율과 특성화'를 설정했고 학교의 특성과 지역사회의 요구를 담은 학교로서 미래학교의 기본요소를 고루 갖추되, 여건에 따라 특화 요소를 중점적으로 반영할 수 있어야 한다고 설명했다. 예를 들면, 농산어촌 등 상대적으로 교육 · 문화 기반 시설이 부족한 지역의 학교는 복합화 모델을 추진하고 기후 환경 분야 교육이나 지역적 여건이 특수성이 있는 학교는 그린 학교를 표방하며 차별화된 모형을 추진할 수 있다. 유치원과 초등학교는 발달 수준과 정서적 측면을 고려한 놀이 공간, 중학교는 학생 중심의 자유학년제 연계 공간, 고등학교는 학생의 선택중심의 고교학점제 운영 공간, 특수학교나 특성화 중고등학교는 학생 특성과 학교 설립목적 등을 반영한 공간을 조성해야 할 것을 부탁했다. 이러한 안내는 물량과 속도라는 행정성과를 넘어 성과목표 중심의 사업을 주문한 것인데 시간과 인력의 한계, 준비 여건에 따른 지역적 격차가 관찰되기도 한다. 지역형 계획수립은 물리적으로 더 많은 시간이 필요한 곳이 있을 수 있다. 이 경우 중앙-지방 협력을 강화하여 부족한 부분을 채우는 전략도

---

77 학생배치와 관련 있는 모든 행정을 총칭하는 행정 전반을 의미하며, 교육대상자를 학교에 취학시키기 위한 종합적인 계획으로 증가하는 학생을 취학시키기 위한 학교 신설과 학급 증설뿐만 아니라, 효율적인 학생 배치를 위한 기존 학교의 통 · 폐합, 학교 이전, 학교 운영 형태의 변경, 학급당 학생 수 조정 등 학생 배치와 관련한 일련의 계획을 의미한다.

78 교육부, 그린스마트미래학교 사업절차 소요예산 산정 안내 자료, 2020.10.

병행되어야 한다.

둘째, 지역형 그린스마트미래학교 운영을 위해서는 새로운 조직이 필요하다. 현재 그린스마트미래학교는 형태상으로 대규모 시설사업비가 투입되는 사업이며, 이에 따라 주로 시설과가 업무를 담당하고 있다. 그린스마트미래학교 사업에 있어서 교육청의 역할은 크게 대상 선정, 예산 지원, 기획, 설계, 시공, 학교 운영지원으로 설명된다. 교육현장의 시설을 새롭게 구축하고 이를 제대로 운영 · 관리하기 위한 업무들이다. 최근까지 시설과는 학습 환경의 적기 운영을 담당해왔다. 시대변화에 따른 사회적 요구로 다양한 시설사업이 더해졌다. 분진법 강화로 인한 석면 제거, 포항지진으로 인한 내진보강, 미세먼지와 대기 환경 및 갈수록 좁아지는 활동 학습을 지원하기 위한 체육관 증축 사업에 이어 학교시설 복합화도 추가되었다. 이외에도 다양한 교육환경개선사업이 수시로 진행되는데 이 사업은 신설교의 적기 개교와 더불어 학교와 학생들의 교육환경 개선을 통해 학습권을 보장하는 것 외에도 학교별 시설 격차 해소 및 지역별 균형발전을 도모하며 교육재정의 중장기 건전성을 목표로 한다. 2019년부터 학교공간혁신의 개념이 도입되면서 '사용자참여설계'를 구체화해야 했다.

미래학교 전환이라는 맥락에서 학교 공간혁신의 핵심어를 다시 살펴보자. 1판 균형잡힌 삶의 공간, 2판 새로운 학습을 지원하는 새로운 공간, 3판 경계를 없애는 디지털의 역할. 모두 공통적으로 교수학습과 교육과정을 강조해온 내용이다. 그린스마트미래학교 사업은 미래형 학교 환경을 만들어 가는 과정부터 조성 이후 혁신적 교수학습방법 적용 등에 이르기까지 모든 교육 활동을 포함하고 있다. 사전기획부터 설계까지 학생 · 교사 등 '사용자 참여 원칙'으로 진행해 교육 공동체가 원하는 학교 모습을 함께 만들어 가면서 협업 · 민주적 의사결정 등을 경험하도록 했다. 공동체의 요구, 지역 여건, 학교의 특성 등을 반영해 학교마다 자율적으로 특색 있게 진행해야 한다. 다시 말하면, 그린스마트미래학교는 미래학교에 대한 새로운 상상력이 아니라 그동안 파편화되었던 교육시스템을 통합적으로 변화하는 혁신의 과정이다. 따라서 그린스마트미래학교는 시설과가 기존의 업무를 유지한 채 단독으로 수행할 수 있는 사업이 아니다. 형식적 TF팀을 넘어서 책임감 있는 사업 주체로 교육-행정-시설-학교 현장이 연계되는 사업 추진 체계가 필요하다.

교육부는 19년 학교 공간혁신이 처음 시도되었을 때부터 교육청 내에 별도의 추진단구성을 요청했다. 그린스마트미래학교 사업이 추진된 이후 교육부는 미래교육 체제 전환 추진단을 설치(21.6.8)했다. 추진단장에 부총리 겸 교육부 장관, 부단장은 교육부차관, 실무추진단장으로 기획조정실장(겸임), 실무추진부단장에 미래교육추진담당관(겸임)으로 구성하고 미래교육 전략팀, 그린스마트미래학교팀, 디지털인프라구축팀을 두어 산업과 인구구조 변화에 총괄 대응하고, 미래를 대비하는 교육혁신과제를 종합적으로 발굴, 추진하는 기구를 갖췄다. 이에 교육청도 공간혁신 초기에는 부교육감을 추진단장으로 두고 교육과 시설이 원팀으로 구성되길 권하였는데 이는 미래교육 체제 전환을 위한 준비과정의 일환이었다. 22년 상반기 기준 5개 교육청은 그린스마트미래학교 추진팀을 꾸렸다. 이들은 교육 전문직, 행정직, 전산직, 기술직 등을 포함한 전담 조직을 신설하여 그린스마트미래학교 사업 실행계획을 수립하고 추진한다. 관련 부서 간 업무협의, 대상학교 선정 등을 위해 교육청 내부 협의체를 구성하고, 교육청 사업 실행과 관련한 자문 및 중장기 로드맵 마련을 위해 외부 전문가 자문단을 구성해 운영하기도 한다. 추진팀 구성은 실행

현실화 상에서 장단점이 있다. 실행력을 갖추는 것은 장점이나, 그린스마트미래학교 사업이 다시 하나의 부서의 업무로 인식되는 것이 단점이 될 수 있다. 학교 측에서의 사업의 총괄이 교장이듯 교육청 측에서도 지역의 미래교육의 콘트롤 타워는 교육감이다. 사업이 파편화되지 않도록 총괄하는 행정의 책임은 교육감에게 있다. 같은 맥락에서 학교가 교육의 총체적 재설계를 해야하는 역할을 받았듯 교육부도 교육청도 교육의 총체적 설계를 하는지 돌아볼 필요가 있다.

셋째, 교육 뉴딜의 성공을 위해 교육부는 교육청과, 교육청은 학교와 같은 목표와 의미 공유하고 실행 여건을 조성해야 한다. 모든 성공적인 전략은 사회적이며 행동 지향적이다. 변화를 만들어내는 주체들이 '의미 공유', '관계 형성', '학습'에 집중해야 할 뿐만 아니라 '긍정적 압력'을 통해 실행될 수 있는 여건을 조성해야 한다. 앞서 언급한 지역형 그린스마트미래학교, 새로운 조직 형성을 위해서는 시행 문서, 보도 자료, 워크숍만으로는 부족하다. "지역의 여건에 맞춰"라는 조건이 실제로 가능하기 위해서는, 지역이 동기를 갖게 하기 위해서는 "지역의 여건에 맞춰"서 진행할 수 있는 제도개선이 병행되어야 한다. 2022년 추진계획서 '안전'을 핵심 요소로 더하여 감염병 걱정 없는 안전하고 안심할 수 있는 미래학교를 표방했다. 이에 교육시설 등의 안전 및 유지관리 등에 관한 법률 개정(21.12.2)의 주요 내용에는 감염예방 기준 마련 및 디자인 기법에도 우선 적용이 포함되었다. 2019년에 허용되었던 사립학교 개축이 20년에 갑자기 불허되었으나, 사립학교를 리모델링으로 한정하는 것에 대한 다수의 부정적 의견이 있었고, 21년 9월 법률자문 및 적극행정위원회 심의(10.22) 결과 사립학교도 개축이 가능하도록 의결되어 학생의 균등한 교육 권리를 보장했다. 용지비 산입에 있어서도 지방교육행정기관 재정투자 사업

심사지침을 개정(21.3)하여 증·개축 시 당초 부지면적까지 총사업비에 반영되어 실제 사업 규모가 아닌 부지 비용에 따라 중앙투자심사 대상 여부가 결정되는 불합리한 요소를 개선했다.

그동안 학교 구축과 관련되어 기술적, 관행적으로 진행해온 많은 업무들이 그린스마트미래학교를 시작하면서 변화하고 있다. 그 변화는 교육청별로 수립되는 그린스마트미래학교 실행계획에 근거한다. 교육청과 학교는 수립된 실행계획에 따라 최적의 학교가 선정될 수 있는 대상학교선정기준을 정립하고, 선정된 학교가 사업의 목표를 효율적이고 균형적으로 달성할 수 있도록 하는 사전기획과정과 정리된 사전기획 내용이 설계결과물로 오롯이 반영될 수 있도록 하는 설계공모과정 전반을 새롭게 정비하여야 한다. 그래야 지역형 그린스마트미래학교가 제대로 작동된다.

지역형 그린스마트미래학교는 교육부가 제시한 국가 차원의 그린스마트미래학교의 맥락(context) 속에서 교육청이 가진 교육 특성(content)을 학교에 구체화 시킴을 의미하며, 이 과정에서 연결(connection)이 전제된다. 교육청의 교육 특성은 균형과 특화라는 측면을 통해 접근 가능하다. 그린스마트미래학교 사업의 성과는 개별 학교의 성과 취합을 통해 측정할 수 있으나, 단순한 양적 성과의 합이 국가 교육수준의 향상을 의미하지 않으며 효과성이나 효율성 측면에 있어서도 바람직하지 않다. 도심지 학교와 전원지 학교가 동일 할 이유가 없듯이 특별시, 광역시, 도는 학교수, 학생수, 교사수급, 학교 밖 학습여건 등에서 상이한 여건을 가진다. 똑같은 학생이 없듯이, 동일한 학교, 교육청도 없다.

지역형 교육정책의 대표적 예로는 공동교육과정, 거점 및 특화학교 운영을 들 수 있다. 세종시교육청의 '캠퍼스형 공동교육과정'은 고등학교 간 인접성과 단일 학군이라는 지리적 특성을 활용하여, 20개 고등학교에서 다양한 전공과목을 운영하고 관내 고등학생 모두가 참여할 수 있도록 하여 관내 전체 고등학생의 36.7%가 진로전공학습 프로젝트 수업에 참여하고 있다(세종포스트, 세종시교육청, '캠퍼스형 공동교육과정' 실시, 22.3.25.). 이는 세종시교육청이 가지는 지리적 여건(고등학교 단일 학군, 지리적으로 이동의 용이성 등)과 다양한 진로 교육이라는 교육정책이 실현된 사례로 볼 수 있다. 하지만 이런 접근은 세종이기 때문에 가능한 정책이다. 강원도에서는 지난 2018년부터 올해까지 도내 22곳의 학교가 폐교되었고, 통폐합 중점 기준(본교 10명 이하, 분교장 5명 이하) 해당 학교는 23곳이다.(강원도민일보, 5년간 학교 22곳 폐교... 올해 23곳 통폐합 위기, 2022.3.14.) 강원도뿐만 아니라 전국에 산재한 소규모 학교는 학령인구 감소에 따라 점점 증가할 것이며 이는 교육 소외 지역 학습 취약학생의 증가를 가져올 수도 있다.

이러한 지역적 상이한 여건에 따라 개별 학교가 얻거나 잃을 수 있는 교육 기회는 학교차원의 노력으로 해결할 대상이 아니다. 지리적으로 균형된 학교배치와 교육정책의 공동 실현, 특화전략은 교육청의 지역정책에 담겨야 한다.

아직은 그린스마트미래학교 사업이 시작되는 단계이다. 그래서 개별 학교의 성과가 거대해 보인다. 하지만 개별학교의 성과가 모이는 시점에서 지역의 특성이 도출되지 않는다면, 또는 소외된 학교가 발생하고 학교간 균형이 깨진다면 이는 미래학교의 실현이 아니라 새로운 교육 불균형의 문제로 다가올 수도 있다. 교육부가 제시한 그린스마트미래학교의 목표가 우리 지역에서는 어떻게 특화되고 학교에서 어떻게 실현되는지를 결정하는 것이 지역형 그린스마트미래학교의 과제이다.

교육기획가는 누구인가?

그린스마트미래학교에서 요구하는 자질 중 많이 언급되는 것 중 하나는 '전문성'이다. 공간혁신 초기에는 건축 전문가가 필요했다. 학교에는 교육 전문가인 교사가 있기 때문이다. 교사와 건축가가 만나 과제를 협력적으로 풀어낼 것이라고 기대했다. 그린스마트 추진 2년 차에 교육부 공문에 '교육 기획가'라는 말이 등장한다. 교육청마다 적용 여부가 다르지만 건축 전문가에 이어 교육 전문가를 채용하게 된다. 학교에는 교사가 있고 교육청에는 많은 교육 전문직이 있다. 학교 안팎, 국내외에 교원역량강화에 호출되는 브랜드를 가진 교육가들이 있다. 이중에 누가 그린스마트미래학교를 기획을 하는 전문가일까?

학교와 교육청의 구성원(교장, 교사, 교육청 전문직)은 누구보다도 더 교육 전문가(실제 전문성을 지녔는지와는 별도로)이며 소속 지역과 학교의 여건 및 문화 등 사정에 밝다. 여기에 외부 전문가가 투입되는데 그들의 역할은 무엇일까? 전문가는 어떤 분야를 연구하거나 그 일에 종사하여 상당한 지식과 경험을 가진 사람이며 전문성의 기본 요소는 지식, 경험, 문제해결능력이다. 전문가는 지식과 정보를 명확하게 이해하고 경험에서 축적된 효과적인 아이디어의 틀에 따라 새로운 정보를 부호화하고, 필요한 정보를 인출하여 전이함으로써 과제를 해결한다.

그렇다면 외부에서 투입되는 교육 기획가는 왜 필요하며 어떤 전문성을 지니고 있어야 하는가? 교사 등 교육 전문가는 교수학습, 교육과정의 전문가이나 사업 전문가는 아니다. 그들은 교육청의 전문직이든 교사든 그린스마트미래학교 사업처럼 다양한 이해 관계가 얽히거나 교수학습과 다른 이질적인 전문성이 요구되는 사업을 수행해본 경험이 거의 없다. 따라서 교육기획가는 그린스마트미래학교 기획 단계에서 교직, 교육, 행정에 대한 전문지식과 학교 현황을 효과적으로 인출하여 사업의 기본과제를 정리하는 사람이다. 다시 말하면 '사업'이 제대로 수행될 수 있도록 구성원이 가진 생각과 문제를 도출하고 구조화하며 이에 대한 합의된 해결방안 도출을 지원하는 것이 외부 전문가의 역할이다.

쓴소리가 되겠지만 교육청, 학교에 소속된 교육전문가가 풀지 못하는 미래교육이라는 숙제를 외부 전문가가 해결할 수 있을까? 그들이 가진 역량과는 별도로 기간, 연속성, 예산 등 물리적인 한계 속에서 그들이 교육적 목표를 제안하고 이에 대한 구체적 실행과제까지 제시하는 것은 현실적으로 합당하지 않다. 무엇보다 성공 가능성이 높지 않다. 이런 관점에서 그린스마트미래학교 사업추진 시 건축 전문가와 협업해야 할 주된 교육전문가는 학교 구성원이다. 다만 학교는 가능한 사업초기에 다양한 분야의 교육전문가들로부터 지원을 받을 필요가 있다. 미래교육의 실현방법이 필요하면 선도적으로 추진중인 학교나 외부 전문가의 도움을 받아 스스로의 역량을 키워나가야 하며, 성공적 사업추진 전략 수립이 필요하면 문제해결 역량을 가진 전문가를 영입하여 효과적 사업추진 전략을 수립해야 한다. 단지 미래교육이 어렵고 교사로서 교육역할 외 수행하기가 버겁기 때문에 이를 외부 전문가에게 의뢰하는 것은 우리 학교의 미래를 외부인에게 맡기는 것과 다를 바 없다. 덧붙여 학생성취를 지원하는 새로운 미래교육방향에 대한 역량강화는 교육청, 학교에서 늘상 워크숍이나 전문학습공동체 등의 형태로 해 오던 일이다. 사업을 위해 채용 또는 요청되는 교육기획가 역시 자신의 역할을 분명하게 인지할 필요가 있다.

건축 기획가는 사용자들으로부터 받은 요구와 분석된 교육 정보를 자신의 지식과 경험을 통해 건축적으로 전환하되, 학교 구성원과 발주처(교육처)에게 명료한 메시지로 전달될 수 있도록 사전기획 보고서를 작성하고 학교설계를 위한 건축과제를 명확히 하여야 한다.

사업에 관여하는 교육청, 학교(교사), 건축가, 교육 컨설턴트(교육 기획가) 모두가 전문가가 되어야한다. "최고 수준의 전문가는 문제해결의 성과를 높이기 위해 자신이 구축하고 있는 인적 네트워크를 통해 다양한 정보를 수집하고 문제해결책을 강구하려는 시스템적 접근 능력이 우수하다. 이들은 개인과 타인의 지식과 경험, 인간관계를 통합적으로 활용한다."[79] 전문가에 대한 연구대로라면 그린스마트미래학교 추진에 참여하는 것은 상호 교류를 통해 자신들의 전문성이 융합 또는 통섭 되는 기회다.

그런데 현실은 어떨까? 사업에 참여하는 모든 구성원이 원활한 사업추진을 수행할 정도로 전문성을 갖추지 않았을 수도 있다. 기본적인 사실의 낱개 정보를 가지고 있거나 정보 사이의 관련성을 이해하지 못한 채 기간에 쫓겨 사업 완료가 목표가 되기도 한다. 무엇보다 학교(교사)가 고도의 전문성을 가지고 있다하더라도 교사가 원래 맡은 학교에서의 역할(수업, 보직 등)을 모두 감당하면서 미래학교 구축에 대한 사업실행을 추진하는 데는 무리가 있다. 사정이 이러하므로, 학교공간혁신 학교단위(19년 말)가 시작될 때부터 교육청과 학교현장을 지원하는 중앙 전문가 인력풀 네트워크를 요구했고, 지역청 자체적으로 각계 전문가와 현장교사를 중심으로 지원체제를 만드는 노력을 해왔다. 이에 더해 그린스마트미래학교 담당교사 업무 경감을 위해 인력을 지원하고, 사업기간 담당교사 전보 가산점 부여, 대상교 근무 일반직 성과급 가점 부여 등 일부 교육청(울산교육청 등)에서는 행정적 지원체계를 마련하기도 했다. 다른 일부 교육청에서는 장기적 안목으로 지역 내 프런티어 교사를 양성하기 시작하였고, 교사가

79 오현석 외, 최고 수준의 전문가와 보통 수준의 전문가 특성 비교 분석, 아시아교육연구, 10권 4호, 부분 발췌.

교육 기획 전문가 될 수 있다는 판단하에 주무 교사가 학교 리더들과 함께 학교교육 재설계를 전담할 수 있도록 1년 간 외부강사를 채용하는 지원을 실행한 학교(경기 안용중학교)도 있다. 그린스마트미래학교 사업의 교육청 차원의 목표로 '교사의 전문성 고도화를 통한 지역 교육수준 제고'를 의도한다면, 교사 연구년 등을 활용해 연구와 실행을 동시에 수행하게 하는 적극적 제도를 고려해 볼 수 있겠다.

학교 재설계에 따른 학교의 목표

일반적으로 학교시설에 있어 전면 리모델링은 30년, 개축은 40년이 경과된 건물을 대상으로 하며, 재난위험 시설을 우선적으로 적용하여 진행해왔다.

그린스마트미래학교는 일반 개보수 사업에 미래학교 전환이라는 목표가 추가되어 5년간 약 1,400개의 학교를 점진적으로 바꾸되, 각종 교육목적 에 따른 교육활동 계획과 의지를 고려하여 대상학교를 선정한다. 다시 말하면, 물리적 조건이 정해진 사업이지만 미래학교로의 교육 전환의 미션 추진 의지가 선정의 필수요건이 된다. 이에 교육청은 사업 수요조사 등을 통해 반드시 학교 구성원의 동의 및 학교의 추진 의사를 확인 후 대상을 선정한다. 이때 추진 의사는 어떤 내용, 방법, 수준으로 이뤄질까? 많은 학교 정책사업들이 그러하듯 그린스마트미래학교 공문 공람과 학교 메신저나 교직원 회의에서의 수기 사인을 통해 학교사업 여부에 따른 의사를 표명한다.

이후 사업 선정교에서는 교육부(청)의 사업 설명회의 내용을 담당교사가 듣고와서 그대로 구성원에게 안내하는 전달연수를 진행하기도 했다. 그러나 이 방식은 많은 한계가 있다. 때문에 학교 리더들은 교직원들에게 적절하게 안내해줄 강사를 초빙하거나 더 적극적 의지를 가진 리더나 교직원은 기추진 학교를 탐방한 후 소속교 학교실행방안을 개략적으로 구성하여 교육공동체(학생, 교원, 학부모)에게 적극적으로 설명하기도 한다. 학교 형편에 따라 사업을 학습하는 각고의 노력은 칭찬받아 마땅하다. 그런데 이때 오류가 나타나기도 한다. 이 오류는 사전기획에도 영향을 미치므로 여기서 한 번 짚고 넘어가보자. 오류 중 하나는 학교의 발전 방향 즉 교육의 목표와 그린스마트미래학교 사업의 목표를 동일시 한다는 것이다. 이 점을 좀 해소해보자.

디자인 씽킹, 워킹 백워드, 백워드설계 등 사업을 진행하는 방법은 여러 가지다. 이중 백워드 설계는 이상적인 결과를 명확히 규정하고 그 지점을 생각하면서 계획을 수립하는 프로세스다. 바라는 결과 확인, 성공의 증거 정리, 실행계획 수립이라는 3단계 체계다. 즉 사업의 평가에서부터 역으로 출발하는 것으로 이는 교육과정의 백워드설계와 같다. 교육에서의 평가와 마찬가지로 사업에서의 평가 역시 현재 진행 중이거나 완료된 사업에 대한 계획, 실행 및 결과에 대한 체계적이고 객관적인 분석을 통해 학교발전목표(교육 목표)의 성과를 측정한다. 평가를 실시하면 조직차원의 지식축적과 학습(Learning)이 가능해지며, 교육의 책임성(Accountability) 있는 실행을 통해 참여자와 지역사회 안 지지기반을 확보할 수 있다.

그렇다면 그린스마트미래학교의 평가기준은 무엇일까? 무엇보다 사업이 "학교의 교육목표를 달성하게 했는가"이다. 바람직한 목표 설정 조건으로 자주 사용하는 SMART[80](구체성, 측정가능성, 달성가능성, 연관성, 시간 제

---

80 George T. Dora(1981)제시, Robert S. Ruben 교수가 확장한 개념. Specific(구체적),Measurable(측정 가능한),Achievable(달성 가능한),Realistic(현실적),Time-bound(기한이 있는)의 약어.

약성)는 세부 활동들이 거시적 방향에서 어긋나지 않도록 하는 기준이 된다. 본서에는 그린스마트미래학교 추진시 평가 기준이 될만한 요소로 적절성, 효율성, 효과성, 영향력, 지속가능성에 대한 내용을 다루고자 한다. 5가지 관점에서 그린스마트미래학교의 평가기준을 정리해보면 다음과 같다.

적절성 (Relevance)	"우리 학교가 처한 여건에서 다른 급한 사업들 중 가장 적절한 개선안으로 학교공간혁신사업이 계획되고 추진되었나?"
효율성 (Efficiency)	"우리 학교는 사업 성공을 위해 어느정도의 자원(사람, 시간, 예산)을 투자했는가?"
효과성 (Effectiveness)	"우리 학교는 그린스마트미래학교사업을 통해 학교가 목표한 성과를 충분히 달성했는가?"
영향력 (Impact)	"공간의 변화가 학교전반에 어느 정도의 영향을 미쳤는가?"
지속가능성 (continuity)	"현재의 사업이 교육적 가치의 지속적인 가치 창출 방법으로 진행, 운영되고 있는가?"

사업의 적절성 판단(평가)을 구체화해보자. "우리 학교가 처한 여건에서 다른 급한 사업들 중 가장 적절한 개선안으로 학교공간혁신(그린스마트미래학교)사업이 계획되고 추진되었는가?"에서 판단 근거의 시작은 학교 여건이다. 하나의 학교[A교]를 상정해서 이에 대한 구체적인 내용을 기술해보자.

〈A교 여건〉[81]

- 본관동 40년 경과, 별동 25년 경과 안전과 시설 노후의 문제
- 학습기자재 부족(디지털 등), 낡은 가구
- 교원현황 상 교수학습의 경험이 비교적 낮은 교원의 밀집(기피 학교)
- 지역사회의 경제적 열악으로 유입 학생들의 낮은 학습성취 및 정서 부분의 문제를 안고 출발
- 보통학력(기초+기본학력) 비율 30% 이상
  : 기초학력자 학습 지원에 대한 보호자 동반협력은 불가 상황
  기초학력 전담교사 미운영 교육청 관할 학교

매우 열악한 학교다. 그런데 위 여건 중 몇 가지는 모든 학교들이 가지고 있는 요소이기도 하다. 학교는 문제를 해결하고 나아지기 위해 내부자원을 최대한 활용하고 부족한 부분은 외부자원유입을 통해 채워가게 된다. 내부자원으로의 해결책은 초빙교사제를 통한 우수교원 유입, 전문적 학습공동체의 내실화, 학교맞춤 특화 프로그램과 학교 운영비를 재조정하여 효율적 실행으로 들어가는 것이다. 외부자원의 유입을 통한 해결책은 상부기관 및 지자체의 특교사업을 활용하는 것이다. 2022년만 하더라도 문화예술지원, 지능형과학실구축, 친화적 도서관조성, 마을강사지원, 대안교실운영, 기초학력전담교사지원, 그린스마트미래학교 등 수많은 사업들이 쏟아지고 있다. 물론 다양한 외부자원을 내부자원화하여 학교의 문제를 해결할 수도 있다. 그러나 학교는 자원을 활용하는데 유한성을 지니기 때문에 무작정 많은 지원이 해답은 아니다. 학교의 여건과 역량, 현

81 학교 현황분석의 여러 가지 틀이 있다. 통상적으로 SWOT 분석을 많이 사용한다. 이 내용은 사전기획에서 다시 다루도록하고, 위 지면에서는 개략적인 내용을 파악하기 위해 몇 가지만 언급했다.

재 하고 있는 교육이나 사업을 고려하여 새로운 사업을 선택하고 도입하여야 한다. 적절성 판단을 위한 추가 질문으로 "일회성 사업으로 인해 지원금이 끊겼을 때에도 학교의 문제 해결을 지원하는가?", "학교 여건 상(긍정과 부정을 모두 포함) 종합적인 해결책으로서 선택한 사업인가?"이다.

제시된 A교의 여건에서 그린스마트미래학교는 적절성 분야에서 높은 점수가 나올수 밖에 없다. 사업 자체가 학교교육과 학교시설의 재설계를 포함하므로 학교가 가지고 있는 모든 문제를 사전기획에서부터 해결하기 위해 폭넓고 광범위한 접근을 한다. 영역단위 공간혁신이나 기타 개별사업에 비해 학교가 가진 모든 문제를 일거에 접근함에 따라 A교의 여건에서는 매우 적절한 사업이라 할 것이다.

위에 언급한 〈A교의 여건〉에 따른 학교의 당면과제를 정리해보면 3가지로 집약된다. 3가지 당면과제를 해결하기에 가장 적절한 사업으로 선택할 것인지 또 진행과정에서 정리된 당면과제를 해결하는 과정으로서 추진되고 있는지가 진행 또는 결과평가의 기준이 된다.

당면과제1 • **학습과학에 의한 학력보장, 학습격차 해소**

: 3월 신난- 개신 데이더에 외한 개선과적 확인 - 역량중심 평가 체제 확립 - 학기 또는 연말 데이터 확인 ~ 교수학습 개선+ 디지털전환 [교육전환+디지털]

당면과제2 • **교육특화 - 21세기 생존역량기반 교육과정**

: 학교 공통교육과정 운영 _ 기본 교육과정+자유학기제(고교학점제/00중점학교) [지식기능역량(21세기스킬)]
학교 특별교육과정 운영 _ 창체(행사)+창체(자동봉진)+방과후 (개별화, 개인화)
[교육전환+공간혁신+디지털]

당면과제3 • **학생, 교원, 지역의 교류확대 및 생활환경 개선**

: 지역화 교육과정 +비형식적 교육을 포함
[교육전환+공간혁신+복합화]

사업의 **효율성 판단**(평가)은 "우리 학교는 사업 성공을 위해 어느 정도의 자원(사람, 시간, 예산)을 투자했는가?"를 핵심 질문으로 상정할 수 있다. 효율성은 프로그램 산출 대비 비용 수준을 의미한다. 즉 프로그램에 투입된 비용(자원)을 경제적관점에서 효율적으로 사용했는지를 판단하는 기준이다. 구체적으로는 프로그램 산출물 단위와 관련된 비용, 프로그램 투입에 대한 비용, 프로그램 목표들을 성취하는 데 부과된 비용이 있다.

그린스마트미래학교는 대상 동을 기준으로 예산이 편성되었다. 그러나 학교는 일반적인 경우 동마다 준공년도가 다르다. 학교는 학생성취를 위해 캠퍼스 전반을 검토하여 가장 최적의 효율적 공간을 창출해야 한다. 이런 이유로 사업 대상 건물과 존치 건물의 관계를 파악하는 것이 매우 중요하다. 노후 건물이 특수 목적 수업을 대상으로 하는 별도의 공간일 때 같은 목적의 공간을 개선하는 작업으로만 사업을 추진할 것인지 이용률이 높은 일반교실로 전환할 것인지 등의 판단이 필요하다. 학교 전체 캠퍼스 활용을 고려하여 사업 대상 동의 용도를 후자와 같이(특별교실에서 일반교실로) 바꿀 경우, 사업예산이 배정되지 않은 일반교실 동의 공간 기능전환이 새롭게 해결해야 하는 문제로 나타난다. 이런 경우 교육청의 사업 예산확정 단계에서부터 그린스마트미래학교사업 추진시 40년 경과된 대상동이 아니라 하더라도, 학교 캠퍼스 배치상 필요한 경우 사업비 집행이 가능토록 하였다면 문제가 없다. 그러나 만약 예산이 한개 동에만 배정되고 동일 캠퍼스내 나머지 두개 교사동에는 예산을 전혀 사용할 수 없다면 어떻게 해야할까? 학교는 그린스마트미래학교 대상이 아닌 동에 위치한 공간기능 전환(이사 및 가구, 기자재 구매)을 위해 자체 운영비와 기타 특교사업비 등 모든 가용재원을 검토할 수 밖에 없다. 학교가 가진 예산을 사업의 성공 즉 학생의 성취 대비 효과, 효율성을 위해 어떻게 분배할 것인가를 심각하게 고민해야 한다.

아울러 학교의 3가지 당면과제 중 가장 주력해야 할 내용이 과제 1의 학습격차 해소이고 이를 해결하기 위한 가장 핵심 방안이 디지털혁신이라면, 사전기획 단계부터 학교는 교원의 디지털역량강화와 이를 활용한 교수평기록 일체화에 가장 많은 시간과 비용을 집중적으로 투자해야 한다. 학교는 사업의 기획단계부터 실행, 평가과정 전반을 포함하는 종합적 관점에서 부서간 협력관계를 정의하고, 학교가 추구하는 사업목적(교육전환, 디지털전환 등)을 달성하기 위해 담당자의 업무량을 어떻게 조정하는 것이 효율적일지 검토하고 계획하여야 한다. 사업의 효율성은 투자된 자원 대비 얻고자 하는 성과 산출규모이다. 효율성의 적절한 판단을 통해 사업을 관리하고자 한다면, 투입된 자원과 산출된 성과를 체계적이고 합리적으로 정의하고 이를 산정할 수 있는 기준 마련이 우선되어야 한다. 예산뿐 아니라 교사의 시간과 노력의 투자를 통해 학교가 얼마나 어떻게 변화할지를 결정하는 것은 결국 학교의 몫이다. 사업의 성과로 학교가 얻을 수 있는 성과는 다름아닌 학생 성취의 변화이기 때문이다.

사업의 효율성 판단은 사업을 평가하는 가장 중요한 기준 중 하나이다. 궁극적으로 학교발전목표를 위해 적절하게 효율적으로 사업을 하고 있는지, 했는지의 기준이 되기 때문이다. "우리 학교는 그린스마트미래학교 사업을 통해 학교가 목표한 성과를 충분히 달성했는가?" 〈A교 발전목표〉는 무엇일까? 당면과제로부터 발전목표를 추출했다면 이 목표가 학교의 비전과 일치하는지부터 봐야 한다. 이를 위해 A교의 비전을 만들어 보았다.

- 미션 : 학교 교육의 대전환
- 비전 : 모든 이의 잠재력이 실현되는 살아 움직이는 힘의 학교
- 핵심요소 : 학습과학에 의한 학력 보장
  21세기역량교육과정 실현 / 평생학습자 양성

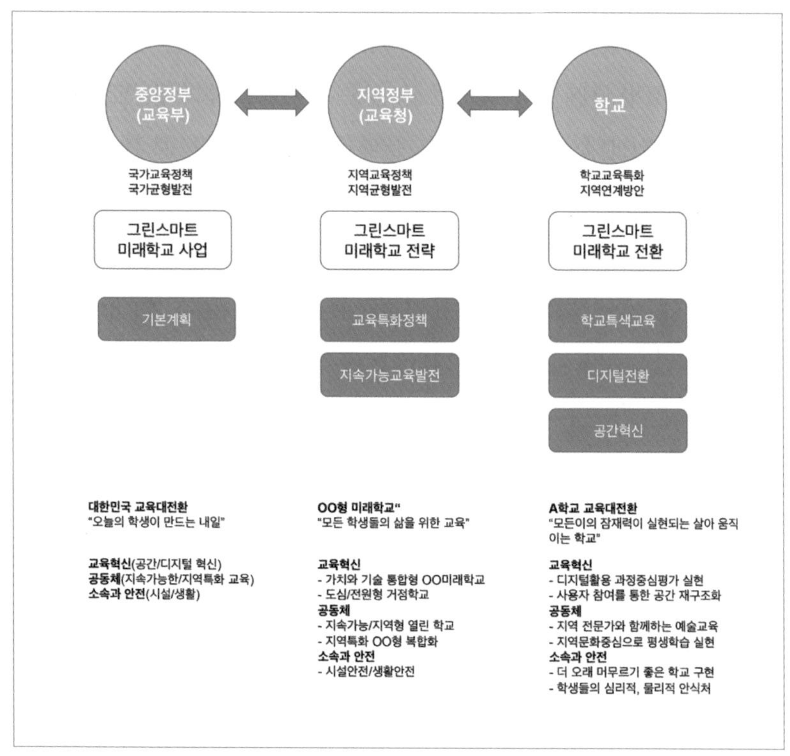

효과성 판단을 위해 중앙, (가)지역, (A)학교의 목표와 핵심전략을 대강화해보자.

학교의 목표는 당면과제로부터 추출된 교육위기 탈출이며 같은 맥락에서 교육 대전환이다. 중앙의 '교육혁신, 공동체, 소속과 안전의 요소'와 교육청의 '지역 내 균형발전' 상의 학교복합화 요소를 흡수했다. 소속과 안전의 요소는 중앙과 지역의 과제에 가깝기 때문에 그대로 반영하고, 학교의 교육적 목표인 교육혁신과제가 학교의 개선과제와 일치한다. 이를 더 구체화하여 보통학력이 타학교에 비해 높은 상황을 타개하기 위해 교육혁신(공간혁신/디지털혁신)을 핵심과제로 삼았다. 기본 학력을 넘어 21세기 역량기반 교육과정이 실현되었는지, 지역화 교육과정은 전체 교육과정에서 어느 정도 운영되었는지, 각각의 교육전환을 지원하는 공간의 변화와 디지털로 인한 역동성으로 실제 활력의 학교가 되었는지를 점검하게 된다.

꾸준히 학교가 설정한 목표를 달성하기 위해 효율적으로 투자한 자원들이 효과를 내고 있는지 다시말해 교육혁신에서 투입된 교육적 변화가 어떻게 얼마나 일어났는지를 살피는 것이 효과성 분석이다. 또 교육 목표가 달성되고 있다면 사업으로 인한 효과인지를 확인할 수 있어야 한다. 앞서 언급한 교육의 목표와 사업의 목표가 상이한 이유는 그린스마트미래학교 사업의 구체적인 목표, 유연한 학사운영과 다양한 교수방법, 캠퍼스 전반의 스마트한 학습환경, 교육자의 역량강화, 단계적인 디지털 혁신 등이 필요하기 때문이다. 이것은 사업의 목표와 전략이며, 이러한 목표들이 학교의 발전목표 즉 비전의 구현, 미션의 실행에 얼마나 효과적으로 기여했는지를 봐야한다는 뜻이다. 이는 마치 교육과정의 성취수준을 모두 도달했다고 해서 평가가 끝나는 것이 아니라 이 도달한 성취수준들이 교육과정의 목표를 이루었는지, 학생의 성장이 이뤄지고 있는지를 종합적으로 평가하는 것과 같은 이치다.

때문에 의도한 성과를 직접적인 자료(학생 성취)와 간접적인 자료(만족도) 를 통해 측정하고, 이러한 측정치가 당초 의도한 그린스마트미래학교 핵심전략(1-1 ~5-4)에 부합하는지, 지역(교육청)이 요구하는 특화교육이나 발전방향에 일치하는지를 지속적으로 모니터링하며 수정해가야 한다.

사업의 **영향력 판단(평가)**은 세부적인 프로그램 기획 시 검토된다. 교육전환을 위해 계획한 프로그램이 애초에 의도했던 교육적 문제해결이나 학교 사용자들의 변화에 미친 영향을 뜻한다. 영향력 평가는 학교 전체를 대상으로 장기적으로 수행되는 프로그램과 관련될 때 더 유효한 의미를 가진다. 모든 학교 구성원이 매일 참여하는 오전독서, 체육/예술/봉사 활동 등은 그 프로그램이 운영되는 시간뿐 아니라 학교에서의 하루, 한 학기, 한 학년과 학교생활 전반에 영향을 끼치기 때문이다. 그린스마트미래학교 사업은 짧은 호흡의 사업이 아니다. 물리적 시설환경 전환의 과정만 하더라도 최소 3년 이상의 시간이 소요되며, 실질적인 교육전환을 염두에 두는 과정은 더 긴 지속성을 요구한다. 따라서 사업을 추진하는 기간 전반에 있어서 구성원의 변화정도를 측정할 수 있다면 사업을 수정보완해 가는데 큰 도움이 될 것이다. 특히 특별히 학습에 취약한 학생 및 새로운 교수학습에 적응하기 어려움을 겪는 교원집단을 별도 관리하여 그들의 성장과 변화를 추적하고 피드백을 할 수 있는 체계를 미리 만들기를 권한다. 직접 만들기가 어렵다면 교육전문가, 변화관리전문가와 사업 초기부터 협업체계를 유지하라. 공립학교의 경우 구성원이 바뀌는 한계가 있지만, 교육집단의 특성 상 범주화가 가능하므로 사전기획에서, 준공시점부터 운영의 기간들을 각각 설정해 사업이 교육 구성원에게 미친 영향력을 측정할 수 있다.

동시에 미래학교는 현재의 시점에서 언제나 존재한다. 따라서 사회지표 상의 변화에 대한 실증적 기대 정도도 영향력 평가와 실행 목표에 포함된다. 사업 자체가 미래사회를 주도 또는 대응하기 위한 전략이며, 많은 학교들의 구성원들은 사회변화에 따른 교육의 변화 그리고 이를 지원하는 학교공간의 변화를 주창했다. 이에 따라 미래사회와 사회지표에 주목하여 학교교육의 목표, 사업의 적용, 효과에 따른 영향력 등을 살필 수 있다. 21년 한국사회동향(통계청, 2021)에는 코로나19이후(2020년 7월) 학습환경의 변화로 인한 교육격차 내용이 있다. 그 중 일부를 소개하면 "초 · 중 · 고 모두 가정경제상황이 좋지 않을수록 '온라인수업에서 이해하지 못한 내용을 그대로 넘어간 학생의 비율'이 높게 나타났다. 특히 중학생의 경우 가정경제상황이 '하'(25.3%)인 집단의 경우 '상'(8.5%)과 '중'(9.8%)인 집단에 비해 2배이상 차이가 남"으로 보고되었다. 꼭 코로나와 같은 감염성 질병이 아니더라도 디지털 전환의 전 세계의 흐름 속에서 가정경제상황에 상관 없이 블렌디드나 하이브리드 수업 등 학습결손 예방에 학교가 어느 정도의 영향력을 끼쳤는가 역시 측정 대상이 될 수 있다. 학교는 매년 교육계획을 수립하고 이를 자체평가한다. 그린스마트미래학교 사업이 단순히 시설을 개보수하는 사업이 아니라 교육전환이라는 큰 과제를 담고있다면, 사업에 대한 영향력 평가는 학교의 교육계획수립과 실행, 환류, 그리고 평가 과정에 있어 중요한 부분이어야 할 것이다.

마지막으로 **지속가능성에 대한 평가**다. 지속가능성이라는 용어는 환경의 지속가능성(Sustainability), 가치의 창출의 연속성(Continuity), 비즈니스 생존능력 (Viability)의 개념 등으로 폭넓게 쓰인다. 그린스마트미래학교 사업의 평가에서의 지속가능성은 '연속성'이다. 교육혁신, 공동체, 안전과 소속의 목표가 어떤 동력으로 교육적 가치를 지속적으로 창출하게 할 것인가를 뜻하며 이는 비전-목표-측정-성장확인의 순환체계가 일어날 때 가능하다. 지속가능성을 위한 실천을 위한 경영 모델 중 '노스터(Knoster) 모델'이 도움이 된다. 조직의 방향성을 정하고 의도한 변화를 효과적으로 끌어내는 성공 공식으로 유명한 이 모델은 펜실베니아 블룸스버그 사범대학의 긍정적 행동 지원 분야[82] 교수인 팀 노스터(Tim P. Knoster), 교수가 만들었다. 특히 학습 장애가 있는 학생의 긍정적인 행동 변화를 만드는

---

82 McDowell Institute for Teacher Excellence

데 효과적인 것으로 입증되었는데 그 기원과 주요 용도는 교육에 있으며 원칙과 변화가 필요한 모든 곳에서 적용할 수 있다.

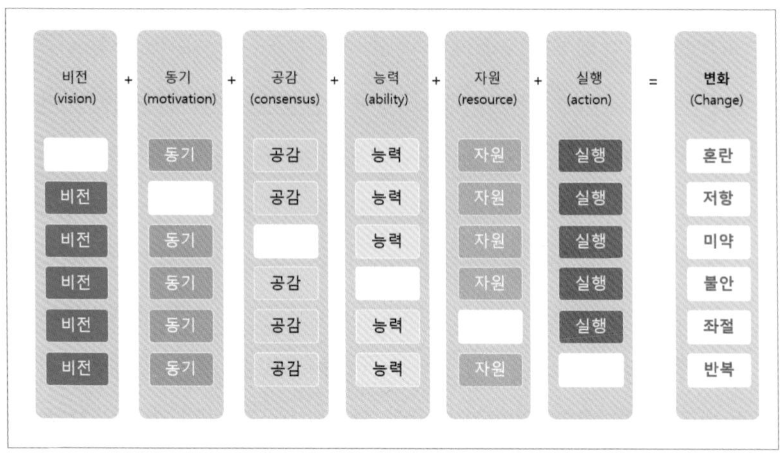

Knoster의 5 components of Organisational change 수정 작성

지금까지 중앙, 지역, 학교 상황에서의 그린스마트미래학교 목표에 대해 알아보았다. 어떤 급이든 최고의 목표는 하나다. 학생 성장(성취)를 위한 최고의 교육적 경험을 만드는 것이다. 그린스마트미래학교는 교육공동체의 참여와 실천으로 이뤄진다. 그러므로 각 조직 내 구성원들에게 쉽고 명확하게 전달되어야 한다. 조직의 목표, 방향에 따른 의도적 변화는 결국 조직의 미션과 비전에서 출발한다. 이제 이와 관련된 사전기획의 단계로 넘어가자.

5장

학교의 준비와 실행

그린스마트미래학교 시작을 위한 질문들

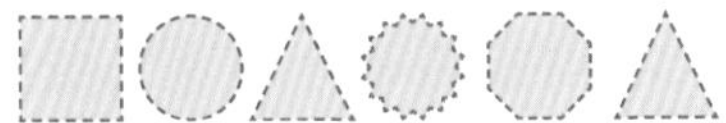

그린스마트미래학교로의 재설계를 추진하는 학교에 구체적인 정보를 제공하기 전에 몇 가지 질문에 답을 하는 것으로 본 장을 시작하고자 한다. 교원들과의 워크숍 설계를 위해 사전 확인할 필요가 있는 질문을 넣었다. 학교에서 이루어지는 설문은 주로 수치를 한 눈에 볼 수 있도록 하기 위해 설문조사자의 의도를 직접적으로 묻는 경우가 종종 있다. 하지만 답은 겉을 보고 판단하기 보다는 심층적인 해석을 통해 학교의 상황을 파악해야 한다. 물론 질문 분야에 따라 학교현황을 분석하는 전문가는 바뀐다. 학교문화나 교육현황에 대한 분야는 학교리더, 교사, 교육 전문가가 분석자가 되며, 물리적인 공간에 대한 심층적 해석자는 건축사나 건축가와 같은 공간전문가가 분석주체가 될 것이다. 그 해석이 실제로 유효한지 등을 검토하고 문제점을 발견하고 개선점을 찾아가는 것이 학교공간혁신 사전기획을 위한 워크숍의 중심이라 할 수 있다. 학교에서 교사학습공동체나 전문적학습공동체때 함께 학습하고 참고할만한 도서도 출처와 함께 명기하였다.

아울러 설문의 해석을 좀더 명확히 하기 위해서는 통계분석툴[83]을 활용할 수도 있다. 통계집단의 평균차이나 분산정도에 따라 학교리더의 역할이 더 분명해지기 때문이다. 특정교과에서의 반응 등 결과에 대한 원인은 학교 내부자만이 알 수 있고, 학교변화를 위해서 발생하는 문제들의 해결책을 찾을 때 도움이 될 수도 있다.

교사는 학교 '공간'에 대한 이해가 정말 높을까?

현재 주어진 학교 공간은 예전에 만들어진 시설 기준에 근거한다. 60년대 만들어진 표준 설계도서에서 시작된 학교 시설 기준은 해가 바뀌면서 변화하는 교육과정을 반영하며 개선되어 왔다. 하지만 그 변화에는 한계가 있다. 기존의 방식은 학생과 증가하는 교과의 수용이 가장 큰 목적이자 해결해야 할 과제였기에 학생이 증가하면 일반 학급이 증축되고, 컴퓨터 수업, 영어, 수학 전용실이 필요하면 관련 전용실(특별실)이 하나 더 구성되는 구조다. 최근에는 이해와 표현력의 장으로 연극수업이 반영되자 일부 학교에서는 연극실을 추가했다. 즉 공간을 구성하는 기준부터 현재 교육과정에서 중심이 되는 성취기준이나 역량에 대한 고려가 전혀 이루어져 있지 않다. 좋게 표현하자면 너무나 시설적이고 관리차원의 접근이다.

학생성취를 지원하기 위한 교육과정 재구성 또는 교수학습법 개선을 위해 필요한 것이 새로운 전용공간 또는 특별실인가? 그렇다면 기존 교

---

83 MS Power BI, SPSS 등을 활용할 수 있고, 이 활동을 외부전문가가 한다면 그들이 통계전문가의 도움을 받아서 학교와 논의할 수 있다. 또는 미래학교 전환지원금을 활용하여 학교 전반에 대한 전문적 컨설팅을 받는 것도 좋겠다. 그럼에도 불구하고 문항은 필요가 있는 내부에서 만들어야 하고, 통계분석을 위해 집단을 어떻게 구성할 것인지, 유의미한 문항인지 등은 전문가에게 검토받는 것이 일반적이다.

실을 조금만 개선하면 큰 불편함이 없을 수 있을 것이며, 현재 공간의 효율적 활용이 충분히 가능할 것이다. 이렇게 판단한다면 학교시설 현대화 사업으로도 충분하다. 규모에 맞는 학교를 짓고 교사는 주어진 공간을 충실히 사용하는 것으로. 학교의 교육 기능 중 전통적 기초지식의 전달은 강의 방식이 더 효율적인 경우가 많다. 하지만 새롭게(실제 오래전부터 요구되어왔지만, 이제야 관심을 가지는) 요구되는 역량의 관점에서 보면 어떨까? 지식 전달이 교과중심의 날실이라면 역량은 여러 교과를 가로지르는 씨실과도 같다. 이제는 세로로 정렬된 날실에서 그 세로줄을 어떻게 엮어갈 것인지 고민하는 시점이 되었다. 때문에 지금 우리가 요구하고 희망하는 학교는 단순히 공간 규모만을 요구하고 있지 않다. 물리적 공간뿐만 아니라 새로운 교육을 담을 수 있는 심리적으로, 물리적으로 연결된 공간을 요구한다. 건축전공이 아닌 학교 교사가 공간을 고민해야 하는 이유는 물리적 학교 공간을 가장 잘 이해할 것이라는 기대가 아니라, 새로운 교육의 변화를 가장 잘 이해할 것이라는 기대에 있다. 교사에게 학교의 비전이 무엇인지. 이에 대한 교육적 핵심 정책이 무엇인지를 묻는 이유가 어떤 전용실이 더 필요한 것인지를 묻고 있다고 생각한다면 오산이다.

'공간'전문가가 학교'교육'를 재설계할 수 있을까?

건물을 짓는 것은 건축이다. 건축물이 모인 도시를 짓는 것은 도시계획이다. 이런 도시들의 집단에서 돈의 흐름을 결정하는 것은 경제학이다. 그리고 각 분야별 전문가들은 자신의 영역을 지배한다. '공간의 생산'에서 앙리 르페브르는 이렇게 각종 전문 분야에서 공간을 나누고 세분화시켜 파편화 시키는 것을 비판한다. 그리고 공간_단순한 물리적 공간을 넘는_은 '그 자체'가 아니라 그 안에 내포된 사회적 관계를 통해 분석되어야 한다고 주장한다.

학교공간을 고민할 때 아직도 학교시설의 전문가로서 학교와 교육을 온전히 이해하기 힘든 '건축가'를 최고 전문가로 인식하고 있는가? 그들의 수준에 따라 미래학교의 수준이 달라진다고 생각하고 있는가? 그래서 이 사업의 핵심은 실력있는 사전기획가를 만나는 것이 핵심이군요라는 말을 하고 있는가? 학교공간은 교육과정과 학생생활이 포함되었을 때만 그 의미가 있다.

좋은 학교공간은 학교의 교육비전과 학생성취 목표를 가장 잘 실현하는 장소이며 환경이다. 이는 단순히 물리적 여건을 제시함으로써 해결되지 않는다. 건축가의 전문성인 '건축'이 이를 해결해 줄 수 있다면, 모든 학교는 동일한 건축 문법으로 똑같이 만들 수 있다. 하지만 세상에 똑같은 학생이 존재하지 않듯이 똑같은 학교도 없다. 학교는 학생의 성장을 지원하는 교육기관이며, 학생뿐 아니라 교사의 생활의 장이기도 하다. 교육과 생활이 영위되로록 지원하는 행정기관이다. 동시에 학교 리더에게 학교는 지속발전을 보장해야하는 경영의 장이다. 학교가 제대로 작동하기 위해서는 경중이 있다 하더라도 모든 분야가 함께 고려되어야 한다. 즉 통합되고 연결을 통해 공간의 근본적 목적을 달성할 수 있다.

이제 명확해졌다. 학교공간혁신, 그린스마트미래학교는 학교공간을 바꾸는 작업이 아니라 학교교육을 재설계하는 과정이라는 것이. 그럼에도 "이상적인 이야기 말고 학교의 현실을 알지 않느냐, 입시부터 바꾸라."라고 다시 얘기하고 싶다면 다음의 구체적인 질문과 준비과정 역시 "할 수 없어."가 될지도 모르겠다. 그러나 이미 많은 학교들이 하고 있다.

그린스마트미래학교 전환을 준비하는 과정에서 학교는 다수의 전문가를 초빙해 학교 구성원의 역량강화와 의기투합을 준비한다. 학교전체를 관찰하고 분석하여 함께 바꿔가야하는 사업인 만큼 당연한 시도이며 필요한 과정이다.

공간혁신사업을 먼저 시작한 사람으로 저자도 다수의 학교에 관련 요청을 받고 지원을 나가면서 준비과정의 중요성이 더 절실히 느껴졌다. 새로운 사업을 위해 처음 행해지는 행사는 구성원의 사업에 대한 인식과 기대, 참여의지에도 상당한 영향을 끼치게 된다. 모두들 좋은 점만 바라보던 그린스마트미래학교 사업이 처음으로 현실로 내려오는 순간인 것이다.

사업에 대한 안내 또는 워크숍을 진행하기 기획자(또는 발표자)가 학교 구성원의 인식을 파악하기 위한 준비해야할 몇가지 질문과 이를 적용하는 방법을 기술해본다.

사업후원 준비를 위한 교육기획가의 질문

▶ 확인질문 [A형]

1. 우리 학교 공간이 바뀌어야 한다고 생각합니까?

매우 그렇다 - 그렇다 - 보통이다 - 그렇지 않다 - 매우 그렇지 않다

2. 학교 공간이 바뀌어야 하는 "가장 큰 이유"는 무엇입니까?
   (1번에서 매우 그렇다와 그렇다 체크자)
   1) 준공년도가 오래된 위험 시설이므로
   2) 학생, 교사 지원시설(쉼터, 연구실 등)이 부족해서
   3) 일반교실의 쾌적한 학습환경의 변화가 필요해서
   4) 교육정책 실현 대비 학교 시설이 미비해서
      (예_고교학점제, 자유학년제 등)
   5) 학교의 정체성을 살리는 교육과 지원 시설이 필요해서

3. 우리 학교 공간이 바뀔 필요가 없다고 생각하는 이유가 무엇입니까?
   (1번에서 그렇지 않다–매우 그렇지 않다 체크자)
   1) 현재의 학습환경에 대해 큰 불만이 없어서
   2) 입시제도 학교에서 현재 구성의 큰 무리가 없으므로
   3) 학생성취에 공간이 주는 영향력이 없으므로

4. 그린스마트미래학교를 위해 교사가 알아야 하는 내용이 무엇이라고 생각합니까?
   (우선순위 2개만 체크)
   1) 현재 학교 공간에 대한 개선 사항
   2) 교육정책과 연계된 학교공간 구축 사례
   3) 새로운 교수학습을 지원하는 학습환경 구축 사례
   4) 학생들의 학습, 생활에 따른 학생들의 요구사항
   5) 학교시설(건축)에 대한 전문지식

▶ 확인질문 [B형]

1. 학교가 변화하고 있다고 생각합니까?

매우 그렇다 - 그렇다 - 보통이다 - 그렇지 않다 - 매우 그렇지 않다

2. 학교의 변화를 직접적으로 느끼는 요소는 다음 중 무엇입니까?(중복체크)

1) 세대의 변화(알파학생, MZ교사, 학부모)

2) 교육초점의 변화 - 학력격차, 기본학력

3) 교육방법의 변화 - 원격교육, 에듀테크

4) 교육정책의 변화 - 고교학점제, 교원양성체제

5) 21세기역량 강화 - 디지털 리터러시 강화

6) 학교문화의 변화 - 민주학교, 학교자치

3. 학교의 변화가 느껴지지 않는 이유는 다음 중 무엇입니까?

1) 여전한 아날로그적 업무(종이 가정통신문 등)

2) 새로운 교육정책도 기존방식으로 실행

3) 디지털 도구만 사용하지 디지털에 맞는 수업의 변화는 드묾

4) 효과적이지 않은 새로운 시도들로 변화전으로 회귀하는 일이 다반사

4. 그린스마트미래학교를 통해 학생성장을 위한 수업, 문화, 공간의 변화의 폭이 클 것으로 기대합니까?

매우 그렇다 - 그렇다 - 보통이다 - 그렇지 않다 - 매우 그렇지 않다

▶ 확인질문 [C형]

1. 사회변동의 가장 큰 요소가 무엇이라고 생각합니까?

1) 건강, 가족/가구, 인구 영역

2) 교육, 훈련, 노동, 자산영역

3) 주거, 여가, 범죄 안전영역

4) 주관적 웰빙, 사회통합영역

2. 사회변동에 따라 학교교육내용과 방법 중 변화해야할 요소가 많다고 생각합니까?
매우 그렇다 - 그렇다 - 보통이다 - 그렇지 않다 - 매우 그렇지 않다

3. 변화될 교육을 위해 학교공간도 바뀌야 한다고 생각합니까?
매우 그렇다 - 그렇다 - 보통이다 - 그렇지 않다 - 매우 그렇지 않다

위 3가지 유형의 질문들은 필자가 그린스마트미래학교를 시작하는 학교에서 안내를 요청할 경우 교원들의 생각을 미리 알아보기 위해 만든 문항들이다. 문항을 제작하기 전, 안내를 요청한 교원에게 사업신청서와 신청서에 담지 못한 학교의 상황 등을 파악하기 위해 사전 인터뷰를 실시한다. 이때 학교들마다의 특이점이 발견되는데 신청서식에는 대부분의 교원의 찬성으로 되어 있지만 특정인에 의한 선택인 경우도 있고, 생존이 걸린 작은 학교가 학교를 사수하기 위한 방편인 경우도 있다. 강하게 반발하는 교원이 3%이상인 경우, 소수의 적극적인 교원들에 대한 반발을 가진 집단이 있는 경우 등 학교 수만큼이나 학교 사정이 모두 다르다.

문항을 만드는 사람이 사전기획가든, 학교 사업 주무든, 교육기획가든 그 누구라도 사업을 준비하고, 학사 운영 전반을 검토하고 있는 교원에게 필요한 내용이 무엇인지 먼저 확인하고 그에 맞는 질문으로 안내의 화두를 잡을 것을 권한다. 무턱대고 학교의 비전과 교육의 목표가 분명하지 않다던가, 교사들이 교육을 모른다 등의 폄훼가 일어나지 않도록 주의해야 한다.

유형A의 "학교 공간이 바뀌어야 한다고 생각합니까?"의 질문은 사업 진행교라면 매우 그렇다를 포함하여 긍정답변이 대체로 80%를 넘는다.

사업교라도 매우 그렇지 않다가 간혹 한 두 명 정도는 나온다. 변화는 목적에서 출발해야 함을 3장에서 강조했다. 다만 교원들의 학습 수준이 서로 다르기 때문에 무엇을 위한 변화로 인지하고 있는지를 파악하기 위한 몇 가지 질문이 이어질 필요가 있다. 학교의 기존 교육계획서와 사업 신청서, 전년도 학교 정보공시 내용, 교원들의 답변을 비교해보면 학교에 투입해야되는 사업추진 상의 정보와 자료, 수준 등 컨설팅이 가능해진다.

유형B의 경우 문항 선택지에 담긴 조작적 정의에서 이미 무엇을 중심으로 사업 초기 교원들을 안내하려고 하는지가 보인다. 변화라는 메시지를 좀더 구체적으로 강하게 함의하고 있다. 유형마다 큰 차이가 느껴지지 않을 수 있지만 변화에 대한 태도가 소극적인 교원이 많은 경우 다음 내용에서 이어지는 문항들에서 연속적으로 같은 메시지가 담긴 문항들이 담긴다.

유형C는 변화에 대해 수용적인 태도를 가지고는 있으나 변화의 목적이 불분명할 때 그 자체를 알게 하는 문항이다. 변화의 필요성은 있으나 무엇에서 무엇으로의 변화인지를 워크숍 소재로 찾게 하거나 때로는 목표가 없다는 자체를 알게 하는데 중점을 둔다. 대부분의 학교가 사업 초기 특강을 통해 사업을 교원들에게 안내하는 형식을 취하고 있으므로 향후 전문가들과 워크숍을 추진할 때 학교의 구체적인 사업목표가 없는 막연한 상태라면 현재의 흐릿함부터 해소해야하며 이 흐릿함을 해소하기 위한 학습이 전제되어야하고 또 이를 돕는 이 분야의 전문가가 필요함을 안내하는 전략이라고 보면 된다.

위와 같은 문항들은 강의 또는 워크숍 전 사전설문으로 사용할 수 있고, 워크숍 중에도 안내 자료로 활용할 수도 있다. 물론 학교 상황에 맞춰 선택지의 조작적 정의는 달라진다. 어떤 유형이든지 간에 공통적으로 전제되어야 하는 것이 있다. 문항의 의도에 따라 정확한 분석을 하려면 문항에 답하는 사람들과 같은 의미의 언어를 사용해야 한다 점이다. 또한 설문조사와 데이터의 관계를 고려하여 결과값 자체가 유의미한 정보라고 생각하는 것을 경계해야 한다. 설문에 찬성했다고 해서 깊은 고민을 거쳐 내린 결론이라고 생각할 수 없는 경우가 허다하다. 해석 없는 설문의 결과가 사전기획보고서에 그대로 담겨서는 안 된다.

마이클 풀란[84]은 그의 저서에서 교육변화이론, 특징, 과정을 상세히 기술하고 있다. 변화에 대한 현상학의 무지에서 비롯된 개혁의 실패 등의 담론과 과정 예가 들어 있다. 그린스마트미래학교를 추진하는 학교가 꼭 봐야할 내용이 담겨있다. 학습을 통해 학교가 필요한 정보와 설문 상의 조작적 정의를 연결해서 활용할 것을 권한다.

덧붙여 교원뿐만 아니라 학생들의 학교에 대한 인식을 확인해볼 필요가 있다. 학생들의 학교와 동료 학생들에 대한 인식은 피상적 고정관념에 기인할 수도 있으나, 현재 학생들이 경험하는 교수학습방법이나 교사 및 동료 학생과의 관계에 대한 인식은 학교를 이해하는데 도움이 된다. 학교 공간이라는 말에 갇혀 단순히 불편한 공간이 어디인지, 어떤 공간이 필요한지만 묻는 관행에서 벗어났으면 한다.

다음 4개의 그림은 2021년 초, 그린스마트미래학교를 추진하는 00중학교의 학생들을 대상으로 실시한 설문내용 중 일부다. 학생들의 응답과 교원들의 응답을 교차 검토하면 실제 학교에서 일어나는 행위를 살펴볼 수 있다. 교사들의 교수학습방법과 학생들의 선호 또는 가장 잘 배울 수 있는 방법에 대한 인식 등을 함께 놓고 볼 수 있는데 이에 대한 유의미한

84 마이클 풀란, 〈학교개혁은 왜 실패하는가?〉, 21세기교육연구소, 2017.

격차가 발생한다면 원인을 분석하고 문제로 인식될 경우 학교는 교원과 학생들을 대상으로 어떤 교육적 지원을 해야되는지를 가늠할 수 있다는 뜻이다. 위 표는 표면적인 결과에 의한 것이다. 첫 표면적 해석은 필자가 했고, 그 해석이 맞는지에 대해서는 학교 구성원과 함께 소통하면서 그 원인을 탐구하였다. 응답 그룹간 발생하는 인식차이는 학교를 이해하고 문제점을 도출하며 해소하기 위한 실마리가 되기도 한다.

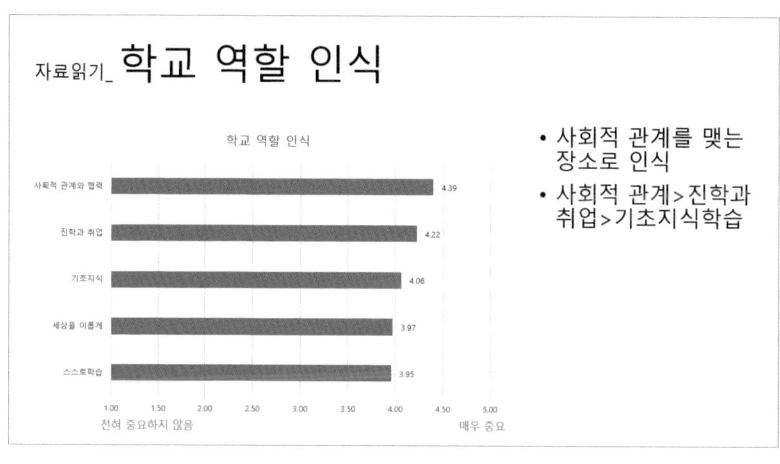

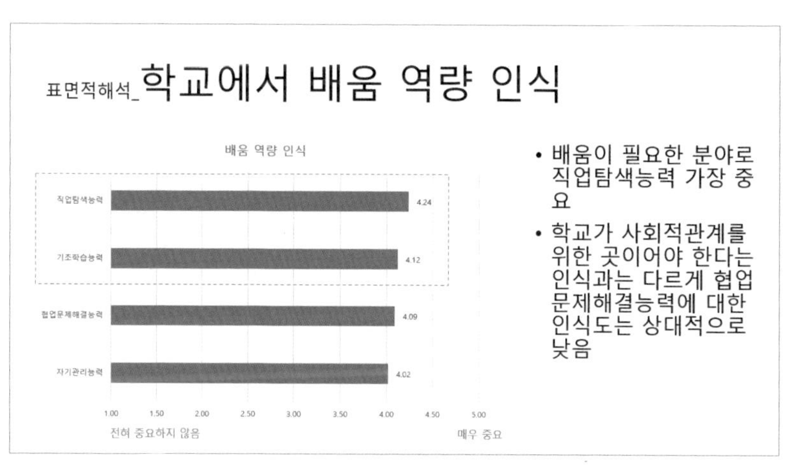

자료읽기_ 학교에 대한 인식수준

학교 역할 인식(학년별)

4.00
3.50
3.00
2.50
2.00
1.50
1.00
0.50
0.00

기초지식 / 스스로학습 / 사회적관계 / 세상을이롭게 / 진학과 취업

■1학년 ■2학년 ■3학년

• 학년간 응답차이

* 평균차이는 0.05수준에서 유의

• 사회적관계를 만들고 협력을 강화하는 곳

; 1학년 < 3학년

• 세상을 이롭게 만드는 능력을 키우는 곳

; 1학년 < 3학년

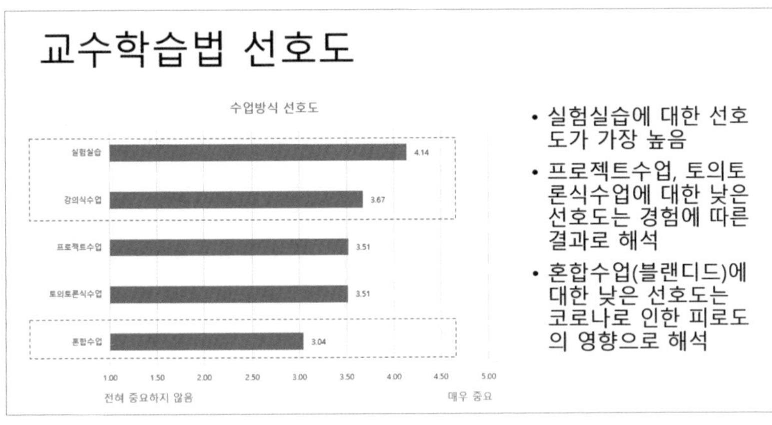

TIP —

전문적 학습을 위해 필요한 책

- 마이클 폴란, 〈학교개혁은 왜 실패하는가?〉, 21세기교육연구소, 2017.
- 제이 맥타이 외, 〈학교 이렇게 바꾼다〉, 교육을바꾸는사람들, 2020.
- 앤디 하그리브스 외, 〈학교교육 제4의 길〉, 21세기교육연구소, 2015.
- 이정동, 〈축적의 길〉, 지식노마드, 2017.

사업 대상 동(건물)만 보는 거 아닌가?

교사가 공간을 고민할 때 가장 먼저 생각해야 하는 핵심어는 '생존'이다. 학생이, 교사가 학교 정문을 통과할 때 행복한가? 아니 행복까지는 아니라도 편안해지고 오늘의 학습에 대한 기대가 생기는가? 학교에 접근할수록 학교 정문을 통과하여 교사동으로 진입할수록 더 안전하고 편안함을 느끼는가? 아니면 점점 더 위축되고 도망가고 싶다는 생각으로 불안해지는가? 이도 아니면 그런 생각 자체가 들지 않는 '정거장'인가?

안전한 학교란 높은 담을 둘렀을 때만 생기는 것이 아니다. 학교 밖 마을이 안전하고 마을 주민이 교사라면 담 없는 학교가 더 학교다울 수 있고, 마을에서 배우는 게 더 많다면 교실의 경계가 없는 것이 학생의 성장을 더 도울 수 있다. 하지만 일반적으로 학교는 성인의 보호와 지식의 전달을 더 효과적으로 지원한다. 그래서 교사를 양성한 것 아닌가? 그리고 학교는 학생들이 스스로를 지키고 학습할 수 있도록 성장함을 목표로 한다. 학교 캠퍼스는 이를 지원해야 한다. 이러한 캠퍼스의 구성은 우선 큰 그림, 배치계획부터 시작된다. 학생들의 등교(진입), 이동, 소통은 연결의 관점에서 접근되어야 한다.

학교 캠퍼스는 학생들에게 소속감과 안전감을 주어야 하고, 학생 상호간, 교사와의 소통을 가능케 하여야 하며, 일과시간 내 교육활동을 지원하여야 한다. 짧은 동선은 교육활동에 집중할 수 있도록 이동을 위한 시간과 노력을 줄여줄 수 있지만, 혼잡함과 소란을 야기할 수 있고 다른 반 또는 학년과의 소통을 방해하는 요인으로도 작동하기도 한다.

학교는 작은 마을이며 도시다. 도시는 집들이 모여 살면서 여러 가지 제도가 자리잡는 가운데 그 특색을 지니게 된다. 사람들은 정해진 제도에 따라 함께 살아간다. 어떤 도시는 구성원 상호 간의 교류를 최소화하고 정해진 제도에 맞춰 살아가고, 또 다른 도시는 상호간 교류를 적극적으로 조장하며 서로 가족처럼 지내기도 한다. 학교에서도 마찬가지 현상이 관찰된다. 어떤 학교는 교사가 중심이 되어 지식을 전달하기 위해 세세한 학칙을 정하고 엄격히 지켜가는 반면, 다른 학교는 학생 간 교류를 통해 스스로 성장할 수 있도록 명문화된 학칙보다 소통에 의존한다. 이런 특성은 무수히 다른 도시와 같이 다양하고 특색있는 학교 배치를 형성해 간다. 도시와 마찬가지로 학교 캠퍼스는 정해진 규칙에 따라 조성되기도 하지만 살아가면서 자연스럽게 재현되기도 한다.

학교 캠퍼스는 '연결'과 '중심'이라는 관점으로 분석가능하다. 얼마나 쉽게 공간 간 이동이 가능한지, 그리고 그 연결에서 어디가 중심이 되어야 하는지를 정하는 과정은 학교공간을 조성하고 계획하는 첫 걸음이 된다. '연결'은 구성원간 소통의 시작이다. 그리고 그 연결이 모이면 중심이 된다. 학교 공간에서 보행자 이동 동선은 '건물의 배치', '지형적 요인', '기능적 요인', '심리적 요인'에 따라 결정되는 경향을 보인다.[85] 각 요인별 내용은 이러하다.

첫째, '건물의 배치'는 교사동의 위치와 이에 대한 연결 동선을 의미한다. 학교 배치상 명확한 동선과 건물배치를 가지며, 각 건물 또는 공간에 대한 가시성(시야)을 확보하면 보행자들은 쉽게 공간을 인지하고 이동하는 경향을 보인다. 그리고 그 동선이 모이는 곳이 학교의 중심으로 작동하게 된다.

둘째, '지형적 요인'은 '건물의 배치'가 잘 되어 있더라도 사용자들은

85 대학 캠퍼스 보행자 이동패턴과 보행 네트워크간의 상호 관련성, 이유미, 신행우, 2014, 교육시설학회.

'계단'이나 '경사'가 심한 경우 접근성이 현저히 떨어짐을 의미한다. 이러한 '지형적 요인'은 학교부지가 결정되는 순간부터 이미 어느 정도 제약을 가지게 되는 요소임에 따라 부지 확보, 건물 배치 결정 시 중요한 요인으로 고려되어야 하며, 한번 배치가 결정되고 나면 전면 개축이 이루어지기 전에는 개선이 어렵다.

셋째, 아무리 공간적으로 잘 배치된 학교라 할지라도 공간이 가지는 기능은 사용자의 이동과 이를 통한 활동에 영향을 미친다. 학교는 교육과정을 실현하는 시간표에 따라 작동된다. 학교 외곽 부분에 설치된 급식당은 아무리 접근이 어려워도 점심시간마다 모든 구성원이 방문할 수밖에 없는 공간이다. 하지만 학생들의 도서관 활성화를 주도적으로 유도하기 위해서는 학교의 중심위치, 접근이 가능한 위치에 배치되어야 한다. 특별교실동을 별도로 두는 것은 학교 교실 배치상 유리할 수 있으나 설치된 특별교실은 수업시간에만 사용될 것이다. 공간은 물리적 위계를 가진다. 아무리 잘 지어진 학교도 정문–보행로–교사동–복도–계단–교실의 물리적 위계를 넘어 한번에 교실 또는 도서관으로 진입할 수는 없다. 따라서 학교가 지향하는 중심교육에 따라 현명하게 의도된 공간구성이 필요한 것이다.

넷째, '심리적 요인'은 기본적 생존에 대한 안전부터 편안하고 심미적인 사항까지 다양한 범위로 접근 가능하다. 보행 분리 등 신체적 안전에 대한 요구는 그 기본이 되어야 하며, 더 나아가 시각적, 환경적 안전과 만족도에 대한 요구는 증대되고 있다. 이러한 여러 가지 영향요인을 조성하는데는 돈이 필요하다. 따라서 무조건 수준 높은 환경이 좋은 환경이라는 생각보다는 기본적으로 반드시 필요한 요인(보행안전, 시설안전, 환경적 편안함)과 심미성에 대한 완성도는 학교가 처한 환경 및 재정 여건을 고려하여 우선 순위를 부여 후 결정됨이 요구된다.

학교 캠퍼스 전면 개축과 부분 개축(또는 리모델링)은 다르다?

그렇지 않다. 스케일이 다를 뿐이다. 공간을 조성하는 일이든 교육계획을 수립하는 일이든 일관된 맥락이 필요하다. 개인의 가치가 조직의 목표와 일치될 때 최대화될 수 있는 것과 마찬가지이다. 전체 학교 배치가 목적한 바에 따라 구성되었다면, 건물 내부 공간 또한 그 맥락을 따라야 한다. 전체와 국부적 맥락이 연결되지 않고 다른 방향을 지향한다면 원하는 바를 이룰 수 없다.

미국 학교시설 전문가인 프라카시 나이르(Prakash Nair)는 학생 상호간의 소통이 가능한 규모를 학생수 90~120명 수준으로 설정하고 이를 설계에 반영하고 있다. 예를 들어 600명 학생규모를 가진 학교의 경우, 150명 규모의 4개 조닝을 만들어 학교 내 작은 학교를 기본 생활존으로 간주고 교육, 소통을 지원하는 형식이다.

이런 관점에서 학생수 100명 이하의 학교는 학교 배치가 곧 교육 공간을 구성하는 실 배치와 동일하다. 우리나라 학교 운영은 학년 단위를 중심으로 운영되고 있지만, 학년 단위, 전공 단위의 너무 세분화 된 접근은 학생 상호 간 교류를 통한 교과 간 융합을 저해하는 문제가 될 수 있다. 반면 학생수 1,000명을 넘어서는 대규모 학교는 큰 규모로 인한 어려움을 겪는다. 학년별 또는 교과별 조닝이 혼재된 경우 학생들 상호 간 익명성 증가로 소속감의 상실, 동기부여의 결핍이 발생할 수 있다.

어떤 경우이든 간에 작은 공간, 학생들이 실제 생활하는 교실의 배치를 위해서는 생활 존에 대한 결정이 우선되어야 한다. 전체 학교 배치에 있어서 부여된 생활 존_학년 중심이든, 교과 중심이든_은 그 내부에서 다시 한번 중심과 연결, 위계에 대한 검토가 필요하다. 다만 전체 학교 배치를 고민할 때보다 '기능적 요인'과 '심리적 요인'이 더 중요한 고려 요소가 된다. 학급간, 교과간 어떤 연결을 통해 원하는 교육효과를 기대할 수 있는지, 그리고 생활 존의 배치를 통해 학생 상호 간 소통을 어떻게 지원할지가 관건이다. 학급 단위의 생활 존을 운영하는 학교라면 학급 중심의 생활 존은 지식 전달, 역량 강화, 상호 소통 등 학급 단위의 학교생활을 합리적으로 지원하도록 구성되어야 한다. 학급이라는 위계를 넘어서는 식당, 체육관, 도서관과의 연결성은 이미 학교 배치에서 고려되었으므로 작은 공간에 대한 고민은 큰 공간과의 연결을 어떻게 지원할 것인지, 그리고 내부 작은 실들을 어떤 순서로 배치할 것인지를 결정하는 과정이다. 이를 위해 학교 교사와 리더는 다음과 같은 질문에 대해 고민해야 한다.

1. 학생들의 생활 존을 어떤 범위로 정할 것인가? (교과존/학년존)
2. 각 생활 존과 전체 학교가 사용하는 지원시설(도서관, 체육관, 급식실, 특별교실 등)과의 연결이 효과적인가?
3. 생활 존은 전체 학교의 관점에서 얼마나 독립적으로 운영될 것인가? (교실–교무실–상호 소통을 위한 비형식 학습공간–특별교실–지원시설)
4. 생활 존의 중심은 어디이며 이는 학교 특색교육 방향과 일치하는가?
5. 작은 실단위도 공간이다. 어떻게 교실 공간을 조성할까?

공간은 기본적으로 벽, 바닥, 천정으로 구성된다. 하지만 이런 피상적 물리적 한계는 공간 구성에 있어 한계가 되기도 한다. 건축에 있어서 세분화된 전문 분야는 물리적 구조체 중심의 건축, 냉난방 중심의 기계, 조명과 학교 기자재 운영을 위한 전기분야로 세분화 되어 조합을 이룬다. 그런데 사용자 측면에서 '공간'이란 무엇인가? 건축을 종합예술이라고 하지만 역사적 건축양식과 예술적 차원의 심미성이 '공간'을 만드는 전부는 아니다. 그렇다고 산업적으로 세분화된 물리적 전공 분야 또한 건축을 전부 설명할 수 없다. 무엇보다 '교육'이라는 뚜렷한 목적을 지닌 학교에서 공간을 단지 물리적 요소들과 이들의 조합을 통한 아름다움 또는 사용공간의 효율성으로 이해하려는 몇몇 사전기획보고서의 결과가 의아해지는 이유가 여기에 있다.

TIP —

전문적 학습을 위해 필요한 책

- C. Carney Strange외 , 〈캠퍼스 디자인〉, 학지사, 2019.
- Prakash Nair, 〈Blueprint for Tomorrow〉, Harvard Education Press, 2014
- Prakash Nair, Randall Fielding, Jeffery A. Lackney, 〈The Language of School〉, DesignDesignShare, 2009.
- Prakash Nair, 〈Outdoor Learning〉, Independently published, 2020.

공간 재구조화

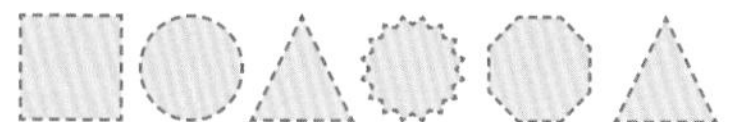

1단계. 비전과 목표

성공적 사업의 수행은 뚜렷한 비전과 목표에서 시작한다. 정확히 원하는 것이 무엇인지 다시 한번 확인하라. 그리고 그린스마트미래학교 사업이 완료되는 순간까지 함께할 가장 큰 평가 기준을 정립하라. 그 평가 기준은 학교의 비전을 달성하는데 영향을 미치는 주요한 요소여야 하며 측정 가능해야 한다. 하지만 학교마다 동일한 언어의 비전이라 하더라도 달성하고자 하는 목표는 다를 수 있다. 따라서 이를 확인하는 평가기준의 수준도 상이할 수 있으므로 학교에 맞는 내용을 구성원 간 공유하자.

다시 3장의 그린스마트미래학교 추진목표를 평가기준으로 조정하여 살펴보자.

1. 공간혁신

구축된 공간은

1-1 다양하고 유연한 교육을 지원하는가?

1-2 경계없는 학습을 지원하는가?

1-3 전체 캠퍼스 수준의 스마트학습을 지원하는가?

1-4 교육자의 역량은 어느 수준으로 유지 상향되었는가?

2. 디지털혁신

2-1 디지털을 통한 교직원의 업무가 혁신되었는가?

2-2 민첩,유연하고 반응성 좋은 IT환경과 심층학습을 위한 기기가 마련되었는가?

2-3 학생, 교직원 간 플랫폼이 구축되었는가?

2-4 증거기반 의사결정으로 학습과 시스템이 개선되었는가?

3. 지속가능한 교육

3-3 ESD 교육의 진행 수준과 학습환경이 연계되고 있는가?

3-4 교수학습에 SDGs가 어느 정도 반영되었는가?

이를 통해 학교는 최고의 교육적 경험을 창출하고 있는가?

이 모든 것이 학생의 성취에 어떻게 나타나고 있는가?

위의 내용은 3장에 언급한 바와 같이 중앙의 차원에서 제공될 수 있는 내용이다. 이에 교육청, 학교 차원에서 설정한 학교의 발전목표와 이를 이루는 사업의 목표에 따라서 구체적으로 어떤 평가기준을 어떤 조작적 정의와 척도로 데이터화하고 측정할 것인가가 다시 학교의 워크숍 또는 컨설팅의 내용이 될 수 있다. 물론 이때도 학교의 상황에 따라 분야별 전문가와 협력할 수 있다. 또 초기 워크숍에서도 설문 문항에 넣어둘 수도 있다.

3장에서 예로 든 A학교로 상정하고 확인질문을 만들어보면 아래와 같다.

〈A교 발전목표〉

- 미션 : 학교 교육의 대전환
- 비전 : 모든 이의 잠재력이 실현되는 살아 움직이는 힘의 학교
- 핵심요소 : 학습과학에 의한 학력 보장/21세기역량교육과정 실현/평생학습자 양성
- 핵심요소에 따른 사업의 목표

학습과학에 의한 학력보장 - 공간혁신+디지털혁신

▶ 확인질문 [부분 예시]

1. 그린스마트미래학교 결과로 가장 달라질 것으로 기대하는 것은?

1-1 학습과학에 의한 학생들의 학력보장

- 교육과정설계, 교수학습방법 등의 개선을 위한 교육학습공동체 운영
- 학습과학 전문가와의 협력을 통한 교수학습 설계
- 데이터 분석을 통한 기초학력미달자, 기초학력대상자 확인 및 관리
- 교수학습활동에 따른 학습효과 및 학생성취 평가(데이터 중심의 증거기반에 근거)
- 학생의 성취에 대한 데이터 기반 학생 및 학부모 상담

▶ 적용

물론 위와 같은 평가기준과 측정도구를 마련하기 전에 학교가 학력에 대한 정의를 내리고, 그에 따른 구체적인 목표가 설정되어야 한다. 그리고 그 목표에 따라 측정할 수 있는 기준과 도구를 생각하고 진행과정에서 꾸준한 데이터 관리를 해야 한다. 이는 마치 교수학습평가 과정에서 이루어지는

과정중심평가와도 같다. 성취기준을 구체화하고 성취기준별 루브릭(학습자의 학습 결과물이나 성취 정도를 평가하기 위하여 사용하는 사전에 공유된 기준)을 만드는 것을 떠올려보면 교사는 이해가 빠를 듯하다. 학생에 대한 평가를 단순한 만족도 조사나 교사 개인의 느낌에 의존하는 시대는 지나갔다.

학교가 측정하고자 하는 항목을 모두 시스템으로 프로그램화하여 맞춤형으로 제공하면 현장 교사의 부담은 줄어들겠지만, 이 역시도 프로그램 사용자가 무엇을 목표로 어떤 내용으로 프로그램해달라는 주문이 없다면 모두 무용지물이 된다. 또한 공립학교 특성 상 사람이 바뀌는 문제는 대입만큼이나 회자되는 불가능의 만능키다. 사람은 가더라도 증거를 남기고, 증거를 기반으로 학교가 운영된다면 사람이 바뀌는 문제도 극복의 시작이 된다. 학생의 학업수준 또는 역량을 정량적으로 측정하기 위해서는 먼저 학교의 교수학습운영 특성에 따른 성취기준을 조작적으로 정의하여야 하며, 언어자료를 분석하기 위해서는 내용어의 특성을 미리 마련해야 한다. 전문적 분야에서의 어려움은 분야별 전문가와의 협력을 통해 해결할 수 있다.

TIP —

전문적 학습을 위해 필요한 자료[86]

- Laura Greenstein, 〈수업에 바로 쓸 수 있는 역량평가 매뉴얼〉, 교육을 바꾸는 사람들, 2021.
- James H. McMillan, 〈교실평가의 원리와 실제〉, 교육과학사, 2015.
- 신효필, (2005)언어자료의 통계 분석과 관련된 몇 가지 고려사항들, 어학연구, 41(3), 655–682
- MicroSoft, 〈Microsoft Education Transformation Framework〉.

86 평가메뉴얼에 해당하는 책을 이 분야에서 소개하는 이유는 측정을 위한 루브릭 설정에 대한 이해가 교사에게 필요한 경우를 상정했기 때문이다.

2단계. 현황 분석

문제해결의 가장 첫 단계는 문제를 정확히 진단하는 것이다. 그린스마트미래학교 사업도 마찬가지다. 학교는 교육과 공간구성에 있어서 정확한 현황 분석을 시작으로 문제를 정의하고 해결 방향을 잡을 수 있다. 초기의 현황 분석이 비전과 일치하지 않거나 잘못되었다면 이후 과정은 험난할 수 밖에 없다. 그린스마트미래학교사업 추진을 위한 과정은 미션-비전[87]-교육-공간(학습환경)의 일관된 체계를 유지하여야 한다.

1) 자료수집

- 학교개요(학급수, 학생수, 교사수, 비전, 교육목표, 특화프로그램)
- 교수학습(교수학습 방법 및 적용 여부, 디지털활용, 교육과정 재구성, 성취기준, 평가 및 피드백)
- 공간활용(배치도, 교사동 평면, 실별 시간표, 공간 활용률, 학생 주/비 활용공간, 비형식 학습공간)
- 학생특성(지역여건, 성향, 역량, 학력수준, 디지털역량)
- 교사특성(교육과정전문성, 디지털 전문성, 혁신마인드, 학습마인드)

2) 여건 분석

사업 초기 수집된 자료를 바탕으로 학교의 여건을 분석하는 것은 반드시 필요하다. 현상을 파악하고 사업을 성공적으로 수행하기 위한 전략을

87 비전수립을 위한 사전활동과 과정, 노하우, 템플릿은 앞서 언급한 〈학교, 이렇게 바꾼다〉를 참고하길 바란다. 각 교육청에서는 그린스마트미래학교 선도교원이나 컨설팅단을 꾸리고 있는데 관련 학습모임에서도 소개한 자료를 살펴보길 권한다.

수립의 단계에서 SWOT 분석이 주로 활용된다. 이 분석법을 단지 구성원의 의견을 받아 적기 위한 탬플릿 정도로만 활용하는 경우가 있다. 분석 내용과 사전기획에서의 문제해결 방안이 상이하다면 소용없는 활동이 된다. 사업추진과 관련된 모든 요소를 고려하여 우리 학교가 처한 여건을 가능한 객관적으로 분석하고, 이 과정을 통해 구성원의 공감을 끌어내는 기회로 활용할 수 있다. SWOT 분석은 사업을 수행하는 학교의 내부 환경과 외부 환경 각각 요소를 바탕으로 현황을 분석하여 미래학교 전환을 위한 학교의 가능성과 강점을 발견하고 이를 통해 사업추진 전략을 수립해 사업수행을 위한 내적 동력을 부여한다.

그린스마트미래학교 사업은 교수학습방법, 교육공간 및 환경, 디지털 전환 등 다양한 요소의 결합을 통해 학생의 성장을 지원하는 사업이다. 하지만 가장 중요한 것은 요소 기술의 실현이 아니라 변화의 필요성을 구성원이 인식하고 변화하고자 하는 욕구를 지속적으로 유지하며 학습을 통해 관련 역량을 향상하는 마인드셋이 매우 중요한 요인으로 꼽힌다. 글

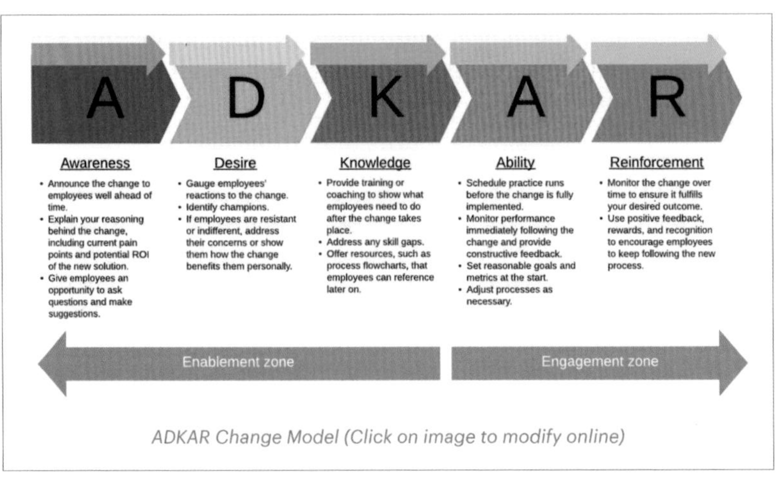

ADKAR Change Model (Click on image to modify online)

로벌 기업인 Lucidchart는 이를 ADKAR모델[88]로 제시한다. 첫 시작 단계의 여건 분석을 학교 구성원의 변화동기 부여를 위한 중요한 단계로 깊이 있게 다루고자 할 때 참고할만 하다. SWOT 분석의 목적은 학교가 그린 스마트미래학교 사업을 통해 얻고자 하는 목표를 달성하는데 필요한 모든 내외부 환경 요소를 파악하기 위한 것이다. 목표가 명확하지 않다면 분석 자체는 여러 가지 요소의 나열에 불과하다. 학교의 비전은 세부 실행단계로 내려가면서 세부적인 분야별 목표를 가지게 된다. 하지만 초기 SWOT 분석에서는 학교가 가지는 최상위의 비전 실현을 위한 학교의 분야별 여건을 빠지지 않고 분석함으로써 분야별 수행과제를 구성원간 인지하는 과정이 된다. SWOT분석은 잘 알려진 바와 같이 학교 내부환경적 강점과 약점, 학교 구성원의 의지나 노력으로 조정할 수 없는 외부환경적의 기회와 위협을 하나의 차트에 기재함으로써 사업전략을 수립한

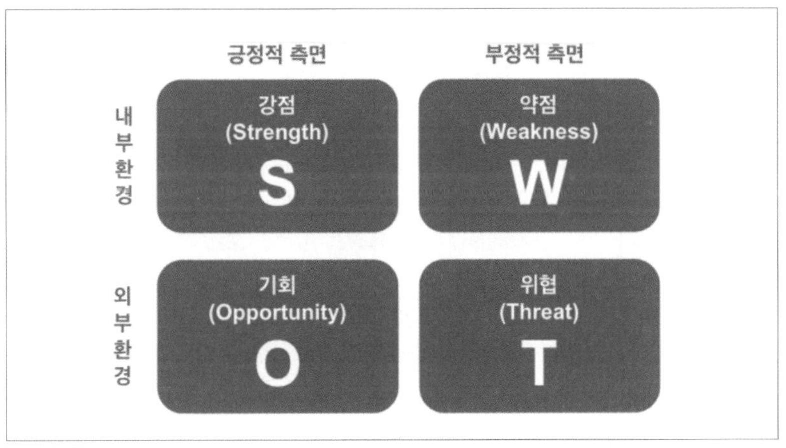

88 Prosci 의 설립자인 Jeffrey Hiatt가 만든 ADKAR 변경 관리 모델은 조직 변경에 대한 저항을 제한하는 것을 목표로 하는 결과 지향적인 변경 관리 방법이다. 탬플릿도 제공하고 있으니 이를 학교 상황에 맞게 활용해볼 수 있다. https://whatfix.com/blog/adkar-model-what-is-it-and-how-to-use-it/

다. 내부환경적 요인은 학교 부지내에 존재하는 모든 물리적, 심리적, 문화적 요인을 포함하며 그 외 사업과 관련된 모든 다른 요인은 외부환경으로 구분가능하다. 학교의 비전과 목표에 따라서 동일한 사실(fact)이 때로는 강점이나 기회로, 때로는 약점이나 위협으로 작동될 수 있다. '디지털 전환을 통한 개별화 학습'이 주요 미션인 경우, 1:1 디바이스가 아닌 다양한 종류의 디지털 기기 보유는 1:1 디바이스 구매를 어렵게 만드는 부정적 요인으로 작동하며, '비형식 공간을 활용한 학생간 상호작용'을 목표로 할 경우 최근 구축된 정형화된 시설 공간은 공간 변화를 가로막는 요소로 작동한다. 모든 환경요인의 긍정과 부정은 어떤 목표를 지향하는지에 따라 상이한 요인인이 된다. 따라서 사업 초기단계 자료수집과 여건분석과정은 때로는 학교비전 달성을 위한 미션을 수정하는 결과를 낳기도 한다. 그만큼 여건 분석이 중요하다.

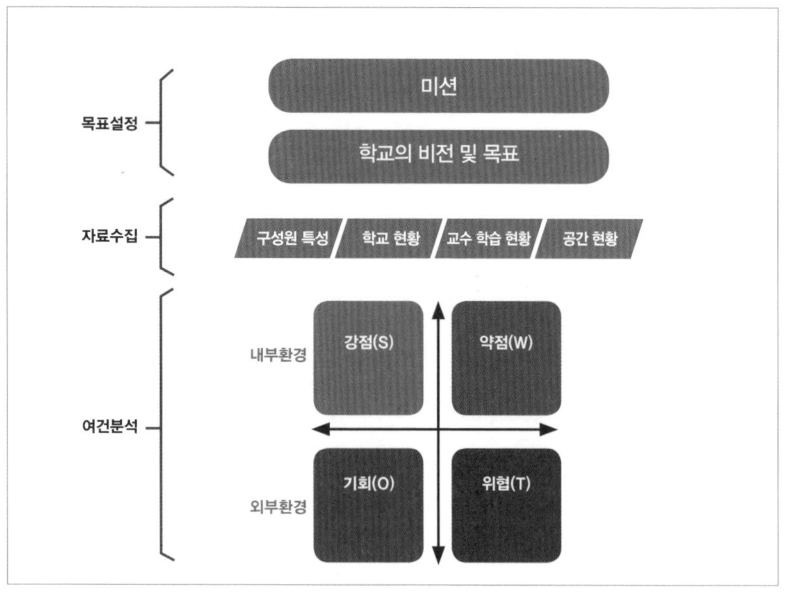

3) 자료 분석

수집된 학교 자료를 분석하는 과정은 구성원의 변화 동기를 부여하는 기본 활동이다. 자료를 분석하는 과정을 구성원 모두가 함께 하기는 어렵다 하더라도 분석결과는 구성원 모두가 공유하고 상호 공감할 때 의미가 있다.

〈학교 현황〉

학교 현황는 학교 전반에 대한 개요이며, 학교 홈페이지에 이미 다 공개되어있는 자료이다. 하지만 학교 운영자(교장, 교감)를 제외하고 내가 소속된 학교의 개요가 의미하는 바를 종합적으로 이해하는 구성원은 많지 않다. 학교의 학급수와 교과별 교사수는 순환 교사와 기간제 교사수를 산정하는 기초자료이며, 지역 환경은 학생들의 학교 밖 경험과 그에 따른 성취 수준을 결정하는 중요한 자료이다. 내 과목, 내 학급을 떠나 학교 전체를 보는 시각을 가져야 학교의 변화에 공감할 수 있고 변화의 주체로서 사업에 참여할 수 있다.

▶ 적용

〔수집 자료〕

1) 학급수 및 학생수

2) 교원현황

3) 학력수준(기본학력 대상자(기초학력미달자+대상자), 객관적 학력 평가결과

4) 지역 여건

[분석내용]

1) 유사 규모 학교와의 비교

(학급당 학생수, 학생당 교사수, 교사당 수업시수 등)

– 인근 또는 국내 다른 유사 급별 학교와의 차이나 유사성을 확인

2) 일제고사, 기초학력시험결과 또는 학기초 학교의 자체적 학생 역량 평가 결과 분석

– 학생의 수준과 학교의 교육 목표/교수학습방법/학생지도방법의 합목적성과 효율성 확인

3) 지역 여건 분석을 통해 학생의 학교 밖 경험을 분석

– 방과 후 사설학원 이용 비율/학교 방과후 프로그램 참여 비율

〈교수학습 현황〉

다양한 교수학습법이 학생 학업성취에 도움이 된다는 증거는 여러 곳에서 찾을 수 있다. 그렇지만 나(교사)의 교수학습법을 정성적 · 정량적 관점에서 분석하고 어떻게 학생들의 학습에 영향을 끼치고 있는지를 확인하는 교사는 많지 않다. 개인의 교수학습법은 '감'에 의존하는 경향이 강하고 스스로를 객관적으로 분석하기가 쉽지는 않다. 하지만 학교 전체 교사의 교수학습에 관한 사항을 데이터에 기반하여 객관적으로 분석해보면, 우리 학교의 교수학습 현황과 수준을 쉽게 확인할 수 있다.

학교의 교수학습 수준은 '얼마나 다양한 교수학습법이 적용되고 있는지', '수업시간 동안 얼마나 다양한 공간이 유연하게 사용되는지', '디지털 기술이 어떻게 활용되는지'에 대한 객관적 데이터를 조사함으로 확인 가능하다. 물론 근본적 교수학습 수준은 이런 표면적 행위의 정도가 아니라 학생들의 성취수준을 확인함으로 가능하겠지만, 그린스마트미래학교 사업이 가지는 특징인 '다양한 교수학습을 지원하는 유연한 공간활용과 디지털 전환'이라는 관점에서 우리학교 교수학습 현황을 인지하고 생각

의 출발점으로 활용하는데 유용한 정보가 될 것이다.

▶ 적용

[수집자료]

1) 수업 시 적용되는 교수학습법의 비중

2) 실제 1년 동안 교수학습 시 활용한 공간과 횟수

3) 교수학습에 사용된 디지털 기기와 그 수준

4) 공간이나 기자재 부족으로 수행하고 있지 못하는 교수학습법

[분석내용]

1) 교과별 교수학습법 적용 실태

- 강의식/토론식/모둠식/프로젝트식 등 학기 기준 교수학습법 적용 수준을 분석 하되 교과별 특성을 고려

2) 수업 시 사용된 공간 이용 실태

- 학급교실의 활용을 제외한 특별교실, 컴퓨터실 등 전용실의 실제 이용 실태를 확인하고, 사용률이 현저히 떨어지는 공간에 대해서는 그 원인을 분석[89]

- 공간 재구조화 시 용도별 실의 증감 또는 통합구성을 위한 자료로 활용

3) 디지털 환경과 교수학습시 활용 실태

89 특목실 사용에 대해서 일반교실에서도 가능한 수업을 교과실 이동수업으로 진행하는 경우가 있다. 이런 경우 특목실을 운영하는 이유를 구체적으로 검토해야 한다. 한정된 연면적과 예산 안에서 사업을 추진하는데 교과실과 같은 특목실의 요구가 늘어났을 때 이를 조정하기 위해서 필요한 정보이기도 하다.물론 현황파악을 위한 정보이며, 향후 교과실이 반드시 필요한 경우는 현황과 다른 측면에서 논의되어야 한다.

- 디지털기기의 활용/디지털전환의 수준/교수평과의 연계성 등 분석하여 디지털전환 전략수립의 기초 자료로 활용

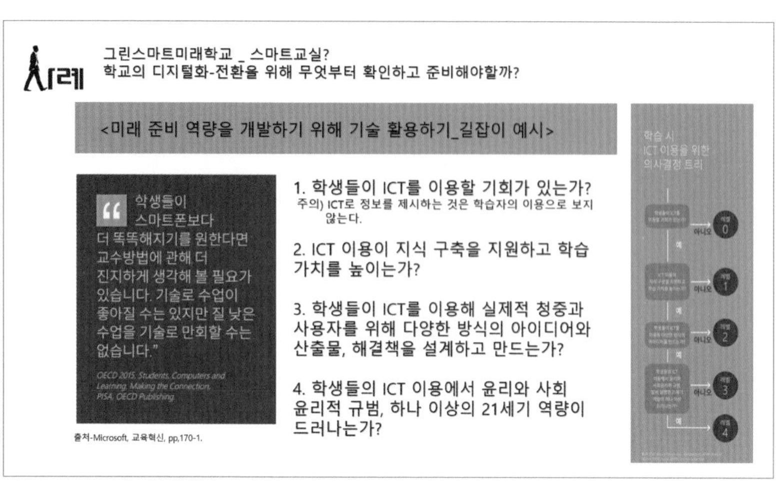

4) 학습환경 미비로 수행이 어렵거나 불가능한 수업을 조사하고 그 필요성을 점검

- 사업 추진 시 예산의 적정 배분 검토 대상으로 활용

〈공간 현황〉

미래학교 구축을 위한 공간구성에서 가장 많은 현장의 요구는 '부족한 공간'에 대한 추가확보가 주를 이룬다. 대체로 미래학교를 만들기 위해 지금보다 더 넓은 공간이 필요하다고 생각하는 것이다. 하지만 새로운 공간을 요구하기 전에 얼마나 학교 공간이 잘 활용되고 있는지 확인하고 그 원인을 알아야 한다. 학교의 공간 규모에 있어서 가장 중요한 요소는 학생 당 또는 학급 당 얼마나 많은 공간을 확보하고 있는가이다. 물론 학생 1인당 공간은 충분하나 물리적 구조나 기능상 한계가 공간활용을 저해하

는 경우도 다수 존재하는데, 이는 학교별 여건에 따른 해석이 요구된다.

'학생 당 연면적이 절대적으로 부족한가?', '해당 공간을 누가 관리하는가?', '공간의 물리적 기능이 적절히 확보되었는가?', '공간 간 이동에 너무 많은 시간이 소요되는 것은 아닌가?', '학생 시간표 대비 이동이 너무 잦거나 비합리적인 공간 배치는 아닌가?' 등에 대한 데이터가 확보되어야 하며, '공간이 없어서 불편한 수업'이나 '어떤 교수학습법에 맞는 공간'이 필요한지를 조사함으로써 현재 학교의 공간 문제를 종합적으로 확인할 수 있다.

▶적용

[수집자료]

1) 학교시설 개요(부지면적, 연면적, 건폐율, 용적율) 및 배치도

2) 교사동 층별 평면도(실명 포함)

3) 공간별 활용률

(일반학급을 제외한 공간 대상) - 실별 활용율(주간 사용시간/주간 사용 가능시간) 산정이 어려울 경우, 주간, 월간, 분기별 또는 연간 사용현황을 조사 · 작성

4) 건물별 시설 현황(경과 년수, 안전 등급, 구조, 최근 3년간 재정집행 규모)

[분석내용]

1) 학교배치상 적절성

- 학생들에게 안전감과 소속감 확보 여부
- 보차동선과 커뮤니티존, 교사동 간 배치의 적정성

2) 공간 배치 및 규모의 적절성

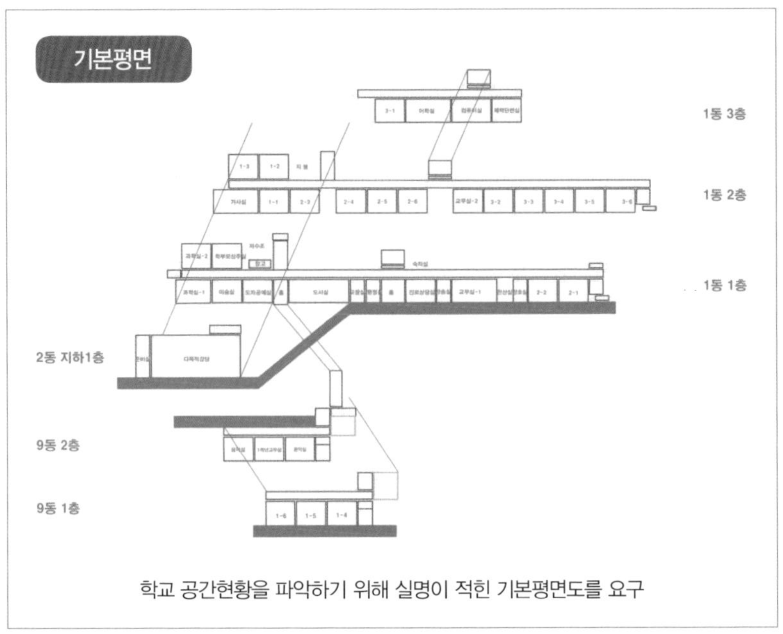

학교 공간현황을 파악하기 위해 실명이 적힌 기본평면도를 요구

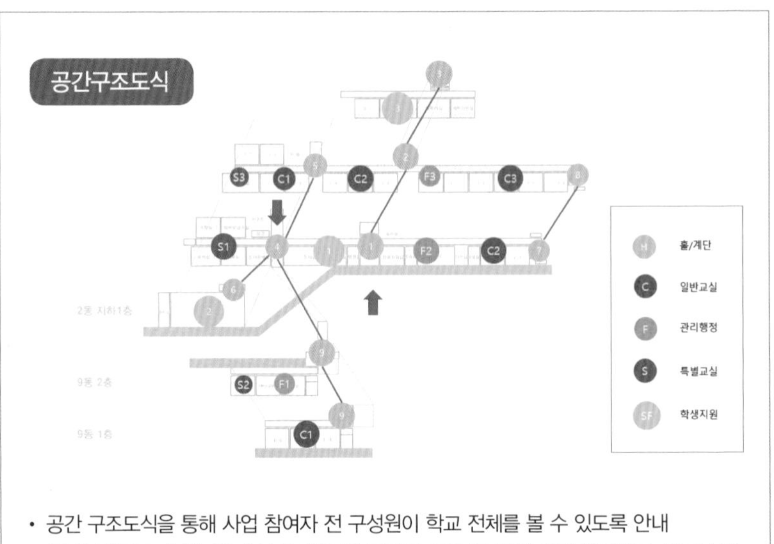

- 공간 구조도식을 통해 사업 참여자 전 구성원이 학교 전체를 볼 수 있도록 안내
- 특목실 활용도가 현저하게 낮은 이유 중 공간구조에서도 발견 이를 설명하고, 구조상 활용도가 낮을 수밖에 없는 공간의 활용도가 높다고 조사되면 그 이유를 함께 분석

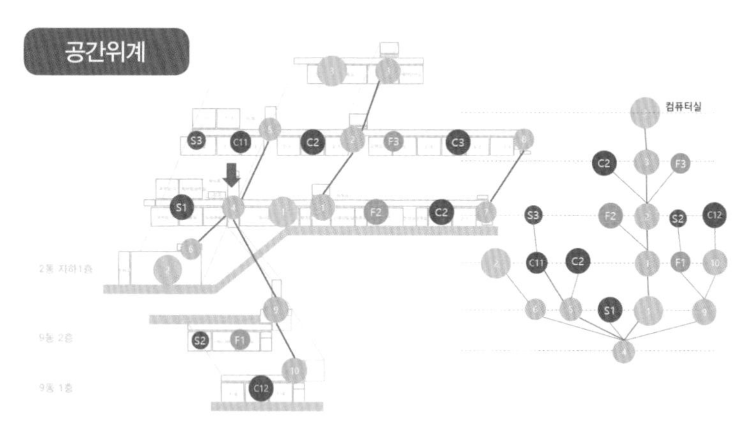

- 1학년 생활공간 후문을 출발점으로 C12에서 컴퓨터실(3)까지는 7단계를 거침
- 1학년 간(C11, C 12) 공간위계는 5단계를 거침

교수학습평가에서 컴퓨터실에 대한 교사의 필요성과 현재 배치를 통해 설문분석을 통해 얻은 노후 컴퓨터, 공간의 부족 외에도 어떤 문제점이 있는지와 디지털 기기를 활용하는 루브릭 대비 공간의 필요성과 배치 등을 종합하여 안내

공간 면적분석 결론

해결 방향

- 활용도가 낮은 시설의 용도 전환으로 교사와 학생의 소통지원
- 공간활용 행태 분석을 통해 공간의 유연성 확보로 학교 네트워크 중심(core) 확보 및 개선

공간 구조 개선 방향

- 공통 사용 공간은 학교 중앙에 위치하여 접근성 향상
- 유사 성격(교과) 공간끼리 모아서 공간 정체성 및 유연성 확대
- 공간디자인을 통해 복도(홀)가 단순 이동공간이 아닌 학습공간 역할을 할 수 있게 공간 정체성 디자인
- 오픈된 대규모 공간은 접이식 문(폴딩도어) 등을 활용하여 공간활용 유연성 확보
- 소음, 안전 등 특별관리가 필요한 공간은 공간 주변으로 배치(공간 위계의 끝단에 위치)

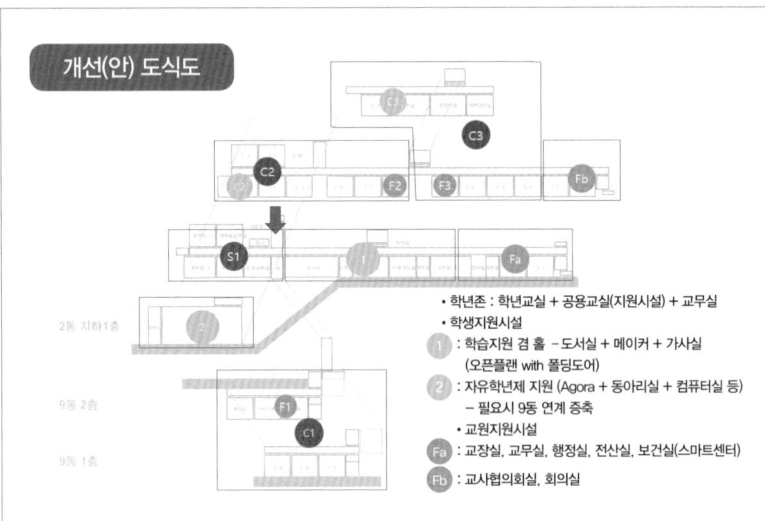

• 학교 기본 평면을 활용해 개선(안)을 제공하여 이를 바탕으로 교사들이 학교현황, 교수학습 현황을 다시 들여다보고 교육적 관점에서 개선안을 검토하게 제안

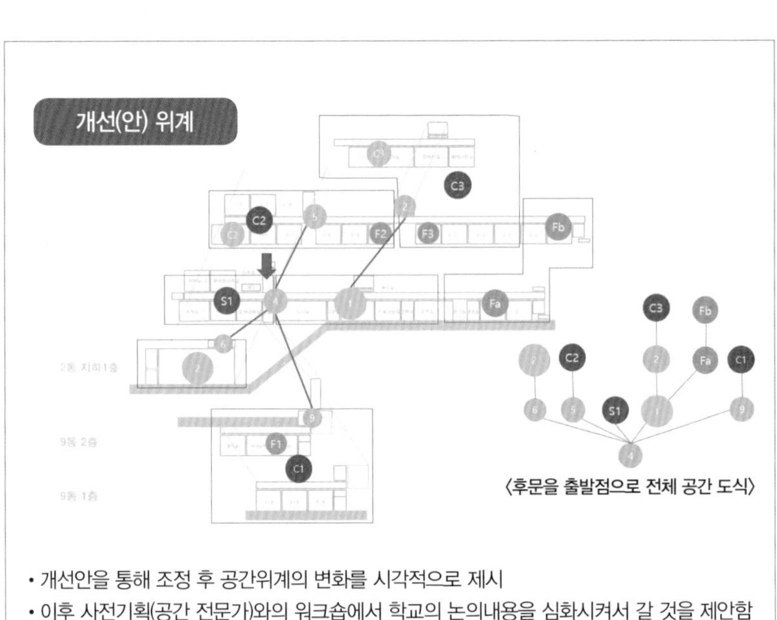

• 개선안을 통해 조정 후 공간위계의 변화를 시각적으로 제시
• 이후 사전기획(공간 전문가)와의 워크숍에서 학교의 논의내용을 심화시켜서 갈 것을 제안함

- 교육공간 배치의 적정성(이동거리, 상호 소통공간 여부, 학습을 위한 교과조닝의 적정성)
- 개별 공간실 및 실 수의 적정성

3) 공간 기능의 확보 여부

[주요질문]

1) 우리 학교 캠퍼스 특성을 한마디로 표현하자면?
2) 우리 학교 공간의 중심은 어디인가? 학교 특화교육 또는 중심교육 방향과 공간의 중심이 일치하는가?
3) 학년별 학생들이 사용하는데 불편한 공간은 있는가? 그 원인은 무엇인가?
4) 공간이 노후화되거나 관리 미비로 당초의 기능을 잃어서 외면되는

해석

- 공간 기능상 학습활동이 유사한 공간 통합적 구성(블록이 커져야 함)
- 빨강색은 상대적으로 공간의 중심, 파란색은 공간의 주변임
- 공간의 중심에는 모든 학생이 함께 사용하는 학습활동이 중심이 되도록 배치
- 공간 주변에는 방해받지 않고 독립적으로 운영 가능한 학습활동을 배치

공간이 있지 않나요?

5) 교사 간 소통과 협업은 어디서 일어나는가?

ㅇㅇ학교(전면 리모델링)의 공간현황을 분석하여 안내한 자료 중 일부를 소개하면 아래와 같다. 당시 건축과 교육의 간극을 좁혀서 사전기획가와의 전면적인 워크숍 때 유의미한 시간이 될 수 있게 제안한 내용이다. 공간 기획가와의 워크숍을 통해 좀더 전문적인 방향에서 공간이 기획되었으리라 생각한다. 이를 감안하고 살펴보길 바란다.

3단계 사전기획

학교의 특성을 이해하고 여건 분석이 제대로 수행되었다면 대안을 마련하는 것은 어렵지 않다. 그린스마트미래학교사업이든 다른 이름의 재정지원 사업이든 간에 지금부터는 문제해결과정을 거치게 된다.

지금까지 분석된 현황을 정리하고 해결해야 하는 문제점을 도출하였다면, 이제 본격적으로 문제해결을 위한 구조적 제약사항을 확인할 차례이다. 학교가 참여하는 사업의 예산규모, 대상범위, 수행기간 등은 가장 기본적 사업구성 프레임이다. 이와 더불어 학교가 참여하는 다른 재정지원 사업 및 예정 사업을 면밀히 정리함으로 사업의 중복 또는 비효율을 피할 수 있다.

본서에서는 현재 학교 현장에서 가장 관심이 높은 공간 재구조화에 대한 내용을 제시한다. 디지털 혁신과 지속가능한 교육은 3단계 말미 자료 제공으로 대체하고자 한다.

① 공간기획가 선정

어떤 성향의 공간기획가 필요하며 이를 어디서 찾을 것인가는 교육청, 학교 모두의 고민이다. 학교 사업에 참여하는 공간 전문가는 건물의 디자인만 잘해서는 안 된다. 건축을 구성하는 외피, 바닥, 벽의 디자인을 넘어 외피 안에 존재하는 공간에 집중하여야 한다. 학교 공간은 교사와 학생을 연결하는 매개체이며 이는 학교 시간표와 교수학습행위를 통해 제약받는다. 따라서 교육 전문가만큼은 아니라 할지라도 학습, 교육과정, 교수 · 학습방법에 대한 이해와 교사-학생, 교사 간, 학생 간 상호관계 및 문화에 대한 이해가 필수다.

공간 기획가는 분석된 학교 여건과 해결해야 할 문제를 인식하고 자원을 배분하는 역할을 한다. 그리고 이를 설계공모지침이라는 보고서로 구체화하여 학교가 필요로 하는 설계자를 선정하고 설계가 구체화 되는 과정 전반을 사용자 입장에서 지원한다. 공간 전문가는 첫째, 설계공모 참여경험을 토대로 설계자의 생각을 잘 이해하는 사람이어야 한다. 실제 업무중에서는 그 범위를 명확히 구분하기 어렵다 하더라도, 사전기획단계에 참여하는 공간기획가는 디자인을 하는 사람이 아니다. 좋은 디자인을 유도하기 위해 학교 현황을 분석하고 사용자의 요구를 취합하여 설계공모를 위한 지침을 만드는 사람이다. 설계공모지침은 사용자의 요구를 설계자의 아이디어로 구현하는 매개체로 학교공간혁신의 선봉역할을 한다.

둘째, 공간 기획가는 예산 규모와 사업 소요 예산을 이해[90]하고 사용자

90 [소요예산 누락에 따른 학교 (가상)사례]
최근 학교시설사업은 현재 재학중인 학생의 교육환경 보호를 위해 모듈러 교실 활용을 강화하고 있다. 하지만 사업발주 단계에서 적정 모듈러 예산에 대한 누락으로 사전기획서의 내용과는 달리 피치 못하게 교사동이 기존 교사동 인근 운동장에 배치되는 문제가 발생되었다. 이에 따라 재학생은 공사기간 동안 공사장 인근 기존 교사동을 계속 사용해야하는 불편을 겪을 수 밖에 없고, 학교 캠퍼스 배치상으로도 운동장쪽 교사동 신축으로 학교 운동장이 의도치 않게 축소되는 헤프닝이 발생했다.

요구에 대한 우선순위를 부여할 수 있는 사람이어야 한다. 건축설계 과정은 더하기와 빼기로 이루어진 가치교환(trade-off)의 과정이다. 모든 사업은 제약요건을 가진다. 이를 무시하고 사용자의 요구를 모두 나열하고 워크숍 내용만 보고서에 담는다면 터무니 없는 공간이나 예산 초과를 초래한다. 상황에 따라서는 학교-교육청-교육부와의 갈등도 야기하게 된다. 따라서 공간 기획가는 대략적 소요예산을 계산하여 설계자들에게 합리적 문제를 낼 수 있도록 사용자의 요구에 가중치를 담을 수 있어야 한다. 학교 시설사업을 수행해 본 교육 예산에 대한 이해가 있는 사람이 더 잘할 수 있다.

셋째, 당연한 이야기이긴 하나 공간 기획가는 유연성과 창의성을 가지고 균형을 잡아야 한다. 만약 단 하나의 설계안이 꼭 필요한 사업이라면 사전기획 용역을 줄 필요가 없다. 바로 설계자를 먼저 선정*하고 설계자에게 사용자의 요구에 따라 설계안을 도출할 것을 요구하면 된다. 따라서 공간 기획가는 물리적, 시각적 디자인 요소가 아니라 필요한 공간 성능을 중심으로 고민하여, 사업에 참여하기 원하는 설계자의 다양한 아이디어를 유도하고 최선의 설계가 이루어지도록 지원하여야 한다.

② 건축사전기획 보고서

건축사전기획은 공간 기획가의 몫이다. 학교 비전과 목표를 이해하고 학교 현황을 제대로 파악하고 있어야 새로운 대안을 고민할 수 있다. 사업 초기 단계 자료 수집과정 및 분석 과정 전반에 참여해야 한다. 공간 현황을 정리하고 분석하는 과업은 교육전문가 보다 건축가가 더 높은 전문성을 가지는 분야다.

이 과정 전반에 있어서 학교의 비전과 목표가 일관되게 의사결정의 주요 요소로 작동하지 않는다면 지금까지 구성원들이 열심히 준비한 분석은 의미를 잃게 되고, 사업에 대한 참여 열정도 식게 된다. 건축사전기획은 미래학교 전환이라는 목표로 시작한 구성원의 생각이 구체화되는 최초의 단계이며 결과물이다. 구성원의 생각이 공간이나 건축이 아니라는 것은 이 책이 시작하면서부터 계속 반복된 이야기다.

앞에서 언급한 바와 같이 사업 전반에 대한 기획(미래학교전환 사전기획)과는 달리 건축 사전기획은 뚜렷한 성과목표를 가진다. 설계로 구체화 되어야 하는 과제(이하 설계공모지침)를 만들어 설계도서를 사용자의 요구에 맞게 작성하고 이를 기반으로 공사가 진행되도록 하는 역할을 한다.건축사전기획보고서는 설계의 시작이며 구현될 공간의 이야기(story)를 담는다.

설계공모지침을 구성하는 사전기획 내용은 건축가가 아닌 사람이 이해하고 해석하기 쉽지 않다. 다행히도 사전기획보고서가 잘 되고 있는지 확인하는 과정은 건축적 지식을 요하지 않는다. 건축 전문가는 교육과 생활에 대한 언어를 공간용어로 전환하는 역할을 하며, 교육전문가는 다시 건축전문가가 작성한 내용을 교육과 생활 활동의 관점에서 해석하고 확인해야 한다. 첫째, 사전기획보고서에서 현재 우리 학교가 가진 공간과의 명확한 차이를 확인하라. 공간을 바꿀 필요가 있어서 시작한 고민이었고 힘든 분석의 시간을 보냈다. 보고서는 반드시 이를 과제로 제시해야 한다. 둘째, 학교가 미래학교 전환이라는 명확한 과제를 비전과 미션으로 구체화하였다면, 설계공모지침에도 이에 대한 내용을 담아야 한다.

그렇지만 애석하게도 학교 특화교육 또는 미션이 물리적 공간과 일대일로 대응하는 일은 흔하지 않다(토론학습의 강화가 토론실 확보가 아니라는 의미). 새로운 교육과 이를 지원하는 공간을 염두에 둔다면 그 공간에 대한 명칭 역시 바뀔 수밖에 없다. 그러나 기존의 학교 스페이스프로그램에 담기는 공간의 명칭은 변하지 않았다. 이에 따라 당분간은 참여자들 간, 사전기획과 설계에서 혼선이 있을 수밖에 없다. 문제는 이 혼선이 새로운 교육에 필요한 새로운 공간의 탄생을 방해할 경우이다. 좀 더 풀어서 설명하면 교과 또는 교육과정이 목표하는 역량이 단 하나의 활동으로 정의되지 않는 것처럼, 공간 이름(실명)이 하나의 활동만을 지원해서는 안된다. 학교가 공동체 분야의 '지속가능한 학교' 중 생태문명전환을 특화교육으로 설정했다고 가정해보자. 이때 학교의 목표와 수준을 학교 전 교육과정에서의 구현인지, 특정 교과에서의 실행인지, 안전과 건강을 위한 시설 수준에서의 환경 조성인지에 따라 적용할 스페이스프로그램은 달라진다. 이와 관련한 공간 또는 시설명칭은 '생태학습장', '벽면녹화', '텃밭', '실내정원' 등이 있다. 만일 학교가 지속가능한교육을 교수학습 접근과 학습환경 전면에 적용하고 ESD에 대한 기관 전체적 접근(whole-institution)을 통해 학습자가 생활 속에서 배우고, 배운 대로 살 수 있도록 학습환경의 모든 측면을 변혁하고자 한다면 이를 스페이스프로그램에 어떻게 담을 수 있을까? 동시에 학생과 지역민 모두의 평생학습의 과정으로 공동체 목표를 수행하고자 한다면 학교공간에서 그 명칭은 무엇일까? 아니면 이 내용은 소프트웨어에 해당할까?

현재 그린스마트미래학교를 추진하는 학교들의 사전기획에 담긴지속가능한 학교를 건축적 공간으로 매칭하고 이 공간조성방향을 생태환경이란 용어로 정리하는 경우가 있다. 이를테면 대지 내 녹지공간 조성, 외부 공간 및 건물외피의 생태적 기능확보, 생물 서식 공간조성, 자연 자원의 활용으로 정리[91]하는 식이다. 이에 따라 학교는 생태공간을 일반적 학

91 서울미래학교 공간구성을 위한 방향

습공간과는 달리, 오픈된 공간을 통해 자연, 건물, 사람과 화합하고 생명, 환경, 생태의 세계를 접할 수 있는 공간으로 정리한다. 이 경우 생태공간은 옥외공간으로 한정되어 최종 스페이스프로그램에서는 해당 내용이 누락되거나 실내외를 연결하는 부가적 공간으로 간주된다. 물론 공모방식에 따라 달라질 수는 있으나 대체로 지속가능한교육에 대한 건축적 접근은 후순위로 밀리거나 빠지는 일이 발생한다.

요지는 교육과 공간을 지금처럼 1:1 대응으로 인식하는 방법은 기존의 공간 틀에서 학교 공간을 바라보게 한다. 건축 중심의 사전기획 워크숍이 갖는 한계일 수도 있다. 다양하고 유연한 공간을 조성하는 것은 거듭 강조하거니와 유연한 학사운영과 다양한 교수학습방법과 밀접하게 연관된다. 지속가능한 교육의 수준을 학교가 어느 수준으로 볼 것인가에 따라 공간의 레이어드를 어느수준으로 유지할 것인지 고려해야 하며, 이를 어떻게 사전기획 보고서 또는 건축 공모과제에 담을 것인가도 함께 고려되어야 한다.

③ 스페이스 프로그램

스페이스 프로그램은 건축 설계 과정에서 사용자가 필요로하는 공간을 나열한 기초 자료이다. 스페이스 프로그램은 사용자의 요구와 예산 사정에 따라 달라지는데 이 공간면적 리스트는 설계 과정에서 고려되는 가장 중요한 자료 중 하나이다.

우리나라 학교 공간은 교실(일반, 특별), 지원공간, 행정공간 등 표와 같이 구분하여 현황을 관리하고, 학교 신설 규모 산정 시 활용된다. 변화는 필요에 의해 발생하고 과거의 관행은 변화를 방해하기 마련이다. 공간관리를 위해 사용되는 시설용도는 어느덧 우리나라 학교시설의 기준으로

구분	공간용도	상세용도	구분 및 공간용도	상세용도
교실	일반교실	일반교실	관리행정	(진로)상담실
		특수학급		WeeClass
		활동실(유치원)		관리실(숙직실)
		방과 후 교실		교무실
		기타(일반교실)		행정실
	교실교과교실	국어교실		교장실
		영어교실		교감실
		수학교실		방송실
		사회교실		생활지도실
		과학교실		인쇄실
		수준별교실		전산실
		기타(교과교실(이론))		회의실
				창고
				기타(관리행정공간)
	특별교실	가정실	급식	학생식당
		과학실		교직원식당
		기술실		조리실
		미술실		매점
		실과실		기타(급식공간)
		음악실		
		기타(특별교실(실습))		
지원	학습지원	다목적강당(체육관)	보건위생	보건실
		지원학습지원다목적실		화장실(남,여,공용)
		지원학습지원도서실		교직원화장실
		지원학습지원멀티미디어실		장애인화장실
		지원학습지원수영장		학생탈의실
		지원학습지원시청각실		학생샤워실
		보건위생학생탈의실지원학습지원유희실(유치원)		교직원 샤워, 탈의실
		지원학습지원자습실		기타
		지원학습지원컴퓨터실		
		지원학습지원기타(학습지원공간)		
	보건위생 기타지원학생지원	동아리실	공용공간	계단실
		학생휴게실		복도
		홈베이스(락커룸)		홀
		돌봄교실		지하주차장
		기타(학생지원공간)		연결통로
				기타(공용공간)
	지원교원지원	교사(교과)연구실	기타	기계실
		교사휴게실		전기실
		교재실		기숙사
		체력단련실		사택
		기타(교원지원공간)		온실
				기타(기타공간)

학교공간 용도 구분 기준(edubil)

활용되고 있다. 그래서 'A학교는 있는데 우리 학교에는 왜 멀티미디어실이 없어요?'라는 현장의 불만이 있기도 하다.

위에 언급된 내용을 좀더 구체적으로 제시하면, 새로운 학교를 만들기 위해서는 새로운 공간개념이 필요하다. 기존의 세분화되고 전문화되어 칸막이로 구분된 공간은 현재 미래학교 요구를 반영하기 어려울 수 있으며, 변화하지 않는 실명(용어)으로 구성원은 현재 방식의 공간 운영을 요구할 수도 있다. 다양한 학습을 지원하는 커뮤니티존은 공용공간인가, 지원공간인가? 도서실과 메이커실은 전용실로 존재해야만 하며 하나의 공간으로 통합구성 할 수는 없는가? 급식당은 밥 먹을 때 만 사용해야 하나? 교사건 학생이건 내 실이 있어야 하나? 오랫동안 사용되고 익숙해진 용어는 새로운 변화를 어렵게 만들 수 있다.

스페이스 프로그램은 학교가 필요로 하는 소요공간의 규모와 성능에 대한 요구서이며 학교의 운영을 한 눈에 볼 수 있는 공간 내역이다. 학급수만큼 확보된 일반교실은 학년제 운영 학교임을 나타내고, 별도 컴퓨터실이나 동아리실 없이 열린 대규모 도서관이 있는 학교는 도서관이 단순한 독서나 개별학습 만을 위한 공간이 아니라 협업, 소통 등 다양한 활동이 일으나는 공간임을 짐작할 수 있다. 스페이스 프로그램은 해당 학교공간 '성적표'이며 교수학습의 반영이다.

④ 스페이스 프로그램 재구성

새로운 교육공간 재구조화를 위해서는 스페이스 프로그램 상 공간 이름 뿐만 아니라 해당 공간의 기능과 공간 간 관계를 재정의하여야 한다.

어렵게 느껴질 수도 있으나, 학급제 중심[92]의 학교라면 학교 면적은 대부분 '필수 시설'에 할애된다. 학급 수만큼의 교실 수, 실험 실습을 위한 특별교실 수, 학생 생활 기본시설로서 식당과 다목적 강당, 교무실 및 교과연구실, 건물의 기본적 기능 수행을 위한 보건위생 시설과 통로, 기계·전기실을 모두 합하면 전체 학교 연면적의 70% 수준이다. 스웨덴의 '비트라', 덴마크의 '헬레렙', 한국의 남원 '덕과초'와 같은 변혁적 학교를 짓지 않고서야 필수 시설을 파괴적으로 혁신시킬 방법은 없다. 다시 말해서 현재 우리나라 대부분의 학교에서 운영 중인 학급제 또는 교과교실제의 경우, 학교 운영을 위한 필수시설을 제외하면 새롭게 고민할 수 있는 대상공간은 전체면적에서 최대 30%를 넘지 못한다.

따라서 현실적으로 가능한 학교 공간 재구조화는 학생지원시설과 공용시설 중심의 새로운 공간에 대한 창출과 재배치이다. 기존 공간의 변경 또는 새로운 기능의 창출은 기존의 공간 활용 위계나 역할 변경이 전제된다. 지금까지 공간을 전용으로 사용해 온 관리자의 저항이 예상되는 지점이다. 그린스마트미래학교 사업은 사용자인 학생을 중심으로 새로운 공간을 구성해야 하기때문에 어려운 것인가? 교사의 건축 지식 부족으로 공간 수업이 어려운게 사업이 부담스러운 이유인가? 그렇지 않다. 근본적으로 교육과 생활의 진정한 변화가 어렵기 때문이다. 따라서 오랜 소통과 협의, 그리고 준비시간을 갖는 것이다. 외국학교 사례가 풍부하게 제공된다고 하더라도 유용하게 작동되지 않는 이유가 여기에 있다.

스페이스 프로그램 재구성을 위해서는 첫째, 우리 학교공간에 대한 해석을 통해 개략적 방향성을 잡고, 둘째, 각 실별 현황과 이용률 분석에 근

92 교과교실제라 하더라도 학급당 홈룸 1개 실을 확보한 경우를 포함하면 대부분의 학교에 해당

거해 어떤 실들을 개선 대상으로 고려할지 또는 통합 · 운영할지 구체화하며, 마지막으로 공간은 다른 공간과 어떤 관계를 즉 어떤 변화를 단행할 것인지를 결정해야 한다.

〈스페이스 프로그램 구성 단계〉

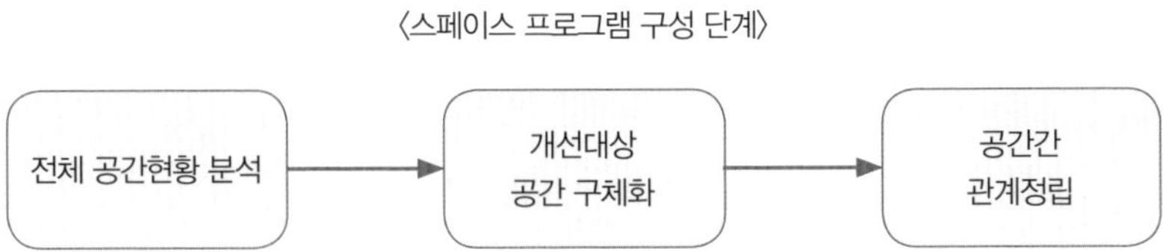

표준 스페이스 프로그램(일반적으로 교육청별 자료 존재)에 비해 우리 학교가 가지는 공간면적 현황은 어느 수준인가? 제시된 표는 전체 학교 공간 현황 분석 예이다. 해당 학교는 6학급 규모의 소규모 학교로 표준 스페이스 프로그램(안)과 비교 시 전체 연면적은 적정 이상이며 공용면적은 기준 대비 11% 작은 규모로 교실-복도 방식의 전형적인 기존 학교다. 전용면적(순면적)에 있어서 표준 스페이스프로그램 대비 관리행정실은 20% 이상 협소하고, 교실은 30%이상 넓은 공간을 가진다. 이는 소규모 학교의 특성상 교실로 구성된 여러 실 중 일부 교실을 수업 외 시간에 교사 연구 또는 협의회를 위한 공간(교무관리행정 용도)으로 적극 활용하고 있음을 예상할 수 있다. (현황분석에서 실제 공간 이용률을 확인하면 정확한 해석이 가능하다). 단순 자료에 근거하자면 이 학교는 일부 교실을 비형식의 다용도 공간으로 전환하여, 학생 주도적 활동과 교사들의 관리행정을 복합적으로 지원토록 함을 과제로 잡을 수 있을 듯하다.

구분	신설학교 스페이스 프로그램(안) A					실 학교 현황 B		비고 (B-A)/A
	이론교실	실험실수	준비실수	교사실수	면적	실수	면적	
교과군	9	4	4	3	1,249	24	1,688	35%
지원시설	14				1,537	12	1,654	8%
관리행정 시설	9				421	6	338	△20%
순면적	32	4	4	3	3,207		3,679	15%
공용면적	(40% 적용)				2,138		1,907	△11%
총면적					5,345		5,586	5%

6학급 ㅇㅇ중학교 공간현황 분석 사례

학교별 미션과 비전이 있겠으나 현재 교육 · 사회분야의 화두는 디지털 혁신과 융합이라 할 수 있다. 두 분야 모두 경계 허물기를 전제로 한다. 시 · 공간과 학제 간 경계를 허무는 과정을 곧바로 공간으로 대응시키는 것은 어렵다. 경계 허물기라는 미션과 공간 사이에는 매개체로 교수학습 활동이 존재하며 이러한 활동을 위해서는 관리행정이 뒷받침되어야 한다. 디지털전환이 컴퓨터실을 만들고 와이파이를 설치하는 일이라고 생각하거나, 학제 간 융합이 교실벽에 폴딩을 설치해서 물리적 유연성을 확보하는 것으로 생각하지는 않을 것이다. 이 두 가지는 소통, 연결, 개별화 학습 등 다양한 방식의 생활 및 학습의 변화를 전제한다.

필요가 새로운 요구를 만든다. 학생성취를 위한 교수학습설계와 측정과 피드백 그리고 성취에 대한 환류 등 어떤 노력과 시도가 있었는가? 그 과정에서 좌절과 성공의 경험은 공간과 기자재에 대한 구체적이고 강력한 요구를 발생시킨다. Ron Berger에 따르면 청중의 위계에 따라 학습자의 자기 동기와 참여도가 달라진다.

교사가 최종 산출물에 따른 비계를 어떻게 설정할 것인가에 따라 교수

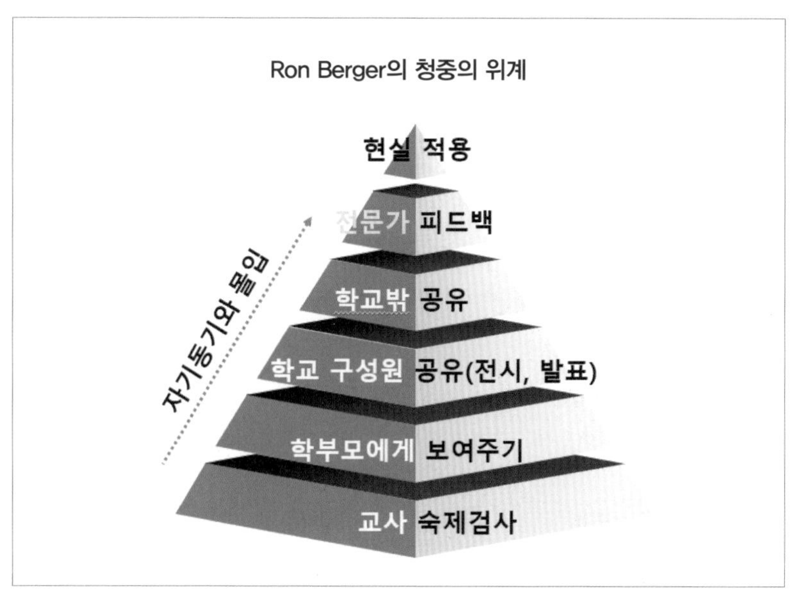

학습의 설계가 달라지고, 수업에 필요한 기자재와 전문가 그룹에 대한 새로운 요구가 발생한다. 최종 산출물을 '발표회'로 상정해보자. 프로젝트 수업이 학급내에서 담당 교과 교사에게만 평가받는 것이 아니라, 학교 안팎의 교사와 학부모, 동료들과 서로 공유하는 형식으로 설계되어 있다면 수업은 프로젝트 시작부터 끝까지 형식적, 내용적 측면 모두에서 동기화된다. 공간적 측면에서, 발표회가 이루어지는 곳이 방송설비가 설치된 무대일지, 다목적 강당일지, 도서관 한 켠의 회의실일지, 교실 안 모둠 좌석일지, 학교 홈페이지 탑재로 끝낼지, 온라인으로 전 세계인을 청중으로 상정할지 등 학교여건에 따라 그 수준은 달라질 수 밖에 없다. 이렇듯 최종 발표회 환경은 교수학습의 방향, 수준, 형식에 지대한 영향을 끼친다.

이제 실제 학교 여건을 고려한 새로운 공간구성을 위한 스페이스 프로그램을 만들차례이다. 스페이스 프로그램은 공간을 만드는 기초 프레임이다. 기초 프레임이 너무 촘촘하게 구성되면 공간을 구성하는 설계자는 공간의 위치만 바꿀 수 있다. 퍼즐작업이 되는 것이다. 사용자 요구가 명확히 전달되고 이해하기 쉽다는 장점을 가지나 퍼즐의 물리적 특성상 프레임을 벗어나는 시도는 불가능하며 최적의 해를 찾는데도 한계가 있다.

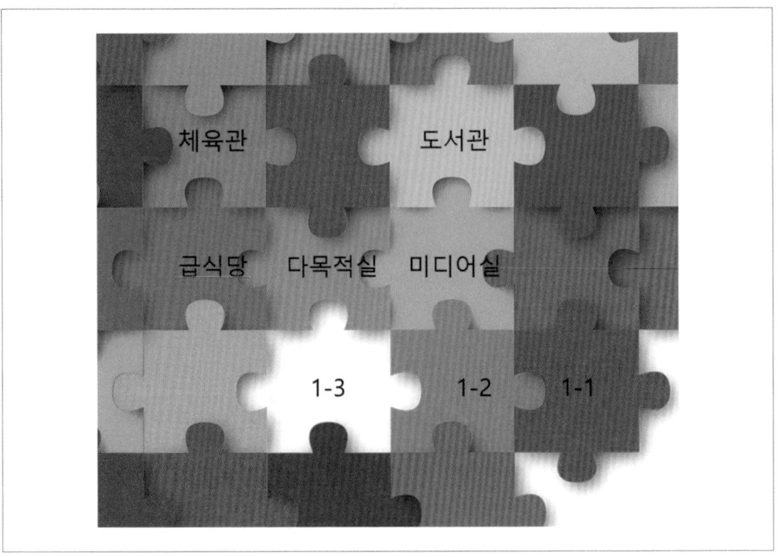

지향하는 학교의 모습이 지금과 다르다면 지금과 다른 방식의 스페이스 프로그램이 작성되어야 한다. 공간의 확장과 통합을 원한다면 어느 공간이 어떻게 통합되어 다른 인접 공간과 어떤 확장성과 유연성을 가질 수 있는지 다음의 그림(새 그림 ppt)은 공간의 면적 뿐만 아니라 공간을 구성하는 실간 관계를 한번에 표현한 스페이스프로그램 양식이다. 실제 학교에서도 활용가능할 것이다.

이러한 공간 간 관계 정의는 교수학습활동에서 도출됨이 당연하다. 학년존을 중심으로 수업시간이나 쉬는 시간 학생들의 개별학습을 지원하는 공간이 있다면 이는 학년존 내부에 위치하여야 하고, 학년간 소통을 위한 커뮤니티 존은 학년존과 인접한 곳에 배치되어야 한다. 학년별 라운지와 학교전체 라운지는 그 학교의 여건에 따라 다른 규모, 형태가 다르게 적용될 것이다.

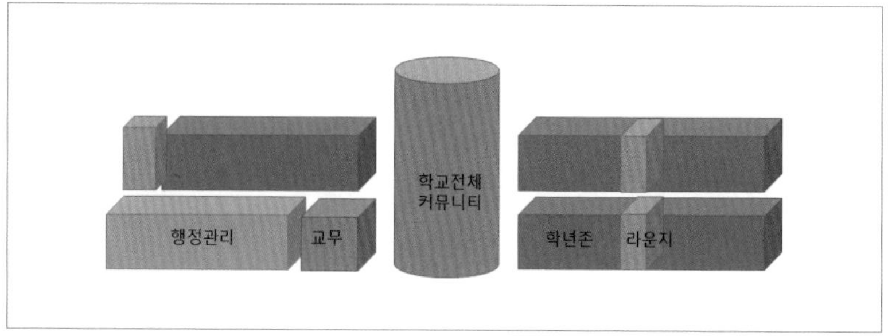

본서에서는 라운지 또는 커뮤니티 존이라는 용어를 소통과 협업, 무형식의 학습을 지원하는 공간을 통칭하는 용어로 사용하고 있다. 이러한 공간은 이제까지 존재하지 않은 새로운 공간이 아니라 도서관, 미디어실, 메이커실 등 다양한 공간용도가 융복합된 유연한 공간을 의미한다. 따라서 커뮤니티 존은 도서관일 수도 있고, 도서관과 미디어실, 메이커실이 통합된 공간, 때로는 홈베이스가 위치한 홀일 수도 있다.

18학급 ㅇㅇ중학교는 면적 증감없는 리모델링 사업으로 공간 재구조화를 추진중이다. ① 미래형 신설학교 스페이스 프로그램과 비교시 전체 합계면적은 62% 수준으로 과소하다. 하지만 이는 교과교실제를 전제로 한 다소 이상적인 미래학교를 기준으로 함에 따라 당연한 결과이다. ① 자료는 면적 차이를 단순 확인하기 위해서가 아니라 최근 지어지는 학교가 어떤 기능을 가진 실들을 확보하고 있는지를 보고, 대상학교에 필요한 공간기능이 어떠해야 하는지를 기획하는데 참고하기 위해 사용되어야 한다.

대상학교의 공간용도별 부족공간을 살펴보면(①, ②) 특별교실, 교사연구실, 학습지원공간에서 큰 차이를 확인할 수 있으며, 실제 학교 구성원도 공간에 대한 유사한 불편함을 느끼고 있음을 설문과 인터뷰를 통해 확인할 수 있다. 따라서 대상학교는 면적 증감없는 공간 재구조화를 통해 학생들의 다양한 학습활동을 지원하고 교사들의 연구 · 협의 · 상호소통을 강화하는 공간을 확보하는 것을 주요과제로 삼았다.

절대적공간면적이 부족한 상태에서 공간활동을 가능하게 하는 방법은 기존의 전용실을 탈피하여 유사한 활동이 가능한 공간을 하나로 통합하고 활용시간대를 조정하여 이용률을 높이는 방법이 유일하다. 따라서 대상학교는 기존의 분리된 전용공간을 공간에서의 활용 유사성을 고려하여 존으로 통합구획하였다. 실험실습 중심의 특별교실은 창의융합존으로, 다양한 학습지원활동을 위해서는 디지털 전환이 중심이 된 ICT존으로, 과거 협소한 서고중심의 도서실은 공간의 확대 · 축소가 가능한 유연한 공간지원을 통해 교사와 학생의 회의 · 협업 · 소통을 지원하는 새로운 공간으로 구축하도록 ③ 공간 재구조화 스페이스 프로그램을 작성하였다.

전용공간이 유연해지면 공간에 대한 소유권도 관리책임도 유연해져야 한다. 기존과 같이 정해진 실에서 정해진 활동만 할 경우 일부 교사에게는 '내 공간'이라는 편안함과 편리함이 있다. 하지만 핵가족이 보편화되고 가정에서 각자의 방을 가지기 시작하면서 가족간의 소통이 줄어들 듯이 학교도 마찬가지이다. 유연한 공간은 사용 시간을 상호조율해야 하고 사용자의 주도적 관리 · 책임을 요구하며, 지금까지 전용공간을 사용해

① 신설학교 스페이스 프로그램 기준

구분	세부용도	실수	면적(㎡)
교수 학습	일반학급	18	1,166.4
	특별교실	16	1,380.2
	과학실	2	291.6
	기술가정	2	291.6
	음악실	1	162.0
	미술실	1	162.0
	공용실	2	259.2
	교사연구실	8	213.8
지원 공간	드라마실	1	129.6
	공간메이커스페이스	1	129.6
	컴퓨터실	1	129.6
	시청각실	1	180.0
	도서실	1	202.5
	교사협의회실	2	64.8
	교재연구실	1	64.8
	실내체육관	1	817.5
생활 공간	교사휴게실	2	64.8
	교사탈의/샤워실	2	32.4
	홈베이스	1	378
	학생자치회실	1	32.4
	Wee클래스	1	64.8
	식당	1	270
	조리실	1	121.5
	동아리실	3	97.2
관리 및 행정	교장실	1	32.4
	회의실	1	32.4
	행정실	1	64.8
	교무지원센터	1	97.2
	방송실	1	64.8
	보건실	1	64.8
	전산(성적처리)실	1	32.4
	인쇄실	1	32.4
	문서(보관실)	1	64.8
	상담실	1	32.4
	관리실	1	32.4
	학부모실	1	32.4
	창고	1	97.2
공용 공간	출입+통행+위생+서비스		3,632.3
	공간커먼스+러닝허브 등		1,556.7
합계			11,195.6

② 스페이스 프로그램 현황

세부용도	실수	면적(㎡)
일반학급	18	1174.5
특별교실	6	544.2
과학실	2	201.2
기술가정	1	109.4
미술실	1	64.8
음악실	1	168.8
공용실		
교사연구실		
어학실	1	97.2
전시실	1	67.5
컴퓨터실	1	84.2
다목적실	1	339.8
도서실	1	129.6
실내체육관	1	754.9
교사탈의/샤워실	2	18.9
별동 건물	1	268.3
자치회실	1	64.8
학생안전부	1	32.4
급식실	1	683.8
동아리실	3	109.4
교장실	1	32.4
행정실	1	32.4
교무실	1	195.8
방송실	1	32.4
보건실	1	32.4
자료실	1	77.8
인쇄실	1	17.6
진로상담실	1	64.8
학부모실	1	67.5
창고	1	10.4
홀계단복도		2,052.0
		6,984.7

스페이스 프로그램 재구조화 사례 : 18학급 중학교

③ 공간 재구조화를 위한 스페이스 개선(안)

구분	세부용도	실수(실)	면적(㎡)	비고
교수 학습	학년존	18	1174.5	학급제 유지 / 학년별 수평 조닝
	학습창의융합존		446.6	실험실습을 공간 통합 지원
	과학실험			– 라운지 및 준비실 공유
	기술가정			– 폴딩 등 활용하여 확장과 축소
	미술창작			– 5% 범위내 면적 증감가능
	음악실		168.8	방음 / 콘서트홀과 연계 배치
지원 공간	ICT존		337.35	창의융합존과 인접 위치 – 미디어실 및 라운지 기능 – 학생 개별학습 지원
	콘서트홀	1	123.1	음악실 인접 배치 / 버스킹 및 공연
	도서실존		465.12	학교중심에 배치 – 모든 학년존에 근접 – 가구 및 폴딩 활용하여 소규모 활동 지원 – 인접 복도나 홀이 도서관존에 포함되도록 계획
	실내체육관	1	754.86	별동 배치 시설 유지
생활 공간	교사탈의/샤워실	2	18.9	
	전시 소통존	1	268.3	학교 내외 소통과 전시
	자치회의실	1	59.16	학교중심 시설인 ICT존과 도서실 인접
	학생안전부	1	32.4	관리행정존 인접
	급식실	1	683.76	
	동아리실	1	34.2	콘서트홀 인접(밴드 동아리)
관리 및 행정	관리행정존			
	교장실	1	32.4	
	행정실	1	32.4	
	교사실	3	195.75	학년별 교무실은 학년존 내 위치
	방송실	1	32.4	
	보건실	1	32.4	
	자료실	3	77.76	
	인쇄실	1	17.55	
	진로상담실	1	64.8	
	교무행정실	1	67.5	행정효율을 위해 별도마련
	창고	1	10.35	
공용 공간	홀계단복도		1854.35	이동의 안전성 확보하되 가능한 경우 비형식 공간으로 활용
합계			6984.71	전체 연면적 유지

온 일부 구성원의 변화에 대한 저항도 불가피할 것이다. 일부 교원은 이 공간은 의무적으로 전용실을 확보해야 한다는 교육청이나 교육부의 지침을 제시하기도 할 것이다. 하지만 정말 학교가 지향하고 중요하게 생각하는 것이 무엇인지, 변화된 사회에 맞는 개선된 교육활동을 어떻게 지원할 수 있는지 함께 생각한다면 절충점을 찾을 수 있을 것이다. 이 과정이 사전기획의 과정이다.

⑤ 우선순위 선정

새로운 공간 간 관계를 포함한 스페이스 프로그램이 만들어졌다면 공간 재구조화가 거의 마무리된 단계라 할 수 있다. 하지만 공간 재구조화는 건설공사를 포함한 실행을 전제로 하며 실행은 예산과 집행의 관점에서 제약을 가진다. 학교는 사전기획을 처음 시작하는 단계부터 주어진 조건(예산, 범위, 기간, 여건 등)을 고려하여 미래학교 전략을 수립하였으나, 세상의 다른 모든 계획에서와 마찬가지로 사용자의 요구는 우리가 가진 자원의 범위를 넘어선다. 실행의 과정에서 아쉬움이 없고 도리어 자원(예산, 시간, 공간)이 남는 사업이 있다면 이는 내가 가진 자원을 최대한 활용하지 못하고 있다는 반증일 뿐이다.

이 책에서 수차례 반복한 바와 같이 학교 교육 재설계를 위한 공간재구조화는 사전기획-설계-공사의 단계로 진행된다. 그리고 각 단계별 성과물은 그 다음 단계를 수행하기 위한 시작이 된다. 사전기획과정에서 다루는 내용은 사업 전반의 성공을 좌우한다. 사전기획보고서는 궁극적으로 사용자의 요구가 설계단계로 효과적으로 전달되고 구체화하는 설계공모 지침마련을 목표로 한다. 그러나 이 과정은 단순하거나 순차적이지 않으며, 지속적 검토와 확인을 통한 피드백을 필요로 하는 과정이다.

	신설기준	학교현황		재구조화	
	면적(A)	면적(B)	(B/A)	면적©	(C/A)
교수 학습	2,546.6	1,718.7	67%	1,789.9	70%
지원 공간	1,718.4	1,473.2	86%	1,680.4	98%
생활 공간	1,061.1	1,177.6	111%	1,096.7	103%
관리 및 행정	680.4	563.3	83%	563.3	83%
공용 공간	5,189.0	2,051.9	40%	1,854.4	36%
합계	11,195.6	6,984.7	62%	6,984.7	

6학급 ○○중학교 공간현황 분석 사례

사업수행을 위한 가장 기본적 전제는 예산 규모와 사업 대상 범위(대상동, 층, 개축여부 등)이며 주무관청의 사업 확정 단계(일반적으로 교육청의 사업예산 반영과정)에서 결정된다.[93] 학사일정과 교육과정 운영 및 학생 안전 등에 관한 사항을 포함하는 '학교의 존재 이유'는 공간 재구조화 사업에 있어 중요한 조건이다. 학교의 미션과 비전에 맞게 잘 작성된 사전기획보고서는 이 조건을 만족시키는 범위 안에서 검토되고 조정되어야 하며 이를 위해서는 공간에 대한 선택과 집중이 필요하다.

사업실행을 위한 검토와 확인의 과정은 행정과 건축 기술적 지식이 필요한 사항으로 학교가 주도적으로 해석하고 판단하기에는 어렵다. 하지만 반드시 사전기획의 전 과정에 있어서 다음의 사항을 계속 점검하고 전문가의 확인을 받아야 한다. 다음의 확인 사항은 순차적이지 않다. 모든 질문이 반복적이고 순환적으로 검토되고 다시 피드백 되어야 한다.

93 대상학교의 사업개요를 확정하는 교육청의 의사결정은 본 책에서는 논의하지 않음

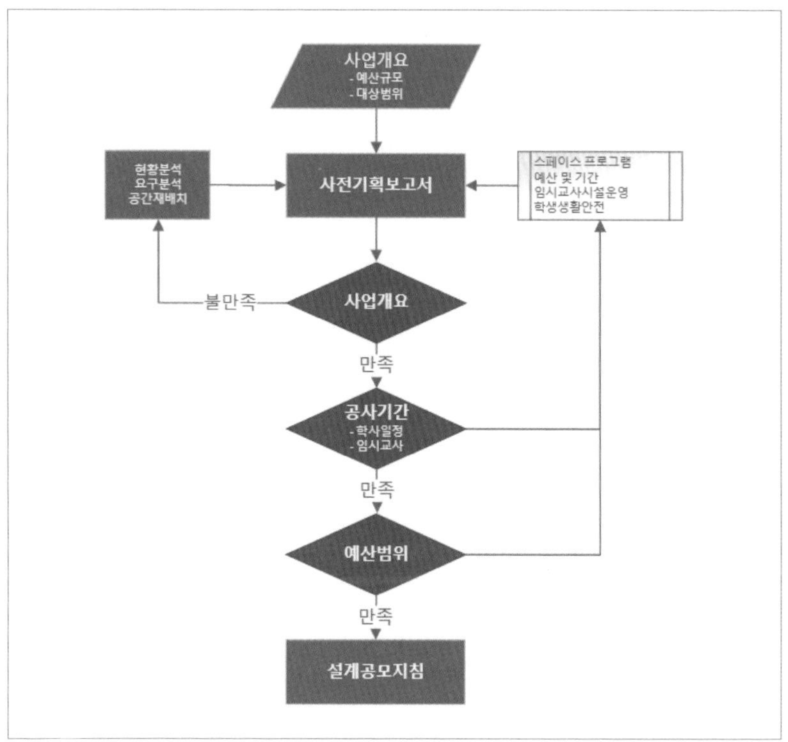

사전기획 추진 절차상 피드백

사전기획 검토 시 주요 최소 확인 사항

1. 사업지침을 준수하였는가?
2. 주어진 예산 내 집행이 가능한가?
3. 학사일정을 고려하여 공사일정계획을 수립하였나?
4. 공사기간 동안 학생들은 적정한 교육환경을 보장받는가?
5. 공사기간 동안 학생들의 안전 확보 방안은 마련되었는가?
6. 예산을 초과할 경우 우선 반영되어야 하는 요소는 결정되었는가? 무엇을 포기할 수 있는가?
7. 예산 사정상 금번 사업에서 제외된 사업이 있다면 중장기적으로 반영할 것인가? 아니라면 포기가능한 사항인가?

TIP ——

전문적 학습을 위해 필요한 자료

〈지속가능한 교육〉

• 탄소중립생활실천 안내서 : 환경교육포털 – https://www.keep.go.kr/portal/
• 지속가능발전교육(ESD) 로드맵 – https://unesdoc.unesco.org/home

〈디지털교육혁신〉

• DQ (디지털 인텔리전스)
 : 디지털 문해력, 디지털 기술 및 디지털 준비에 관한 글로벌 표준(IEEE 3527.1™ 표준) https://live.dqinstitute.org/global-standards/#contentblock1
• MicroSoft, 〈K-12 교육혁신프레임워크〉– https://www.microsoft.com

4단계 설계공모지침 작성

설계공모 방식

우리나라는 2014년 「건축서비스산업 진흥법」 시행에 따라 「건설기술 진흥법」에서 건축 관련 설계용역 발주제도를 분리하여 별도 운영중이다. 설계공모를 통한 계약은 「국가계약법」 및 「지방계약법」의 수의계약에 해당하는 계약방식의 하나로 공모를 통해 낙찰자를 선정하는 방식이며 「건축서비스산업 진흥법」 은 일정 규모(설계비 추정가격 1억원 이상)이상 건축사업의 설계자는 공모를 통해 선정하도록 하고 있다. 이에 따라 학교 공간재구조화 사업 대부분은 설계공모 대상이다. 설계공모 운영은 「건축 설계공모 운영지침」(2014.6)에 근거하여 공정하면서도 창의적인 디자인을 유도하고 설계의 질을 높을 높이는 것을 목적으로 한다.

학교는 일반적으로 표와 같이 일반 설계공모 또는 제안공모 방식으로 설계자를 선정한다. 발주청(교육청)의 특성에 따라 두 가지 방식은 선택적으로 적용되고 있다. 일반 설계공모는 명확한 설계조건에 따른 설계안(기본설계)이 평가대상이되며, 제안공모는 구체적인 과제에 대한 설계자의 해결방안(아이디어)이 평가대상이다. 이러한 특성으로 일반 설계공모방식은 '설계 작품을 선정'하는 방식, 제안공모는 '좋은 설계자를 선정'하는 과정이라고 설명되기도 한다.

아래 표에 제시된 바와 같이 두 가지 공모방식은 특성에 따라 각각의 장단점이 있으나 만약 사업방향이 명확하고 설계범위가 구체적이라면 일반 설계공모를 통해 다수의 기본설계안 중 가장 우수한 설계안을 선정하는 것이 유리할 수 있다. 하지만 사전기획단계에서 예산규모, 시설 개선 필요성 등을 정확히 분석하여 구체화할 수 없다면 제안공모 방식을 통해 학교가 가진 과제를 가장 잘 해결할 수 있는 설계자를 우선 선정 후 설

구분		일반 설계공모	2단계설계공모	제안공모
주요내용	공모 지침	명확한 설계조건		구체적인 과제
	평가 대상	설계안	설계안	설계자
	제출 내용	설계안(설계도서, 설명서, 조감도 등)	1차(제안서 평가) → 2차(설계안 평가)	설계자의 경험 및 역량, 수행계획 및 방법
적용대상		일반적 학교 건축 설계공모방식	대규모, 국가적 중요 사업 보다 구체적 설계안 요구 신진참여 확대 필요시	소규모 사업 구체적 설계지침 미확보 설계자의 역량이 요구
공모기간		공모기간 90일 이상 (45~90일)	공모기간 90일 이상 (45~90일)	공모기간 15일 이상
특징	단점	설계사 부담 높음	설계사 부담 높음 긴 공모기간	발주기관의 전문성 필요
	장점	완성된 설계안 선정	1차 평가 부담완화로 많은 설계사 참여 유도 완성된 구체적 설계안 선정	설계사 부담 완화 설계자의 창의성, 기술력 활용

설계공모방식 비교

계자와 함께 설계안을 만들어가는 것이 더 효과적이다. 공모방식의 결정은 교육청의 정책방향, 학교의 여건과 특성, 공모시 참여가능한 설계자 여건 등을 종합적으로 고려하여 결정하여야 한다.

설계공모 지침 내용

학교의 건축사전기획은 잘 고민된 학교의 교육적 미션과 비전을 실현하기 위한 좋은 교육공간을 만들기 위한 일련의 과정이며, 이를 실현하는 최종 결과물은 설계공모지침이다. 사용자의 고민이 설계공모 지침으로 잘 구체화되고 이 공모지침에 따라 좋은 설계자(또는 설계안)이 선정되지 않는다면 지금까지의 노력은 의미를 잃게 된다.

사용자의 공간 이용 형태와 현황, 요구를 받아서 새로운 공간 재구조화 계획을 수립하고 스페이스 프로그램을 작성하는 건축사전기획 과정은 미래교육전환을 시도하는 학교 구성원에게 새로운 시각으로 교육 전반을 바라볼 수 있는 기회를 줄 수 있다. 하지만 그것만으로 공간 재구조화가 성공적으로 이루어질 것이라고 확신할 수는 없다. 물리적 학교공간의 변화는 설계와 공사를 통해 실현되며, 설계공모는 이 과정에서 가장 중요한 행정절차이고 설계공모의 시작은 설계공모지침에 있다. 따라서 건축사전기획에서 가장 중요한 결과물은 설계공모지침이어야 한다.

설계공모 지침은 '우리 학교는 이런 공간을 구축할 거야'라는 내용을 설계자들에게 알려주는 역할을 한다. 건축가들은 설계공모 지침을 통해 '이 학교는 어떤 공간을 요구하고 있고, 설계자 선정에 있어 어떤 부분을 가장 중요하게 생각하는구나. 이 사업에 선정되기 위해서는 이런 부분에 대한 해결안이 가장 중요하군'이라는 생각을 하게 된다. 이처럼 설계공모 지침은 설계자의 공모참여를 위한 기준으로 사업의 특성을 결정짓는 역할을 한다.

설계공모 지침의 전반적 내용은 이미 교육청이나 건축전문가가 잘 알고 있는 내용으로 학교 구성원이 전반을 다루기는 쉽지 않다. 다만, 공간재구조화가 실현되기 위해서 학교는 반드시 다음의 세 가지 사항이 제대로 반영되고 있는지 확인하여야 한다. 첫째, 해당 학교의 구체적 특성이 담겨있는가? '우리' 학교만의 특화된 요구를 구체화할수록 사용자의 요구가 현실화되는 것이다. 모든 학교에서 동일하게 적용되는 '보차 분리', '합리적 학습조닝', '쾌적한 학습환경' 등의 일반적이거나 구체성이 떨어지는 공모지침은 공모안 평가 시 차별성을 두기 어렵고 이에 따라 학교가 기대하는 좋은 설계안을 선정하는데 도움이 되지 않는다. 둘째, 반드시 지켜야 하는 조건과 해결해야 할 과제를 구분되어 있는가? 미래학교사업으로 선정시 반영된 물리적 기준(노후도)이나 법적(부지조건, 건축조건, 안전, 친환경, 에너지 등) 사항은 공모과제가 아니라 공모조건이다. 이외 법적 요건이 아니라 하더라도 학교가 필수불가결하게 요구하는 바가 있다면 설계필수조건으로 공모를 진행해야 한다. '학년별 학습조닝의 구성'이 반드시 필요한 학교라면 이는 공모지침에서 '학년별 학습조닝을 고려할 것'으로 제시하는 것이 아니라 '학년별 학습조닝이 반드시 고려되어야 하며 학습조닝의 구성 전제는 이러해야함'이라고 구체적으로 명시하여야 한다. 그리고 이 조건을 만족시키지 못하는 설계안은 감점이 아니라 탈락되도록 하여야 한다. 셋째, 학교가 생각하는 공간구성의 우선순위가 제시되었는가? 공간이 크고 기능이 복잡한 경우 공간은 상호 상충 될 수 있고 물리적 여건(공간규모, 예산, 기간 등)상 전부 적용되기 어려울 수도 있다. 공간에 대한 우선순위를 제시하여 설계자가 임의로 생각하는 것을 방지해야 한다.

건축전문가와 함께 사전기획을 수행하는 이유는 학교 구성원의 요구를 건축 용어로 설계자에게 전달하기 위해서다. 이렇게 만들어진 설계공모 지침은 공모에 참여하는 건축가에게 또 이를 평가하는 공모평가위원에게 학교의 생각을 전달하는 매개 역할을 한다. 충실한 사전기획의 과정 만큼 설계공모를 통한 좋은 설계안 또는 설계자를 선정하는 과정이 중요하다. 광범위하고 모호한, 모든 학교(또는 건물)가 필요로 하는 공모지침은 변별력을 가질 수 없으며, 평가위원의 이해도 또는 관점에 따라 의도치 않은 작품이 선정되는 돌이킬 수 없는 문제를 야기하기도 한다. 학교 사용자의 교육적 고민이 설계공모지침에 구체적으로 담길수록 학교 구성원이 기대하는 공간이 실현될 가능성이 높아진다. 다만, 설계공모지침이 너무 구체적일 경우(설계도서의 형태로 확정적으로 주어지는 경우 등) 설계자의 아이디어 또는 창의성이 발휘될 기회가 줄어들어 건축사전기획의 내용 그 자체가 설계도가 될 수 있음을 기억하자. 사전기획의 내용이 설계도로 구현되는 것이 나쁜 것이 아니라 설계자가 더 많은 고민을 하지 못하게 하는 것은 학교의 손해이다.

5장에서 다룬 건축사전기획은 학교 구성원이 이해하고 수행하기 쉽지 않은 내용을 포함한다. 그럼에도 불구하고 이를 담는 것은 그만큼 공간재구조화가 지금 학교가 해결해야 할 중요한 과제 중 하나이며 시설사업의 특성상 상대적으로 많은 예산이 소요되고 일단 구축이 된 이후에는 변경이 어렵기 때문이다. 아무리 잘 지어진 학교도 모든 구성원이 만족스럽기는 어렵다. 아마 우리나라 모든 교사들은 내가 소속된 학교공간에 대한 아쉬움을 가지고 있을 것이다. '도서관이 좀 가까웠으면', '쉬는 시간에 학생들이 사용할 수 있는 공간이 있었으면', '디지털 디바이스를 사용하기 쉬운 공간이 있었으면' 등 아쉬움은 개인적 관점에 따라 아주 작은 부분부터 학교 전반을 아우르는 부분까지 다양하다. 그리고 최근에 지어진 학교일수록 아쉬움에 대한 안타까움은 크다. '아, 작년에 학교 공사할 때 이것만 반영되었더라면', '1년만 전에 내가 이 학교를 왔더라면', '공간혁신 사업을 진행할 때 이것도 같이 고려했더라면'.

2019년 이후 학교를 포함한 많은 교육기관에서 시설개선이라는 용어 대신 공간혁신이라는 용어를 사용하고 있다. 공간혁신이라는 용어를 사용하는 경우를 관찰해보면 교육 · 생활과 관련된 구성원의 활동 공간에 대한 개선과 변화라는 의미를 담고 있다. 더 이상 학교공간은 '표준화된 학생 또는 교사를 수용하는 공간'이 아니라 '다가오는 사회의 다양한 구성원이 함께 학습하고 생활하는 공간'으로 인식되고 있다.

하지만 지금까지 우리 사회는 특히 공간에 있어서 경영자의 시각으로 전체를 보는 연습을 해본 경험이 거의 없다. 실제 학교를 경영하는 리더들마저도 학교시설에 대한 안전관리, 유지관리가 어려운 과제였을 뿐이다. 공간은 중첩되고 연결되어 있다. 하나의 교실에서는 단위 교과의 학습활동이 일어나고, 학급이 모인 학년 존과 특별교실, 급식당, 체육관이 연계되어 하루 또는 한 주의 수업시간표가 구성된다. 대규모 행사와 활동이 가능한 시청각실(때로는 다목적강당)과 운동장, 도서관 등 학교 전체를 아우르는 공간은 한 학기, 한 학년, 입학부터 졸업까지의 전체 학사운영 수립에 있어 중요한 자원이며 때로는 제약이 된다. 아무리 작은 단위 공간이라도 교육과 생활에 있어서 의미 없는 공간은 없다. 학급존 가운데 위치한 작은 커뮤니티 공간이 학교의 중심이 되고 학생의 쉼터가 될 수 있다. 다만 학교는 구성원의 시설사용을 통해 자연스럽게 형성된 공간이 아님을 기억하자. 학교 공간은 교육과정과 학사일정 수행을 위한 기능성을 가지며 이를 위해 계획된 공간이다. 공간이 생활에서 실질적 의미를 가지기 위해서는 활동에 대한 고려가 필요하며, 이는 공간에 대한 이용 시간, 시기, 동시 사용 인원, 활동 형태(개별화 학습, 소통, 강의, 발표 등)를 포함한다.

학교의 미래교육 대응이라는 관점에서 소프트웨어(교육, 생활 등)와 하드웨어(공간, 가구 등 인프라) 중 무엇이 더 중요할까? '닭과 달걀'의 문제처럼 이 두 가지는 밀접하게 결합되어 있다. 하지만 상식적인 수준에서 생각해 보면 이미 기존의 학교 공간에서 많은 교사들이 새로운 교수학습을 수행하고 있다. 공간이 미래 교육의 전제요건이 아님을 의미한다. 하지만 기존 공간에서 일어나는 새로운 교수학습활동은 낮은 효율성과 교사의 과도한 에너지 낭비를 불러온다. 디지털이 교실로 들어오는데 공간의 변화는 표면적으로 큰 의미가 없을 수도 있지만 실제 기존 공간에서 디지털 기반의 수업을 위해서 교사는 최소한 한 반 학생수 만큼의 디지털기기를 정비하고, 충전하고, 운반해야 하며 자료의 공유를 위해 25대 디바이스에서 발생하는 오류를 개선하고 윈도우를 업데이트 해야 한다. 모든 수업이 디지털 기반이라면 한 번에 효율적으로 구축하고 관리하고 운영할 수 있는 업무가 한 명의 개인에게는 과도한 부담이 되어 새로운 수업은 자리 잡지 못하게 될 수도 있다. 그리고 이러한 피해는 모두 학생의 몫이다.

사용자참여설계라는 이름으로 수행되는 사전기획은 단순히 시설을 개선하거나 인프라를 구축하는 일이 아니다. 교육과 생활의 변화를 담을 그릇을 만드는 과정이다. 그래서 다양한 행정절차와 기술적 접근이 필요한 부분에 있어서 학교 구성원의 참여를 필요로 하고 구성원이 사업 전반에 대한 과정을 이해하기를 요구한다. 교사가 중심이된 학교 사용자는 공간을 구축하는 과정을 직접 수행하는 당사자가 아니다. 하지만 전반을 이해하고 알아야 공간과 학습환경에 대한 합리적 요구를 통해 실현할 수 있다.

학교는 학생이 주인이라는 의미가 단순히 학생에게 물어서 결정할 수 있다라고 생각하는 교사는 없을 것이다. 학교는 학생의 성취를 지원하는 곳이어야 하며 학생이 제대로 묻고 답할 수 있도록 지원해야 한다. 기초 지식과 경험이 없는 학생들에게 질문의 수준을 하향시켜 질문하는 것은 아무런 도움이 되지도 않고 학생들을 위한 행위도 아니다. 해결해야 할 과제에 대해 학생들의 지적 수준을 향상시킨 후 질문하고 논의하여 의사결정이 일어나도록 해야 한다. 이런 모든 과정이 교육적 활동으로 학생의 민주시민의식, 소통과 협업, 비판적 사고, 창의적 역량을 지원하는 과정이 된다.

5장의 사전기획조성 관련 내용은 학교 구성원과 공간 재구조화 참여자가 함께 이해하고 논의하기 위한 기초 자료로 상호 질문할 수 있고 소통할 수 있는 체크리스트로도 활용이 가능할 것이다.

정권이 바뀌자 이 사업도 사라지는 것 아니냐는 목소리도 들린다. 책이 출판되는 시점의 상황은 필자도 분명히 말하기 어렵다. 모든 우려가 현실이 된다고 해도 학교시설의 노후화는 멈추지 않는다. 교육전환, 교육혁신이 불필요해진 것도 아니다. 교육은 변곡점을 맞았다. 새로운 기술이 도입될수록 교사의 역할은 더욱 중요해진다. 필자는 교육환경의 가장 중요한 요소는 교사라고 믿는다. 본서 전체를 통틀어 강력하게 제시한 말은 '최고의 교육적 경험'이다. 그 안에 경험을 창출하는 사람이 교사다. 그리고 그들에게 존재의 이유를 부여하는 '학생'이 있다. 그곳이 학교다. 학교공간이 왜 교육 대전환이라는 큰 키워드를 중심에 두게 했는지 함께 고민하는 시작점이 되기 희망한다.

맺음말

1.

현재 나는 학교에 있다. 1장의 북유럽 공간탐방으로부터는 13년이 지났다. 학교, 광산구청, 교육부를 거치면서 꽤 오랫동안 교사로, 행정가로, 정책가로 학교공간을 들여다 보았다. 다시 돌아온 원래의 자리에서 학생들 덕분에 자라고 있다.

2022년 새로 발령받은 학교는 대규모 학교다. 28학급 규모다. 부임지가 정해지자마자 검색한 내용은 스마트실, 컴퓨터실 등의 교수학습을 위한 공간 상의 디지털 지원 여부였다. 첫 인사를 하러 2월 학교에 갔을 때 뵙게 된 교감 선생님에게 드린 첫 질문도 학교의 학생용 디바이스 현황이었다. 그리고 디지털 리터러시에 대한 학교의 교육과정에 대해 여쭤보았다.

2.

교육청의 인사발령 즉시 오랜만에 중학교로 가게 된 설렘을 국어과 2015교육과정 분석으로 채웠다. 한국교육과정평가원에서 발행한 기초학력에 대한 연구보고서를 읽으며, 2021에 진행한 기초학력미달자 수업에 대한 반성에 낯부끄러웠다. 전환기 교육과정과 기본학력에 대한 다중지원팀을 운영하고 있는 서울 창덕여중의 선생님들을 과목별로 요청해서 학교에서의 교육 내용과 학생성취를 어떻게 측정하고 다시 교육에 투영하는지 열심히 들었다.

교육개혁을 담은 마이클 풀란의 책과 제이 맥타이 자료를 바탕으로 연수 강사들이 들려주는 교수평 기록에 대한 내용을 결합시키면서, 낮은 수준이지만 2022 나의 교수평기록 계획을 세웠다. 부족한 부분이 발견되면 외국 자료도 구글 번역으로 읽었다. 과정중심평가와 역량평가, 측정과 기록의 과정이 어떻게 일어나는지에 대해서 집중적으로 공부했다. 디지털 문해력, 디지털 기술 및 디지털 준비에 관한 글로벌 표준(IEEE 3527.1TM 표준)에 관해 학습하면서 역량에 대한 정의, 기술, 태도와 각종 프레임워크와 탬플릿도 들여다보았다. 마이크로소프트사의 교육혁신 책자를 다시 정독했다. 그리고 디지털 전환과 교육 전환에 대해 생각했다.

스마트교육을 활발하게 하고있는 전국의 교사와 전문가를 만났고 지금까지 '스마트똥멍충이탈출=스똥탈'이라는 지극히 사적인 모임을 이어가고 있다. 이 모임에서 엑셀을 활용하여 업무의 생산성을 높이고, 교수에서 피드백의 효과를 높이는 자동화프로그램을 만드는데 많은 도움을 받았다. 사람을 모아 '내돈내산 연수'를 기획해 공부했다. 이 과정에서 백워드 교육과정 설계를 책이 아닌 나의 교수학습에 적용해보았다. 스똥탈에서 학습한 내용이 기술이라면, 내돈내산 연수에서 공부한 내용은 교육의 목표, 교육방법과 콘텐츠에 대한 것이라 할만하다. 이 두 영역의 공부가 성취목표에 대한 효과성 분석을 위한 기본학습이 되고 있다.

공간혁신에서 자주 호출되는 '다양한 교수학습'은 교육 내용의 다양성이 아니다. 교육 방법의 다양성이다. 이를 바꾸는 것 자체가 혁신이다. 그럴 때에야 학교공간에 대한 요구가 학생성취에 연계해서 일어난다.

다시 1.

현재 필자가 근무하는 학교는 하나의 컴퓨터실이 있다. 교과 전용의 역할을 하고 있어서 일반 교과에서 사용하려면 몇 가지 제약이 있다. 모든 교실에 무선 인터넷이 가능하므로 학생의 잠재력을 최대치로 끌어올릴 수 있는 교육설계와 이를 지원하는 민첩하고 유연하며 반응성 좋은 IT 환경과 심층학습을 위한 기기가 있다면 학교는 더 이상 컴퓨터실이 없어도 된다. 그러나 현실은 500대가 넘는 테블릿 PC만이 쌓여있었다.

학급 인원수에 맞게 패드를 수령했고 부서에 요청하여 자판을 구입했다. 기계에 문외한이었던 터라 스똥탈 동료에게 묻고, 주변에 물어서 내가 학생들의 성취수준을 어떻게 잡고 있고, 이에 따른 산출물을 이러저러한 것으로 설정했는데 어떤 것을 사야되는지 자판 하나를 고를 때도 이를 설명하며 물었다. 그때마다 먼저 길은 연 동료들은 그런 산출물이라면 패드로는 불가능하다고 해주거나 스마트 펜이 있다면 어느 수준까지만 된다고 알려 주었다.

교사가 설계한 교수학습과 수준에 맞는, 학생의 잠재력을 최대치로 끌어올려 줄 수 있는 성능을 고려한 기기를 지원받을 수 있다면 얼마나 좋을까. 아니 기기의 문제를 넘어 교육과정에 맞는 커넥티드 러닝 환경의 구성요소[94]를 고려하여 학습환경이 설계된다면 그곳이 미래학교다. 그린 스마트미래학교가 그 많은 시간 수많은 외국학교 공간 사진을 들여다볼 필요가 없을 거라는 생각까지 미쳤다.

그러나 현실은 그나마 학교의 자원인 테블릿 PC로 1:1 디바이스 환경을 갖췄고, 기기가 필요한 수업일 때 25대의 기기를 교실로 나른다. 미단

94 dmlhub.net

이 교실문인 학교인 탓에 기기를 담은 수레는 늘 문턱에 걸린다. 영역단위 학교공간 사업비로 조성된 로비를 볼 때마다 이동식 유리패널이나 커튼 트랙으로 시연구역과 협업구역 커뮤니케이션 구역을 필요에 따라 바꿔가면서 사용하는 학습공간이었다가 상시 개방되는 학습과 휴식, 놀이가 뒤섞인 시공간이 될 수 있지 않을까하는 생각이 떨쳐지지 않는다.

3.

그린스마트미래학교, 혁신학교, 미래학교 그 무엇으로 부르든 모두 그냥 학교다. 그 학교 안팎에서 지식과 전문성의 획득이 원동력이 되고 있고, 관심 있는 분야를 전국의 고수들에게 배우면서 지금 나의 교수학습의 상의 학습 성과를 만들어가고 있다. 동료와 상호작용을 하며 배운 것을 나누고 공유하고 피드백을 주고 받는 경험이 학습의 적극성을 놓지 않게 한다. 소셜 미디어와 웹 커뮤니티에서 학습자와 때론 학부모와 함께 교수학습의 목적을 공유하고 탐구한다. 학생들의 산출물은 우리의 산출물이며 나와 학생들은 평생학습에 필요한 기능을 학습중이다. 확장되는 네트워크로 배움을 함께 만드는 전국의 작가, 건축가, 스마터들이 교실 모니터로, 학생들 디바이스로 기꺼이 들어와 준다. 그러니 오늘이 미래나.

내가 지금 있는 곳, 그곳이 '최초의 학교'다.

학교는 어느 나무 아래서 시작되었습니다.

거기에서 자신이 교사인 줄 모르는 사람이,
자신이 학생인 줄 모르는 몇몇 사람들에게
자신의 깨달음에 대해 말하고 있었습니다.

그들은 자기들 사이에 이루어진 이야기들에 대해 생각하고,
이 사람 앞에 있다는 것이 얼마나 좋은지에 대해 생각했습니다.
그리고 자신의 아이들에게도 이 사람의 이야기를 들려주고 싶었습니다.

마침내 바라던 공간이 건립되어 최초의 학교가 존재하게 되었습니다.
학교의 건립은 필연적인 것이었습니다.

최초의 학교는 우리의 내부에 있는,
즉 우리들의 바람에 내재하고 있는 어떤 것에 대한 동의인 것입니다.
그들은 서로에게 동의하고 최초의 교실을 지었습니다.

이것이 바로 '학교'의 시작입니다.

– 루이스 칸

참고문헌

교육을 바꾸는 공간혁신–충주앙성초등학교, 중부매일, 2019.8.4.

구본준, 〈세계에서 가장 유쾌한 기숙사를 보셨어요?〉 한겨레, 2009.01.13.

권미나 외, 「학교공간 이렇게 바꿨어요!」, 창비교육, 2021.

김경인, 〈공간이 아이를 바꾼다〉 중앙북스, 2014.

김경인, 〈문화로 아름답고 행복한 학교 만들기, 시범사업 :양지중학교〉, 문화관광부, 2008.

김광식, 〈삶이 있는 학교, 선운중 책읽는 입학식 연다〉, IBN일등방송, 2015.3.2.

김수진, 〈교육환경 개선을 위한 학교시설 현황 데이터 활용방안〉, 한국교육개발원, 2018,

김예지, 〈우리 안에도 이미 덴마크가 있습니다〉,오마이뉴스, 2015.9.6.

김태은 외, 〈학교공간 어떻게 바꿀 수 있을까?〉, 창비교육, 2019,

남미자 외, 〈학습자 주도성, 미래교육의 거대한 착각〉, 학이시습, 2021.

노해섭, 〈쓰레기 버리지 말고 업사이클링하세요〉, 아시아경제, 2015.6.29.

마이클 풀란, 〈학교개혁은 왜 실패하는가?〉, 21세기교육연구소, 2017.

박부길,〈 중학생들, 아주 특별한 세월호 추모에 주민 초대〉, 광주일등뉴스. 2014.4.23.

박찬일, 〈좋은도서관 그리고 좋은 건축_발제자료〉, 2017.

방진하, 곽덕주, 〈교육의 인문성 회복의 미래가치 탐색〉, 아시아교육연구 14권 2호, 2013,

소중한, 〈선생님. 하시마! 무한도전! 야밤에 울린 카톡, 무슨 작당 모의를〉, 오마이뉴스, 2015.9.24.

신효필, 언어자료의 통계 분석과 관련된 몇 가지 고려사항들, 어학연구, 2005.

앤디 하그리브스 외, 〈학교교육 제4의 길〉, 21세기교육연구소, 2015.

오영범, 프로젝트 수업 사례를 통한 프로젝트 수업의 의미 탐색, 한국교육개발원, 2017.

오현석 외, 최고 수준의 전문가와 보통 수준의 전문가 특성 비교 분석, 아시아교육연구, 10권 4호

요한 하위징아, 〈호모루덴스〉, 연암서가, 2010

이정동, 〈축적의 길〉, 지식노마드, 2017.

장의선 외, 학교수준 민주시민 교육을 위한 교육방안 개선방안, 2020.

전국학교도서관 담당교사 서울모임, 〈아름다운 삶, 아름다운 도서관〉, 우리교육, 2015.

제이 맥타이 외, 〈학교 이렇게 바꾼다〉, 교육을바꾸는사람들, 2020.

조현국, 〈워크스마트 실천전략 연구〉, 삼성경제연구소, 2011.

조현아, 〈책읽는 입학식, 참 신선합니다〉, 오마이뉴스, 2014.3.6.

존 카우치, 제이슨 타운, 〈공부의 미래〉, 어크로스, 2019.
존라머 외, 〈프로젝트 수업 어떻게 할 것인가?〉, 지식프레임, 2021.
존라머 외, 〈프로젝트 수업 어떻게 할 것인가?2〉, 지식프레임, 2021.
최성희, 〈학교 공간 교육의 의미 탐구 : 광주 광산구 문화예술플랫폼 '엉뚱', 공간주권, 미술교육을 중심으로〉, 2019.
퍼시스, 그린스마트미래학교 중앙교육연수원 퍼시스 발표자료. (2022.2.23.)
퍼시스, 사무환경이 문화를 만든다, 퍼시스북스, 2020.
한국교육개발원, 〈교육혁신 사례 분석을 통한 미래교육 실천과제〉, 2019.

C. Carney Strange외 , 〈캠퍼스 디자인〉, 학지사, 2019.
Prakash Nair, 〈Blueprint for Tomorrow〉, Harvard Education Press, 2014.
Prakash Nair, 〈Outdoor Learning〉, Independently published, 2020.
Prakash Nair, Randall Fielding, Jeffery A. Lackney, 〈The Language of School〉, DesignDesignShare, 2009.
Lames H. McMillan, 〈교실평가의 원리와 실제〉, 교육과학사, 2015.
Laura Greenstein, 〈수업에 바로 쓸 수 있는 역량평가 매뉴얼〉, 교육을 바꾸는 사람들, 2021.

광주광역시 어린이 · 청소년 친화적 마을교육공동체 조례
광주광역시광산구조례 제1131호, 2014. 5. 7.
광산구, 문화예술플랫폼 성과보고서(2016-2017) e-book
교육부, 그린스마트미래학교 사업안내(2022.1)
교육부, 그린스마트미래학교 사업절차 소요예산 산정 안내 자료, 2020.10.
교육부, 그린스마트미래학교 조성을 위한 사업안내서(2021.5)
교육부, 학교공간혁신 사업 가이드라인(2019.4.8.)
한국판 뉴딜 국민보고대회, 2021.7.14

http://tietgenkollegiet.dk/en/the-building/the-architecture/
https://kulturhusetstadsteatern.se/english/about-kulturhuset-stadsteatern)
https://kulturhusetstadsteatern.se/bibliotek/lava
https://supercell.com/en/our-story/
https://fi.pinterest.com/designkoko3/supercell
https://www.oodihelsinki.fi/en/)
https://www.youtube.com/watch?v=k6Muj35s8dQ

https://happyedu.moe.go.kr/happy/bbs/selectHappyArticle.do?bbsId=BBSMSTR_000000000211&nttId=4826
e-나라지표.특수교육규모
https://index.go.kr/smart/chart_view.jsp?idx_cd=1544&bbs=INDX_001&clas_div=C&rootKey=1.48.0https://www.youtube.com/watch?v=k6Muj35s8dQ
https://happyedu.moe.go.kr/happy/bbs/selectHappyArticle.do?bbsId=BBSMSTR_000000000211&nttId=4826
e-나라지표.특수교육규모
https://index.go.kr/smart/chart_view.jsp?idx_cd=1544&bbs=INDX_001&clas_div=C&rootKey=1.48.0

사진 출처

22쪽 [사진1] 야르벤빠 도면 https://slideplayer.fi/slide/10415961/
24쪽 [사진2] 티에트겐 기숙사 도면 https://bit.ly/3PMWWV8
30쪽 [사진3] 스웨덴 푸트룸학교 설계도 https://leoedu.tistory.com/69
33쪽 [사진4] 스웨덴 쿨트후셋 https://bit.ly/3PMWWV8
34쪽 [사진5] 라바 https://bit.ly/3okaATZ https://bit.ly/3B3mids
35쪽 [사진6] 티오트레톤 (전국학교도서관담당교사 서울모임)
38쪽 [사진7] 한스 공립학교 학교공간레고 (전국학교도서관교사 서울모임)
40쪽 [사진8] 우트빌드닝 실베르달 https://bit.ly/3yVE27X
42쪽 [사진9] 우트빌드닝 실베르달 내부 (김태은)
49쪽 [사진11] 슈퍼셀 내부 (김태은)
49쪽 [사진12] 슈퍼셀 내부 (김태은)
50쪽 [사진13] 슈퍼셀 내부 (김태은)
55쪽 [사진15] 오디도서관 외부전경 https://www.oodihelsinki.fi/
75쪽 [사진16] 보리출판사 개똥이네 놀이터 (김태은)
75쪽 [사진17] 파주 한길사 내부 (김태은)
77쪽 [사진18] 서울시도서관 내부 (김태은)
79쪽 [사진19] 선운중 상상테이블 학생활동 (김태은)
81쪽 [사진20] 선운중 상상테이블 학생활동_레고활용 (김태은)
82쪽 [사진21] 선운중 청소년친화공간 프리젠테이션 대회 (김태은)
99쪽 [사진22] 광주광역시 광산구 야호센터 단면 (광산구)
100쪽 [사진23] 야호센터 공간탐색 체험활동 (김동준)
102쪽 [사진24] 광산구 엉뚱플랫폼 업무협약식 (김동준)
105쪽 [사진25] 엉뚱지도 (광산구)
121쪽 [사진26] 충북 앙성초 내부 (충북교육청)
124쪽 [사진27] 대구교대부설초 식당 (에듀니티)
132쪽 [사진28] 국립서울농학교 교실계획도면 (김태은 재구성)
134쪽 [사진29] 충북사대부고 별관 2층 평면도 (오즈앤앤드 건축사사무소)
140쪽 [사진30] 퍼시스 발표자료 (김태은 재구성)
144쪽 [사진31] '경계없는 학교(실) 도면 (아키에듀+디엠건축사사무소)

153쪽 [사진32] 그린스마트미래학교2.0 추진 방안(교육부)

214쪽 [사진33] ADKAR 모델 https://bit.ly/3Om5Ckd

다시 짓는 학교

초판 1쇄 발행 2022년 8월 10일
초판 2쇄 발행 2023년 7월 20일

지은이 김태은

발행인 김병주
기획편집위원회 한민호, 김춘성
마케팅 진영숙
COO 이기택
뉴비즈팀 백헌탁, 이문주, 백설
행복한연수원 이종균, 이보름
에듀니티교육연구소 조지연

디자인 디자인붐

펴낸 곳 (주)에듀니티
도서문의 070-4342-6110
일원화 구입처 031-407-6368 (주)태양서적
등록 2009년 1월 6일 제300-2011-51호
주소 서울특별시 금천구 가산동 371-28 우림라이온스밸리 A동 1208호
출판 이메일 book@eduniety.net
홈페이지 www.eduniety.net
페이스북 www.facebook.com/eduniety
인스타그램 www.instagram.com/eduniety/
www.instagram.com/eduniety_books/
포스트 post.naver.com/eduniety

문의하기

투고안내

ISBN 979-11-6425-127-8 (13370)
값은 뒤표지에 있습니다.